Für Oona Chaplin,
den einzigen Menschen,
der ihn glücklich machte – ihn,
der Millionen Menschen glücklich machte

Originalausgabe
© 1989 by Verlagsunion Erich Pabel – Arthur Moewig KG, Rastatt
Alle Rechte vorbehalten
Umschlagentwurf und -gestaltung: Erika Genseder
(unter Verwendung eines Fotos aus dem
Filmhistorischen Bildarchiv Peter W. Engelmeier, München)
Fotos: Filmhistorisches Bildarchiv Peter W. Engelmeier, München
(Regine Engelmeier und Helmut Morstadt)
Gesetzt aus der Rockwell
bei Mitterweger Werksatz GmbH, 6831 Plankstadt
Gesamtherstellung: Verlagsunion Pabel-Moewig KG, Rastatt
Verkaufspreis inkl. gesetzl. Mehrwertsteuer
Printed in Germany 1989
ISBN 3-8118-3030-9

Inhalt

Warum?

Warum dieses Buch entstand?

Schwer, nein, fast unmöglich zu sagen, selbst für mich, den Verfasser. Daß ich im Sommer 1988 durch einen Zufall erfuhr, daß Chaplin im April 1989 hundert Jahre alt geworden wäre – ach, wäre er es doch geworden! –, war sicher nur ein Anlaß. Eher schon der plötzlich mit geradezu schmerzhafter Dringlichkeit auftretende Wunsch von jemandem, der ihn ja recht gut gekannt hatte, er möge nicht vergessen werden, mag als Grund gelten.

Natürlich ist er nicht gänzlich vergessen. Seine Filme laufen immer wieder einmal im Fernsehen, gelegentlich auch in Kinos. Aber wer weiß noch, wer Chaplin war? Wie er war? Wie er wurde?

Seine am Genfer See lebende Witwe Oona sagte mir einmal – aber das war vor langer, langer Zeit –, es seien mindestens fünfhundert Bücher über ihn geschrieben worden. Sie sprach, natürlich, von Büchern in englischer Sprache. Daß sicher ebenso viele Bücher über Chaplin in anderen Sprachen herausgekommen waren, in französisch, deutsch, russisch, japanisch, italienisch – man kannte seine Filme ja überall auf der Welt –, konnte sie nicht wissen.

Doch fast alle diese Bücher sind längst vergriffen. Nur wenige sind noch in staatlichen oder städtischen Bibliotheken zu finden. Und wer macht sich schon die Mühe, nach ihnen zu suchen?

Ein weiterer Grund ist das, was bedeutende Bühnen- und Filmkünstler nach Chaplins Tod sagten. Zum Beispiel Lawrence Olivier, der erklärte: „Er dürfte auf jeden Fall der größte Schauspieler aller Zeiten gewesen sein!" Oder schon vorher der französische Regisseur Jean Renoir, der russische Regisseur Sergej Eisenstein, Kurt Tucholsky und vor allem immer wieder Winston Churchill. Ich könnte unzählige weitere Namen berühmter Bewunderer Chaplins nennen. Ich könnte darauf hinweisen, daß Greta Garbo sich immer wieder, wenn sie sich in New York aufhielt, alte Chaplin-Filme vorführen ließ und wohl heute noch läßt.

Oder auch der weltberühmte Theater- und Filmkomiker Bob Hope: „Wir können uns glücklich schätzen, daß wir in seiner Zeit gelebt haben." Das dachten oder sagten damals Millionen und Abermillionen, denn die Chaplin-Filme waren um die ganze Welt gegangen. Einer von ihnen war auch ich. Ich bin es immer noch – dankbar. Ich bin ja auch einer der wenigen heute noch Lebenden, die ihn persönlich gekannt haben – abgesehen von seiner Familie, versteht sich. Nicht nur beruflich – aber das auch. Er gab mir einige Interviews. Er war überhaupt, im Gegensatz zu den meisten Filmgrößen, stets bereit, sich interviewen zu lassen, vorausgesetzt, er steckte nicht gerade tief in einer Arbeit. Er war der Auffassung, das Publikum, das dafür zahle, seine Filme zu sehen, habe ein Recht darauf, auch seine Person kennenzulernen.

Aber oft sprach ich auch mit ihm, ohne daß ein Auf-

trag einer Zeitung oder Zeitschrift vorlag. Selten allein, meist in Gesellschaft anderer. Aber bei solchen Gelegenheiten erfährt man häufig weit mehr über einen Menschen als durch ein gezieltes Interview.

Einiges möchte ich vorab betonen: Chaplin unterschied sich von allen anderen großen Schauspielern dadurch, daß er in keine Sparte einzureihen war. Er war – um im Bühnen- respektive Filmjargon zu bleiben – kein „Liebhaber", kein „Charakterspieler", kein „Komiker", er war – ja, was war er denn?

Er war Chaplin.

Mag sein, daß es aus technischen Gründen – die Erfindung des Films lag halt noch nicht sehr lange zurück – vor ihm niemanden gab, der ihm ähnlich war. Aber es gab eben auch nach ihm keinen, der ihm auch nur nahegekommen wäre.

Was ihn von allen Schauspielern vor ihm und nach ihm unterschied: Er arbeitete, zumindest in der ersten Hälfte seines künstlerischen Lebens, ohne jede Vorlage. Was den Film angeht: ohne Drehbücher. Er agierte spontan. Er hatte einen Einfall und verwirklichte ihn – für sich und diejenigen, die er betreute.

Diese Einfälle entsprangen natürlich im wesentlichen seiner Erfahrung, den Erlebnissen seiner Kindheit und seiner Jugend. Aber doch nur teilweise. Woher die Ideen stammten, die nichts mit seinen früheren Jahren zu tun hatten, ließ er nie verlauten. Doch er las ja viel. Er sprach viel mit bedeutenden Leuten seiner Zeit.

Das vielleicht Entscheidendste war sein Wunsch zu gefallen, die Leute lachen und sie – später – auch weinen zu machen.

Ich habe ihn einmal gefragt, warum er so auf Wirkung aus war – auf Wirkung im besten Sinne des Wortes. Seine Antwort liegt mir noch heute in den Ohren: „Ich wollte nicht verhungern!"

Er mußte sich nämlich sehr früh in seinem Leben – darüber wird noch berichtet werden – selbst ernähren. Da er nichts gelernt hatte, versuchte er sich wie seine Eltern auf der Bühne. Die ursprünglich sehr mageren, später ständig steigenden Gagen hielten ihn und zum Teil auch den Rest der Familie über Wasser. (Ein wichtiger Aspekt in einer Zeit, in der junge Künstler oder solche, die sich dafür halten, von der Öffentlichkeit subventioniert werden wollen, ob als Bühnenschauspieler oder als Filmschaffende. Weil sie glauben, sich nur so selbst verwirklichen zu können.)

Ich weiß – wer weiß es nicht? –, Chaplin hat sich sehr oft selbst verwirklicht. Aber das war nicht sein Ziel. Sein Ziel – es prägte sein ganzes Leben – war zu überleben. Seine Maske zeigte die gesamte menschliche Gemütsskala. Der Tramp, den er schuf, konnte ganz plötzlich eine sentimentale Situation ins Lächerliche ziehen oder eine lustige Szene hintergründig werden lassen.

Wenn er dem Publikum, das manchen jungen Künstlern von heute so entsetzlich gleichgültig geworden ist

Seine berühmtesten Filme ...

– sie werden ja subventioniert! –, nicht gefallen hätte, hätte man ihn nicht mehr engagiert. Seine Gagen wären nicht gestiegen. Man hätte ihn nicht von England in die Vereinigten Staaten geschickt. Er wäre nicht Leuten vom Film aufgefallen, die ihn nach Hollywood holten. In Hollywood hätte man nicht begriffen, daß das Publikum seine Filme wollte, und seine Gagen wären nicht entsprechend erhöht worden. Er hätte nicht so viel Geld verdient, das es ihm ermöglichte, sich seine Filme selbst zu finanzieren und sich damit die völlige künstlerische Freiheit zu erobern, respektive um das Risiko zu tragen, das ihre Produktion in sich barg.

Und er war dabei keineswegs kleinlich. Er bezahlte seine Mitarbeiter – Angestellte der eigenen Filmgesellschaft – auch dann, wenn er nicht produzierte, wenn eine Produktion tage- oder wochenlang nicht voranging, weil er sich nicht dazu imstande fühlte. Manchmal sogar jahrelang. Er hatte in seiner Jugend genug Not am eigenen Leib erfahren, um alles zu tun, damit andere nicht diesem Elend ausgesetzt würden.

Dies wäre wohl alles, was gesagt werden sollte, bevor wir uns seiner Geschichte zuwenden – nicht nur dem äußeren Verlauf seines fabulösen Lebens, sondern auch den Hintergründen.

Die Jugend

Man schrieb das Jahr 1917. Der Krieg war schon verloren, nur wir in Deutschland ahnten es noch nicht. General Ludendorff, Generalquartiermeister und einer der entscheidenden Männer, genaugenommen der drittwichtigste nach dem Kaiser und dem obersten Kriegsherrn General Hindenburg, aber in Wahrheit wohl *die* entscheidende Führergestalt, wußte schon sehr früh, daß Deutschland für seinen Krieg gegen so viele Großmächte Propaganda im neutralen Ausland brauchte. Die sogenannte BUFA wurde gegründet, das Bild- und Filmamt zur Herstellung von Propagandafilmen. Die Streifen, die sie lieferte, waren alles andere als gute Propaganda. Sie zeigten, peinlich beharrlich, immer wieder die Heldentaten „unserer" Männer im Feld, anstatt vom Krieg wegzuführen, zu zeigen, was Deutschland sonst leistete oder geleistet hatte, oder schlichtweg zu unterhalten, zu amüsieren. Kein Mensch im neutralen Ausland wollte diese Filme sehen.

Die Sache änderte sich, als Paul Davidson, ein jüdischer Pole, der bereits vor dem Krieg in Paris etwas mit Film zu tun gehabt hatte, die Sache in die Hand nahm. Man hörte nichts mehr von der BUFA, um so mehr jedoch von der UFA (Universal Film AG), seiner Gesellschaft, in die die BUFA integriert wurde. Sie wurde nun sozusagen die Reichspropaganda-Filmgesellschaft.

Eine Bemerkung am Rande: Selbst ein Propaganda-Genie wie später Goebbels hätte für das kaiserliche Deutschland wenig Sympathien im Ausland erringen können. Das Deutsche Reich war nie sehr populär gewesen, dafür sorgte schon der beispiellos arroganzte Kaiser, der alles besser wußte als alle Sachverständigen der Welt, dafür sorgte im Krieg natürlich die Besetzung von Belgien, dessen Neutralität Deutschland garantiert hatte, dafür sorgte auch der uneingeschränkte U-Boot-Krieg, der 1917 erklärt worden war und der es Deutschland ermöglichte, alle Schiffe, gleich welcher Nationalität, die das Pech hatten, deutschen U-Booten zu begegnen, zu versenken – was früher oder später die Vereinigten Staaten, entgegen dem ursprünglichen Willen ihrer Bevölkerung und vor allem ihres Präsidenten Woodrow Wilson, in den Krieg gegen Deutschland trieb.

Aber Paul Davidson war nicht darauf aus, Propagandafilme zu machen. Er wollte unterhaltende Filme machen. Deshalb hatte der Pole schon längst ein Auge auf Ernst Lubitsch geworfen. Dieser kleine, eher häßliche junge Mann – wir waren durch unsere Eltern befreundet – war Kleindarsteller für komische Rollen am Deutschen Theater in Berlin und hatte in seiner Freizeit Film-Lustspiele fabriziert, die sich im wesentlichen im Herren- und Damenkonfektionsmetier abspielten oder auch in Warenhäusern, für damalige Zeit – der Film steckte ja noch in den Kinderschuhen – sehr gut gemacht.

Lubitsch, so meinte Davidson, sei der richtige Mann für die UFA. Er hoffte wohl, Ernst Lubitsch werde weiterhin lustige Filme machen, aber dieser dachte gar nicht daran. Er machte mit der von Max Reinhardt importierten bildschönen polnischen Tänzerin Pola Negri, die in Wirklichkeit ganz anders hieß, blutrünstige Liebesfilme. Ihr Partner war der damals noch völlig unbekannte Max-Reinhardt-Schauspieler Emil Jannings. Da die Filme Erfolg hatten, sogar riesigen Erfolg, auch im neutralen Ausland, war Davidson sehr zufrieden. Ob Ludendorff es ebenfalls war, ist nicht bekanntgeworden. Auf jeden Fall schufen diese Filme, wohlgemerkt keine Propaganda-Filme, im Ausland viel bessere Stimmung für Deutschland als alle Produktionen, die bisher gezeigt worden waren.

Ernst Lubitsch

Eines Tages – ich war im reifen Alter von fünfzehn Jahren – erhielt Ernst Lubitsch einen Anruf, die UFA führe einige „Beute-Filme" vor, Filme, welche die Wehrmacht in Belgien oder Frankreich oder sonstwo beschlagnahmt hatte. Filme, mit denen die Frontoffiziere natürlich nichts anzufangen wußten und die sie nach Berlin sandten.

Lubitsch, so meinte der Anrufer, der in irgendeiner Militärkanzlei saß, solle sie sich doch einmal ansehen. Er erzählte mir davon, und ich durfte mit ihm diese Filme ansehen. Denn er wußte: Ich war, wie alle Jungen in meinem Alter, auf Film versessen.

Ich erinnere mich, als sei es gestern gewesen. Der Vorführraum der UFA war ein größeres Büro irgendwo in der Berliner Friedrichstraße, damals das Zentrum der sogenannten Filmindustrie. Außer Lubitsch und mir waren noch drei oder vier Herren anwesend, Offiziere in Uniform, die kaum Notiz von uns nahmen. Sie sollten wohl die „Beute-Filme" daraufhin begutachten, ob sie Muster sein könnten für künftige deutsche Propagandafilme.

Es waren vier Filme. Zwei davon waren sogenannte One-Reeler – das heißt, sie füllten eine Spule: Dauer fünfzehn Minuten. Bei den beiden anderen handelte es sich um Two-Reeler. Damals wurde in den Kinos nach jeder Spule eine Pause gemacht, bis die neue Spule eingelegt war. In den Vereinigten Staaten war dies bis 1920 üblich, in Europa bis 1926 oder 1927.

Was bekamen wir an diesem Tag zu sehen? Durchweg Chaplin-Filme.

Worum ging es? Ich weiß es heute nicht mehr, ich wußte es wahrscheinlich schon zwei Tage nach der Vorführung nicht mehr. Ich weiß nur noch, daß im Grunde immer nur der Hauptdarsteller, eben dieser Chaplin, irgendwo auftauchte, in einem Park, auf einer Straße, in einem Café, in einer Scheune. Er geriet – und das war eigentlich das Thema aller seiner Filme, was ich damals noch nicht begriff – in irgendeine mißliche Situation. Oder diese bestand schon vorher. Sei es, weil Nachbarn sich stritten, sei es, weil Angestellte es ihrem Vorarbeiter oder ihrem Boß nicht recht machen konnten. Er versuchte in dieser Situation, die ihn eigentlich überhaupt nichts anging, irgendwie zu helfen, und machte dadurch alles schlimmer. Es endete jedes Mal damit, daß sich alle, auch diejenigen, die bis dahin miteinander im Streit gelegen hatten, schwächliche Männer, riesige Frauen, grimmige Polizisten – die spielten überhaupt immer eine wichtige Rolle –, gegen diesen Eindringling verbündeten. Und es gab am Ende jedes, wirklich jedes dieser vier Filme eine Verfolgungsjagd, das heißt, dieser Chaplin versuchte sich irgendwie aus dem Staube zu machen, verfolgt von der ganzen Meute. Und dabei kam es zu immer größerem Wirrwarr: Obstände wurden umgeworfen, Frauen, die es sich bequem gemacht hatten –

vor allem alte und dicke –, wurden von ihren Sitzgelegenheiten gerissen, Polizisten stolperten und andere über sie, Lastwagen prallten aufeinander etc. Es waren keineswegs interessante, abwechslungsreiche oder gar logische Geschichten, die sich da abspielten. Im Grunde genommen spielte sich immer das gleiche ab.

Als der letzte Film abgelaufen war, wurde es wieder hell im Vorführraum. Die Offiziere erhoben sich ziemlich schnell. Einer von ihnen wandte sich an meinen Begleiter. Damals war Ernst Lubitsch noch keineswegs der weltberühmte Regisseur, der er später werden sollte, war er nicht einmal Deutschlands wichtigster Filmregisseur, zu dem er in den folgenden drei Jahren werden sollte, sondern, zumindest für die Militärs, lediglich „so einer vom Film". Der Offizier sagte, wörtlich weiß ich das natürlich nicht mehr, solcher Quatsch sei doch wohl keine gute Propaganda. Das sei wohl für die UFA keineswegs der richtige Weg, um für Deutschland Sympathien im Ausland zu gewinnen. Und damit marschierten die Offiziere aus dem Zimmer.

Solcher Quatsch! Ich war wie benommen. Ich war damals knapp fünfzehn, als Kinofan freilich frustriert. Denn in Deutschland und wohl überhaupt in Europa war der Zutritt in Kinos für Jugendliche unter achtzehn Jahren streng verboten. Und so war es für mich bislang unmöglich gewesen, große Kinos, von denen es nicht allzu viele gab, zu betreten. Bei kleinen Kinos in der Nachbarschaft nahm man es Gott sei Dank nicht so genau. Aber was hatte ich dort schon zu sehen bekommen? Filme, die Detektive bei der gerissenen Aufdeckung von gerissenen Verbrechen zeigten, meist elegante Herren, häufig mit Monokel, oder auch Liebesgeschichten, die mich damals nicht sonderlich interessierten, und, seit Kriegsbeginn oder kurz danach, Filme, die Heldentaten im Schützengraben oder jedenfalls in gefährlichen Situationen zeigten. Ob diese Filme gut oder schlecht waren, das wußte ich damals noch

Charlies erster Film: „Making a Living"

Mit Ben Turpin in „His New Job"

nicht. Aber die meisten waren wohl schlecht – Begebenheiten, die man nur auf der Leinwand zu sehen bekam, nicht im Leben selbst. Und sie hatten alle eines gemeinsam – heute weiß ich, alle Filme der Welt hatten es gemeinsam –: daß sie sich um Menschen aus dem wirklichen Leben drehten. Um Fabrikdirektoren oder Dienstmädchen, um Generäle oder gewöhnliche Soldaten, um Dichter oder Kaufleute.

Aber wer war dieser Chaplin? Wer war dieser relativ kleine Mann mit den für ihn viel zu großen und weiten, überdies geflickten Hosen, mit dem viel zu engen Röckchen, mit der Melone, die nicht auf seinen Kopf paßte – sie war wohl zu klein –, mit den ausgebeulten Schuhen, mit einem Stöckchen, das ständig in Bewegung war? Wer war dieser kleine Mann, der so seltsam watschelte, mit dem winzigen, geradezu lächerlichen Schnurrbart und dem lustigen und oft anklagenden Blick, der meist zu sagen schien, daß er an dem, was

Der Tramp

um ihn herum vorging, keine Schuld trage? Wer war dieser Mann, der ständig in die absurdesten komischen Situationen geriet und doch immer irgendwie traurig wirkte? In den Vereinigten Staaten und in Großbritannien nannte man ihn den „Tramp", den Landstreicher, ebenso wie in vielen anderen Ländern, wo seine Filme liefen.

Ich erinnere mich noch: Ich war verdutzt, irgendwie ergriffen, weit mehr als nach Filmen, die ich in den kleinen Kinos gesehen hatte und weiterhin sehen sollte. Was weit wichtiger war: Ernst Lubitsch, mit dem sechsten Sinn für Film, rief dem Mann, der den Projektor bediente, zu, er wolle die Filme noch einmal sehen.

Und so sah ich sie ein zweites Mal. Was ich zu dem Zeitpunkt wohlgemerkt ebensowenig wie die meisten in Deutschland wußte: Zu dieser Zeit war Charlie Chaplin bereits weltberühmt, seine steile Karriere war – ein anderes Wort wäre nicht zutreffend – märchenhaft.

Diese Karriere war keineswegs vorprogrammiert gewesen. Die Kindheit war – wie er selbst sie ziemlich genau beschrieben hat, wie auch Freunde des jungen Chaplin später bestätigten und mir auch erzählten – alles andere als verheißungsvoll.

Er wurde im April 1889 – zur gleichen Zeit, im selben Monat, im selben Jahr hatte Thomas Edison das Filmen erfunden – in einem eher ärmlichen Teil Londons geboren. Die Eltern bewohnten damals eine halbwegs komfortable Dreizimmerwohnung. Da gab es die Mutter Hannah, klein, eher zierlich und hübsch und jederzeit bereit, der Familie auszuhelfen, obwohl sie einen Beruf hatte, der sie oft in andere Orte führte – sie trat an Varietés auf, nicht eben an erstklassigen, aber sie gefiel. Und da gab es den Vater Charles, ebenfalls Varieté-Künstler, aber vor allem Sänger, viel begabter als die Mutter.

Die beiden waren sich vor vielen Jahren begegnet, hatten ein Verhältnis miteinander. Zwei Jahre später war die Mutter, damals sechzehnjährig, durchgebrannt. Nach Afrika. Angeblich mit einem schwerreichen Lord, der dort Plantagen besaß und sie in jeder Beziehung verwöhnen wollte. Aber Sydney Hawkes war in Wirklichkeit gar kein Lord, sondern lediglich ein wohlhabender Buchmacher und – das sollte erst später eine Rolle spielen – Jude. Nachdem sie ihm einen Sohn, Sydney, „geschenkt" hatte, kehrte sie nach London zurück. Ob freiwillig oder weil der Vater Sydneys nicht mehr an ihr interessiert war, wissen wir nicht.

Auf jeden Fall heiratete sie 1886 den Kollegen Charles Chaplin, der damals schon nicht mehr allzuoft nüchtern war. Was früher nie der Fall gewesen war: Wenn er getrunken hatte, wurde er böse und jähzornig. Es war schwer, mit ihm zu leben, aber es war auch schwer, mit der jungen Frau nicht zu leben. Sie war so unendlich gutmütig und gefällig. Und was Sydney anging – dessen Existenz schien den Trunkenbold nicht zu stören.

Es ist früher immer mal wieder über die Vorfahren des berühmten Charlie Chaplin geschrieben worden, und sehr oft brachten die Filmhistoriker alles ein bißchen durcheinander. Übrigens auch Chaplin selbst in

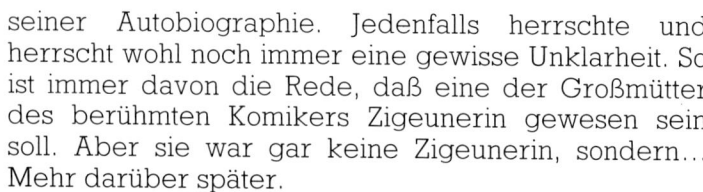

Mutter Hannah Chaplin, geb. Hill

Vater Charles Chaplin

seiner Autobiographie. Jedenfalls herrschte und herrscht wohl noch immer eine gewisse Unklarheit. So ist immer davon die Rede, daß eine der Großmütter des berühmten Komikers Zigeunerin gewesen sein soll. Aber sie war gar keine Zigeunerin, sondern... Mehr darüber später.

Wie dem auch sei – es ging der Familie nicht gut. Immer öfter konnte der Vater nicht auftreten. Das Geld blieb aus. Die Dreizimmerwohnung war nicht zu halten. Die Gagen der Mutter wurden geringer, denn die Häuser, in denen sie auftrat, waren nicht mehr namhafte Varietés, sondern eher Vorstadt-Etablissements.

Dann zog der Vater aus. Er sollte zwar – so war es abgemacht – zehn Shilling pro Woche schicken, aber das tat er nicht immer. Die Mutter landete mit den beiden Söhnen schließlich in einem möblierten Zimmer. Und oft war nicht einmal genug zu essen da.

Die Katastrophe war unausweichlich, als eines Abends die Stimme der Mutter versagte. Ihren Jüngsten, Charlie, hatte sie mitgenommen, denn sie ertrug den Gedanken nicht, den Kleinen ganz allein in dem möblierten Zimmer zurückzulassen.

Als sie unter Johlen des Publikums, meist Matrosen, von der Bühne ging und dem Direktor des Varietés erklärte, sie könne nicht weitersingen, sprang Charlie spontan für sie ein. Damals war er fünf Jahre alt. Er sang – ohne das geringste Lampenfieber – ein zu der Zeit populäres Gassenlied.

Nach diesem Vorfall suchte die Mutter immer häufiger evangelische Kirchen auf und wurde geradezu fanatisch gläubig. Das hätte eigentlich irgend jemandem auffallen müssen, wenn nicht schon damals, so doch später, als die Kindheit Chaplins unter die Lupe genommen wurde. Aber das war nie der Fall.

Da die Mutter nicht mehr auftreten konnte – jedenfalls war sie in dieser Zeit davon überzeugt, es nicht mehr zu können –, nahm sie Näharbeiten an. Eine Arbeit, die so schlecht bezahlt wurde, daß die Kinder damit kaum durchzufüttern waren. Doch weil sie immer häufiger Migräneanfälle bekam und sich hinlegen mußte, mit einem schwarzen Tuch über den Augen und wenn möglich im verdunkelten Raum, war sie gezwungen, diese Arbeit schließlich wieder aufzugeben.

Sydney begann, Zeitungen zu verkaufen. Doch das Geld dafür reichte der Familie nicht zum Leben. Schließlich wurde die Situation so schlimm, daß die dreiköpfige Familie das Armenhaus in Lambeth aufsuchen mußte. Das bedeutete zwar für die Jungen, daß sie nun regelmäßig ihr Essen bekamen, aber es bedeutete auch Trennung von der Mutter, die natürlich in die Frauenabteilung kam, während sie selbst in der Abteilung für Jungen untergebracht wurden. Die ersten Schuljahre verbrachten Sydney und Charlie im wesentlichen in der Schule des Armenhauses.

Das alles nahm der junge Chaplin hin. Weit schlimmer war für ihn, daß er seine Mutter immer seltener zu sehen bekam und man ihm – das war für ihn ein geradezu entsetzliches Erlebnis – seine schwarzen lockigen Haare, auf die er so stolz war, ganz kurz schnitt. Und von gelegentlichen pädagogischen Züchtigungen blieb er auch nicht verschont.

Schließlich wurde der Vater gezwungen, die Kinder aufzunehmen, sehr gegen den Wunsch der hübschen Louise, mit der er zusammenlebte. Sie gab den Kindern nur wenig zu essen und warf die beiden eines Tages sogar hinaus. Der Vater, der gerade nach Hause kam, natürlich betrunken, verlangte, daß sie die Kinder wieder aufnahm. Bei dieser Gelegenheit stellte er fest, daß auch seine Lebensgefährtin betrunken war. In Abwesenheit des Vaters erfolgte ein abermaliger Hinauswurf. Die Polizei mußte einschreiten, um den Kindern wieder Zutritt zur Wohnung zu verschaffen.

Charlies leibliche Mutter hatte man inzwischen in die Irrenanstalt des Armenhauses eingewiesen. Als sie entlassen wurde, holte sie ihre Kinder wieder zu sich und bezog mit ihnen eine Einzimmerwohnung.

Um diese Zeit wußte Charlie Chaplin schon, daß er sich einmal als Schauspieler produzieren würde. Schon seit jenem Abend, an dem die Mutter die Stimme verloren hatte und er für sie eingesprungen war – sehr zur Belustigung der angeheiterten Matrosen, die ihm kleine Geldmünzen auf die Bühne warfen. Nun, in der Schule, diesmal einer normalen Schule, trug er gelegentlich Gedichte vor, die Mitschüler und Lehrer entzückten. Aber davon konnte die Familie nicht leben. Um den Lebensunterhalt zu sichern, verließ Chaplin vorübergehend die Schule, um sich einer Truppe von Holzschuhtänzern anzuschließen, den „Eight Lancashire Lads", die in kleinen und kleinsten Provinz-Varietés gastierten. Diese „Eight Lancashire Lads" stammten, bis der junge Chaplin dazukam, alle aus einer Familie. Mit dieser Gruppe zusammen trat er auch in einer Aschenbrödel-Pantomime im Londoner Hypodrom auf. Davon war er sehr angetan: Das Hypodrom zahlte zwar wenig, aber es hatte Bedeutung.

Zu dieser Zeit begriff Charlie, daß er sich bilden müsse. Er erstand billig den Dickens-Roman „Oliver Twist" und begann ihn zu lesen, was gar nicht so einfach war, denn er hatte nie richtig lesen gelernt.

1899 – Charlie war gerade zehn Jahre alt – bekam Sydney einen Job als Telegraphenbote. Doch auch diesmal reichte sein Lohn nicht aus. Die Mutter mußte fortwährend irgendwelche Kleidungsstücke versetzen, um sie gelegentlich wieder einzulösen, wenn ein bißchen Geld ins Haus gekommen war. Und trotz dieser Prüfungen oder vielleicht gerade deswegen wandte sie sich immer mehr der Kirche zu.

Der Vater wurde schließlich krank und mußte ins Krankenhaus. Louise war verschwunden. Also besuchte ihn die Mutter. Charlie, damals dreizehn, begleitete sie oft. Der Vater starb schließlich im Alter von 37 Jahren an Wassersucht.

Streit entstand darüber, wer die Beerdigung zahlen müsse. Die Wohlfahrt hätte sie schlimmstenfalls übernommen, aber Mutter Chaplin war entsetzt bei dem Gedanken an ein Armenbegräbnis. Schließlich kam ein Verwandter für die nicht allzu hohen Kosten auf.

Der siebenjährige Charlie als Schüler der Hanwell School für Waisen und mittellose Kinder (2. Reihe v. u., 3. von links)

Operetten-Buffo und Music-Hall-Star Charles Chaplin

11

Später erinnerte sich Charlie nur noch daran, daß „Onkel" Albert, der alles zahlte, sehr höflich, aber auch eisig gewesen sei, daß Sydney an der Beerdigung nicht teilgenommen hatte, weil er arbeiten mußte – schließlich war der Tote ja auch nicht sein Vater –, daß es in Strömen regnete – wie später im Film so oft bei Beerdigungen – und daß er sich danach wenigstens anständig satt essen konnte, was ansonsten nur noch selten der Fall war.

Schließlich konnte Charlie seine Mutter dazu überreden, ihn aus der Schule zu nehmen und arbeiten zu lassen. Er wurde Laufjunge und Hausbursche in obskuren kleinen Firmen, Empfangsbursche bei Versicherungsärzten, wo er alle Patienten bezaubert haben soll, und nahm zahllose andere Stellungen an. Doch er flog immer schnell wieder hinaus, weil er zu jung war.

Sydney war inzwischen als Trompeterjunge auf einem Schiff der Handelsmarine untergekommen, später als Steward. Wenn er von seinen Reisen zurückkam, brachte er immer eine Menge Geld – Trinkgelder – mit. Doch ansonsten war trotz Charlies intensiver Bemühungen fast nie Geld im Haus.

Aber Charlies Mutter verlor nie die gute Laune, geschweige denn den Mut zum Weiterleben. Sie bemühte sich, ihrem jüngsten Sohn das Leben so lustig wie möglich zu gestalten. Sie beobachtete vom Fenster aus Passanten auf der Straße, überlegte und stellte dann Vermutungen an, wer diese Leute wohl seien, wie es bei ihnen zu Hause aussehen könnte, ob sie verheiratet waren oder Kinder hatten. Charlie hörte begierig zu. Es ist nicht unwichtig, dies zu erwähnen, denn hier mag die Basis entstanden sein für Charlies spätere Fähigkeit, alle nur denkbaren menschlichen Regungen filmisch umzusetzen.

Die Mutter sparte sich in all der Zeit jeden Bissen in des Wortes wahrster Bedeutung vom Mund ab, und ihre häufigen Erkrankungen, auch ihre vorübergehenden Gastspiele in Nervenheilanstalten hatten nach Ansicht der Ärzte offenbar damit zu tun, daß sie unterernährt war.

Als sie wieder einmal in einer Anstalt verschwand, wurde Charlie von der mitleidigen Hauswirtin verpflegt, die ihn so lange im Zimmer wohnen lassen wollte, bis sie es wieder vermietet hätte – was sie wohl einige Zeit hinauszögerte, vielleicht weil sie den Jungen nicht auf die Straße setzen mochte.

Vorübergehend arbeitete Charlie als Holzhacker zwölf Stunden am Tag. Schwer verständlich, wenn man bedenkt, wie jung er war. Und kräftig war er auch nicht gerade. Aber irgendwie schaffte er es, weil die „Kollegen" einen Teil seiner Arbeit für ihn verrichteten.

Sydney kam immer wieder mal zurück und erfuhr dabei auch, daß die Mutter in einer Nervenheilanstalt war. Er hatte große Pläne: Er wollte die Schiffahrt aufgeben, um zur Bühne zu gehen. Auch er!

Der jüngere Charlie schaffte es vor ihm – das Resultat seiner ständigen Besuche bei Theateragenten. Alle versprachen ihm, nach einer passenden Knabenrolle zu suchen, er behauptete ja, vierzehn Jahre alt zu sein, war aber in Wirklichkeit erst zwölf. Sie mochten den schmächtig wirkenden Jungen wohl. Schließlich bekam er eine Rolle. Als Honorar sollte er dafür zwei Pfund pro Woche erhalten – das war damals etwa der Gegenwert von vierzig Mark, davon konnte die Familie leben. Einzige Bedingung: Er mußte dem Produzenten die Rolle vorlesen. Das war ziemlich schwierig für Charlie, er konnte ja noch kaum lesen. Aber – er gefiel dem Produzenten, der sehr nett zu ihm war, er gefiel auch den anderen Mitwirkenden, die auch sehr nett zu ihm waren. Plötzlich befand er sich in einer Welt, die hell geworden war, jedenfalls für ihn.

Das Melodram, an dessen Titel sich später niemand mehr erinnerte, fiel mit Pauken und Trompeten durch. Lediglich eine Zeitung brachte eine Kurznotiz und erwähnte darin einen einzigen Schauspieler, der als „gewitzter Zeitungsjunge" sehr lustig gewesen sei.

Diese Bemerkung des Vorstadtkritikers verhalf Charlie zu seiner nächsten Rolle. Das Stück hieß „Sherlock Holmes". Richtig, es war ein Stück nach dem welt-

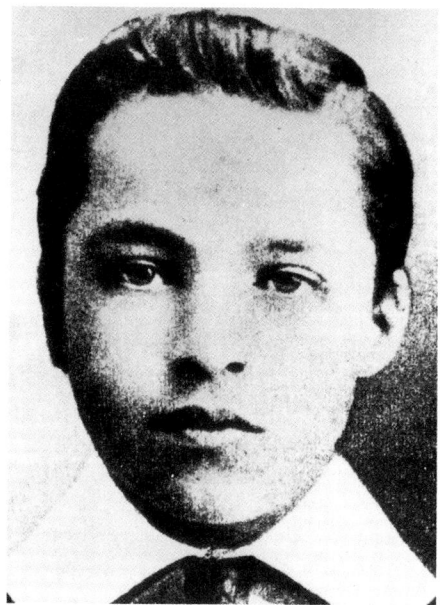

Charlie als junger Schauspieler

berühmten Roman von Sir Arthur Conan Doyle; es gab damals mindestens zehn verschiedene Stücke über diesen Detektiv.

Also, Charlie bekam die Rolle des Laufburschen Billy, und es war ein Erfolg – in der Provinz. Vierzig Wochen ging die Tournee durch unzählige Provinzstädte, acht Wochen spielte man in Londoner Vororten. Charlie war so beliebt, daß es ihm gelang, auch für Sydney eine Rolle zu bekommen, allerdings eine sehr kleine. So waren die Brüder wenigstens wieder einmal zusammen – und verdienten genug, um sich nach der Rückkehr ihrer Mutter aus der Anstalt eine größere Wohnung – drei Zimmer – zu mieten, ja sich sogar neue Möbel anzuschaffen. (Die Anzahlung darauf betrug zehn Pfund.)

Als die Jungen wieder auf Tournee gingen, also von London abwesend waren, mußte die Mutter wieder in eine Anstalt.

Charlie zog mit dieser Tournee das große Los: Er sollte nun neben dem damals in England sehr berühmten Schauspieler William Gilette seine Rolle in dem Sherlock-Holmes-Stück spielen. Später wußte Chaplin nicht mehr, ob es dasselbe Stück war oder ein anderes Stück um den Meisterdetektiv. Die Aufführungen fanden in dem eleganten Duke of York's Theatre im Westend statt und wurden ein Riesenerfolg.

Als sie zu Ende gingen, hatte sich Charlie verändert. Der Erfolg war ihm wohl in den noch sehr jungen Jahren zu Kopf gestiegen. Ein Impresario schlug ihm eine Tournee durch die Provinz vor. Charlie wies ihn hochmütig ab – und war über ein Jahr lang arbeitslos. Denn er befand sich in einem problematischen Alter: Für Knabenrollen war er zu alt, für Männerrollen zu jung – weder Fisch noch Fleisch.

Doch dann trat Karno in sein Leben.

Fred Karno war von Haus aus Varieté-Komiker – übrigens ein außerordentlich erfolgreicher – gewesen und hatte dann eine Truppe gegründet, mit der er die Provinz-Varietés bereiste, gelegentlich gastierte die Gruppe auch in London und Umgebung. Als eines Tages seine von ihm engagierten Kollegen behaupteten, er sei gar nicht mehr komisch, riß er sich die Perücke vom Kopf, schminkte sich ab und erklärte, er werde künftig nicht mehr auftreten. Statt dessen gründete er immer neue Truppen, und bald gab es vier oder gar ein halbes Dutzend Karno-Truppen, die durch England, Schottland, Irland zogen und gelegentlich auch in Frankreich gastierten.

Er engagierte Sydney, und der wies Karno wohl auf seinen jüngeren Bruder hin. Jedenfalls konnte Sydney ihm eines Tages mitteilen, Karno wünsche ihn zu sehen – und Charlie wurde engagiert. Karno bemerkte bald – eigentlich bemerkten es alle –, daß der junge Chaplin nicht nur ein guter Komiker war, sondern daß ihm immer etwas Neues einfiel und er seine Einfälle auch spontan in die Tat umsetzte. Das Publikum lachte an Stellen, an denen es, wenn andere Komiker den betreffenden Sketch spielten, keine Miene verzogen hatte. Übrigens handelte es sich meistens um Pantomimen.

Das einzige, was Charlie hinderlich war, war seine Jugend. Bis er zwei Komiker kennenlernte – „jüdische Komiker", wie er später erzählte, die in jener Zeit in London sehr beliebt waren. Jedenfalls fand Charlie sie reizend, gescheit und „menschlich". Und da sie Bärte trugen, beschloß er, sich einen Bart anzukleben, nicht zuletzt, weil ihn das älter machen würde. Er konnte damals nicht ahnen, welch entscheidende Rolle das Problem des Judentums in seinem Leben noch spielen sollte.

Sein Durchbruch gelang bei der Premiere eines neuen Programms, in dem er den Sketch „The Football Match" spielte, zusammen mit dem berühmten Komiker Weldon. Er hatte auf die Bühne zu kommen und dort ein paar Minuten zu stehen – ein paar Minuten auf der Bühne können Ewigkeiten sein –, bis Weldon erschien. Bis dahin hatte bei diesem altbekannten Sketch niemand gelacht, bis eben der Star hinzutrat. Aber diese wenigen Minuten füllte Chaplin mit so vielen Einfällen, daß die Leute aus dem Lachen gar nicht mehr herauskamen. Nutznießer war natürlich Weldon, der sich das Publikum nicht erst erobern mußte.

Karno gab Charlie daraufhin einen Jahresvertrag. Höhe der Gage: vier Pfund die Woche. Diese frohe Kunde enthielt ein Telegramm, das Charlie an Sydney schickte, der irgendwo in der Provinz gastierte.

Mit Weldon gab es schließlich Krach, als der immer deutlicher zu spüren bekam, daß nicht er, sondern Chaplin den Erfolg des Sketches sicherte. Karnos Versuch, Charlie die Weldon-Rolle zuzuschanzen, scheiterte, weil dieser plötzlich heiser wurde. Nun, auch die Heiserkeit ging vorbei.

Charlie Chaplins Karriere war nicht mehr aufzuhalten. Er mietete eine neue Wohnung mit neuen Möbeln, ja, sogar ein Dienstmädchen erschien dreimal pro Woche.

In dieser Zeit lernte er auch eine junge Tänzerin namens Hetty Kelly kennen. Sie war fünfzehn, er selbst neunzehn. Sie hatte ihn auf der Bühne gesehen, er sie natürlich auch. Er verliebte sich auf den ersten Blick in sie. Sie war erstaunt, daß er noch so jung war, hatte sie doch nach seinem Auftritt vermutet, er sei mindestens dreißig. Er wollte sie auf der Stelle heiraten, mußte aber erfahren, daß sie nicht einmal wußte, ob sie ihn liebte. Sie muß damals einen unbeschreiblichen Eindruck auf ihn gemacht haben, denn rund fünfzig Jahre später, als er seine Memoiren schrieb, erinnerte er sich noch an die Marke der Seife, nach der sie roch.

Aus dieser ersten Liebe Charlies wurde also nichts. Und doch war sie entscheidend für sein künftiges Leben: Er verliebte sich immer in sehr junge Mädchen, oft in *zu* junge Mädchen – selten in Frauen, die sich in ihn verliebten.

Als er zwanzig war, also 1909, gastierte seine Truppe in den Folies-Bergère in Paris. Die Tournee war ein großer Erfolg. Trotzdem gab es Schwierigkeiten mit Karno, als Chaplin kurz vor Auslauf seines Vertrages um Vertragsverlängerung bat und um eine Erhöhung seiner Gage auf wöchentlich sechs Pfund. Doch schließlich verlängerte und zahlte Karno.

Alf Reeves tauchte in London und damit im Leben Chaplins auf. Reeves war Karnos Vertreter in den USA, er wollte wieder einmal eine Karno-Truppe nach drüben bringen. Er sah Chaplin in irgendeinem Sketch und erklärte Karno, der Mann sei gerade der Richtige für Amerika.

Charlie konnte das nur recht sein. Er war zu der Überzeugung gekommen, in London würde er es nicht weiter bringen, als es ihm bisher gelungen war. Er unterschrieb also.

An seinem letzten Abend in London ging er, ein wenig sentimental, durch die Stadt und besuchte all die Stätten seiner Kindheit. Er war überzeugt, dies sei ein Abschied von London und England überhaupt – für immer. Er war sicher, er würde nicht zurückkommen.

Er weckte, als er um sechs Uhr früh die Wohnung verließ, den noch schlafenden Sydney nicht. Er hinterließ ihm lediglich einen Zettel mit den Worten: „Ich fahre nach Amerika. Halte mich auf dem laufenden. Alles Liebe, Charlie."

Die Reise, die er nun antrat, auf einem Schiff, das recht altersschwach war, sollte sein Leben grundlegend verändern.

Der große kleine Mann – live

Ich lernte Chaplin kennen – nein, ich sollte wohl sagen, ich hatte das Glück und die Ehre, ihn kennenzulernen –, als er nach Berlin kam; das war im Sommer 1921. Nach London und Paris kam er in die deutsche Hauptstadt. In London und Paris war er frenetisch gefeiert worden – darüber später mehr –, in Berlin kannte ihn niemand. Es war ja bis dahin noch nie ein Chaplin-Film in den deutschen Kinos gelaufen.

Das erste Mal sah ich ihn, wie er den Kurfürstendamm entlangbummelte. Das heißt, ich sah einen mittelgroßen Mann. Als er vorüber war, sagte Hanns Brodnitz, einer meiner Freunde (er sollte noch eine nicht unbedeutende Rolle spielen, was Chaplin und Deutschland anging), zu mir: „Das war doch Chaplin!" Ich drehte mich schnell um, aber ich sah niemanden – genauer, ich sah so viele Passanten, daß ich keine Ahnung hatte, wer von ihnen Chaplin sein könnte.

In einigen Berliner Zeitungen – keineswegs in allen – wurde in wenigen Zeilen gemeldet, Chaplin sei im Hotel Adlon, Unter den Linden, abgestiegen, dem zweifellos besten Hotel der Stadt. Während ich noch überlegte, ob ich es wagen konnte, ihn dort aufzusuchen – ich war ja noch ein junger Student –, meldete sich ein entfernter Vetter aus England bei mir. Er hielt sich gerade in Berlin auf und war im Hotel Bristol, ebenfalls Unter den Linden und nur hundert oder zweihundert Meter vom Adlon entfernt, abgestiegen. Er lud mich ein, ihn dort am späten Nachmittag zu besuchen.

Ich machte mich auf den Weg, aber ich konnte der Versuchung nicht widerstehen, ins Adlon hineinzusehen – was ich mir davon versprach, weiß ich heute nicht mehr. Unverhofft sah ich meinen Freund Ernst Lubitsch in der Bar sitzen. Er winkte mich heran, und ich trat näher. An seinem Tisch saß Pola Negri, mit der er schon einige Filme gemacht hatte, die nicht nur in Deutschland, sondern überall auf der Welt eine Sensation gewesen waren. Die Negri, die bereits erwähnte junge bildschöne polnische Tänzerin, die Max Reinhardt für eine Pantomime nach Berlin geholt hatte, unterhielt sich eifrig mit der dritten Person am Tisch. Und zu dieser sagte Lubitsch – in einem gräßlichen Englisch, das sich auch nach vielen, vielen Jahren in Hollywood, wohin er in zwei Jahren entschwinden würde, nicht bessern sollte –: „Das ist der junge Mann, von dem ich Ihnen erzählte. Er hat mit mir zusammen Ihre Filme gesehen." Und zu mir: „Das ist Mr. Chaplin!"

Mr. Chaplin!

Ich weiß nicht, wie ich ihn mir vorgestellt hatte. Ich wußte natürlich, daß er nicht so aussehen würde wie in seinen Filmen. Aber er sah so ganz, ganz anders aus. Er war ein bildhübscher, sehr junger Mann, der geborene Liebhaber im Sinne der Bühne und des Films, sehr gepflegt, soigniert, geradezu elegant. Er lächelte, sagte irgend etwas, was ich nicht verstand, und bat mich, Platz zu nehmen. Und so durfte ich eine halbe Stunde oder vielleicht auch länger den von mir so angebeteten Chaplin gewissermaßen in Großaufnahme bewundern.

Immer wieder gingen Leute vorbei und blieben einen Augenblick an unserem Tisch stehen. Aber ihre Neugier galt nicht Charlie Chaplin, der für sie kein Begriff war, sondern Pola Negri, die jeder kannte.

So seltsam es auch klingen mag, damals – immerhin war THE KID schon in vielen Städten und Ländern gespielt worden – wußte niemand in Deutschland etwas von Chaplin. Wer es nicht glauben will, lese es bei Kurt Tucholsky nach. Der stellte fest, daß Deutschland in der Tat das letzte Land gewesen ist, das Chaplin kennenlernte, den Mann, der in den Vereinigten Staaten,

Pola Negri

in England, in Frankreich, ja sogar in China im höchsten Maße populär war, mit dem sich nicht nur Leute aus der Filmbranche, sondern auch Staatsmänner wie etwa Winston Churchill ernsthaft beschäftigten, respektive die seine Gesellschaft suchten. Das war natürlich nicht die Schuld der Deutschen, sondern der Filmgewaltigen, die nicht glaubten, daß Chaplins Humor in Deutschland begriffen oder gar geschätzt werden würde. Fachleute irren sich ja so oft!

Lassen Sie mich nun erzählen, wie Chaplin weltberühmt wurde.

Um es gleich zu sagen: Vieles davon habe ich aus zweiter und dritter Hand, das meiste aus einer Autobiographie, die Chaplin rund vierzig Jahre später geschrieben hat. Einiges freilich erzählte er dem einen oder anderen bei Gelegenheiten, bei denen auch ich zugegen war. Er hatte, das sei vorausgeschickt, ein geradezu faszinierendes Gedächtnis.

Aber nun zu seiner Geschichte: Wir waren bis zu der Zeit gekommen, in der er sich einer Truppe von Karno anschloß. Und daß er mit dieser nach Amerika fuhr, um anderthalb Jahre dortzubleiben. Mit so großem Erfolg, daß der amerikanische Manager der Truppe, Alf Reeves, Karno telegraphisch beschwor, genau dieselbe Truppe wieder in die USA zu schicken.

Am 2. Oktober 1912 fuhr die Truppe ein zweites Mal los. Was in der Zwischenzeit geschehen war, hat Chaplin nie erwähnt. Bekannt ist nur, daß die Truppe wieder in London und in der englischen Provinz spielte und neue Sketche einstudierte, denn sie mußte in den Vereinigten Staaten natürlich etwas zeigen, was man dort noch nicht gesehen hatte. Unter anderem wurde ein Sketch einstudiert, der ursprünglich „A Night in a London Music Hall" hieß und später in Amerika in „A Night in an English Music Hall" umgetauft wurde. Dies sollte für Chaplin wichtig werden.

Aber da gab es auch das sogenannte Keystone-Studio, geleitet von einem gewissen Mack Sennett. Das Studio war 1912 gegründet worden. Die beiden Besitzer saßen in New York. Sie waren ursprünglich kleine Leute, der eine ein ehemaliger Trambahnschaffner, der andere ein ehemaliger Buchmacher. Sie besaßen noch andere Studios, in denen sie Western produzierten und Krimis. Die Filme, die Mack Sennett im Keystone-Studio machte, waren komisch, ja eigentlich schon burlesk. Sie wurden später Slapsticks genannt, weil es immer wieder vorkam, daß einer einen anderen mit einem Stock aufs Hinterteil schlug, was die Leute damals sehr amüsierte.

Mack Sennett, von irischer Abstammung, groß, kräftig und gutaussehend, wußte, was die Leute komisch fanden – er selbst war ja Komiker gewesen und spielte gelegentlich, wenn auch immer seltener, auch noch mit.

Gastspielankündigung der Karno-Truppe im Majestic, London

Roscoe „Fatty" Arbuckle

Ursprünglich sollte die Truppe im Dezember 1913, also nach etwa dreizehn Monaten, nach London zurückkehren. Aber es sollte anders kommen.

Hier wollen wir, wie es im Filmjargon heißt, einen Schnitt machen.

Los Angeles, respektive Hollywood. Dieses Dorf in der Umgegend von Los Angeles war um diese Zeit schon die Filmhauptstadt Amerikas und damit natürlich der Welt. In New York, wo ursprünglich alle amerikanischen Filme produziert worden waren, gab es noch 47 Ateliers – die Umgegend von New York eingerechnet –, in und um Hollywood bereits 60. Unter anderem hatte sich dort der bedeutendste amerikanische Filmregisseur David Wart Griffith, der für seine ungeheuer aufwendigen Filme bekannt war, niedergelassen, ebenso Cecil De Mille, der zu der Zeit Gesellschaftsfilme machte – oder, wie Chaplin einmal von ihm sagte: bei dem es immer um „Unterwäsche" ging –, aber später auch Monumentalfilme drehte, die viele Jahre lang gezeigt wurden, auch im Fernsehen.

Sonst? Was sonst war noch komisch? Das allgemeine Durcheinander: daß eigentlich niemand wußte, warum dies oder jenes geschah, nicht einmal die Akteure selbst. Die Darsteller waren freilich auch sehr komisch. Wie der eigentliche Star Ford Sterling, der 1,85 maß, oder Roscoe Arbuckle, der unmäßig dick war – 130 Kilo – und allgemein „Fatty" genannt wurde, oder Ben Turpin, der schielte.

Für Mack Sennett war das wichtigste, daß seine Komiker „richtig" hinfallen konnten. Das war nämlich auch sehr komisch – damals.

Da wir gerade bei den Darstellern sind: Da gab es auch ein paar Frauen, vor allem Mabel Normand, die Freundin Sennetts, bildhübsch, gescheit, eine recht gute Schauspielerin, die es weit hätte bringen können, wäre sie nicht relativ früh gestorben. Und Marie Dressler, eine sehr stämmige Frau, nicht hübsch, aber ungeheuer ausdrucksstark; sie wurde später ein Broadway-Star. Und da waren die grimmig dreinschauenden Keystone-Cops und die bildschönen Bathing-Beauties in ihren Badekostümen (natürlich sehr gewagt für die damalige Zeit), unter ihnen die blutjunge und schöne Gloria Swanson.

Ob Mack Sennett etwas von Schauspielerei verstand, mag bezweifelt werden. Da gab es einen jungen Mann, ziemlich hoch aufgeschossen, mit einem hübschen Gesicht, den er engagiert hatte, aber bald wieder hinauswarf, weil er angeblich so gar nicht komisch war. Der junge Mann gab sich später einen anderen Namen, nämlich Harald Lloyd, und die ganze Welt fand ihn recht komisch, solange der Film stumm blieb.

Außer „hinfallen" kannte Mack Sennett nur ein Gebot: Tempo, Tempo… Vielleicht deshalb, weil dadurch keinem Zuschauer klarwerden konnte, daß eigentlich so gut wie nichts Vernünftiges vor sich ging.

Mack Sennett sah Chaplin, von dessen Existenz er nichts ahnte – wie auch Charlie von der Existenz Sennetts nichts ahnen konnte –, auf einer seiner Vergnügungsreisen mit seiner Freundin Mabel nach New York, die meistens am Abend in irgendeinem Varieté endeten. So besuchten sie eines Abends, das war wohl im Frühjahr 1913, eines der ersten Varietés der Stadt, das Victoria, wollten danach essen gehen, beschlossen aber, kurz einen alten Freund zu besuchen, einen gewissen William Morris, der ein deutlich zweitklassiges Varieté in der Nähe des Victoria leitete. Der Zufall wollte es – war es ein Zufall? –, daß dort die Karno-Truppe auftrat und Chaplin in „The Night in an English Music Hall" spielte. Er saß, im Frack und in der Maske eines älteren Mannes, in einer Proszenium-Loge. Er war deutlich angetrunken, was nicht nur seine rote Nase deutlich machte, sondern auch die Zwischenrufe, mit denen er die Akteure auf der Bühne belästigte. Schließlich stolperte er selbst auf die Bühne, brachte alles durcheinander und fiel immerfort hin. Das machte er souverän, das hatte er ja gelernt. Sennetts Freundin Mabel war beeindruckt. Sie fand diesen ältlichen Engländer ungeheuer komisch. Sennett gab zu, daß er gut hinfalle, er könne möglicherweise auch einen Salto schlagen, aber daß er im Film etwas tauge, das glaube er nicht. Er blätterte im Programmheft und stellte fest: Der Mann hieß Chaplin.

Am nächsten Tag war der Mann vergessen und auch der Name. Einige Wochen oder auch einige Monate später kam es in den Keystone-Studios zu einer Katastrophe: Ford Sterling kündigte. Dabei verdiente er, ganz ungewöhnlich für die Keystone-Leute, fünfhundert Dollar pro Woche – weit mehr als alle anderen!

Mack Sennett war der festen Überzeugung, es handele sich um eine Gagen-Frage. Nach zahlreichen Telegrammen nach New York und entsprechenden Rückantworten ließ er Sterling wissen, er sei bereit, ihm 750 Dollar pro Woche zu zahlen. Sterling war so begeistert, daß er seinen Hut aus dem Fenster warf, und Sennett glaubte natürlich, Ford werde nun bleiben – aber er irrte sich: Sterling war nur so glücklich, weil er endlich erfahren hatte, was er eigentlich wert war. Insgeheim war er fest entschlossen, seine eigene Gesellschaft zu gründen.

Um es vorwegzunehmen: Das tat er, und wenig später machte er Pleite und starb in Armut.

Sennett geriet in Panik. Er beriet sich mit Mabel. Man brauchte einen neuen Hauptdarsteller! Die jetzt verpflichteten Komiker seien zwar alle vorzüglich, kamen aber als Hauptdarsteller nicht in Frage.

Mabel erwähnte den jungen Mann, der sich später Harald Lloyd nannte. Sennett winkte ab. Auch alle anderen Darsteller, deren Namen sie aufzählte, machten keinen Eindruck auf den Leiter des Keystone-Studios. Schließlich fiel ihr dieser komische ältere Mann ein, den sie in New York gesehen hatten, den Trunkenbold in der Proszenium-Loge. Wie hieß er doch gleich? Sennett wußte es auch nicht mehr. Chafman oder so ähnlich? Vielleicht auch Chaffin?

Sennett erinnerte sich nur daran, daß der Mann zur Karno-Truppe gehörte. Also schickte er ein Telegramm an den Karno-Manager Alf Reeves, nachdem er herausgefunden hatte, daß dieser sich gerade in Oil City, Pennsylvania, aufhielt, wo die Truppe gastierte. „Bitte ersuchen Sie den Mann, der den Betrunkenen in der Loge im American Theatre gemimt hat, sich mit Kessel und Bauman in Verbindung zu setzen…" Kessel und Bauman waren die bereits erwähnten Inhaber der Keystone Company.

Reeves telegraphierte den erwähnten Herren, daß die Truppe soeben ihr Gastspiel in Oil City beendet habe, daß sie im Augenblick nirgends auftrete, Chaplin sich aber in irgendeiner kleinen Stadt unweit von Philadelphia aufhalte. Dort erreichte Charlie Chaplin schließlich das Angebot der Firma, nach Hollywood zu reisen und dort zu filmen.

Dieses Angebot beeindruckte den jungen Charlie Chaplin nicht übermäßig. Er hielt nichts vom Film. Er war nur selten in ein Kino gegangen und immer enttäuscht herausgekommen. Begreiflich, wenn man bedenkt, wie Filme damals gemacht wurden, wie wenige es gab, die wirklich etwas taugten. Was Niveau anging, so stand das Varieté weit über dem Film – in jenen Tagen. Aber etwas anderes beeindruckte Chaplin: die ihm angebotene Gage. Bei Karno hatte er fünfzig, zuletzt 75 Dollar pro Woche verdient zuzüglich Spesen, die nicht gerade überwältigend waren. Die Keystone Company bot ihm 120 Dollar pro Woche und einen Einjahresvertrag. Als Chaplin nicht sofort reagierte, kam ein weiteres Telegramm, das Angebot wurde auf 150 Dollar erhöht.

Das war entscheidend. Wie er später, nach den ersten Wochen vielleicht oder auch nach Monaten, einem Kollegen in Hollywood anvertraute: Er war fast sicher, daß er es nicht länger als ein Jahr beim Film aushalten würde. Aber in dieser Zeit würde er genug Geld sparen können. (Er lebte auch in Hollywood sehr, sehr sparsam, er war ja ein gebranntes Kind.) Und außerdem würde er durch den Film populär genug sein, um beim Varieté als Star wiederbeginnen zu können.

Jedenfalls sagte er zu. Anfang Dezember 1913 erschien er in Los Angeles. Er mietete sich in einer kleinen Pension ein und fuhr dann nach Hollywood. Was er dort sah – einige wenige Häuser, weit auseinander gelegen, Scheunen, die allerdings Filmateliers waren, Straßen, die nur zum Teil gepflastert waren –, stimmte ihn düster. Er fragte sich nach dem Keystone-Atelier durch. Schon vor dem Gebäude – es war noch unansehnlicher als die anderen „Scheunen" – hörte er wildes Geschrei. Es waren die Rufe der Regisseure, der Beleuchter oder der Schauspieler. Das war ja damals noch in allen Ateliers so, denn der Zuschauer des noch stummen Films würde diese Nebengeräusche später nicht hören. Im Falle Keystone waren sie besonders laut, denn um diese Zeit wurden zwei, manchmal auch drei Filme gleichzeitig gedreht. Beim Varieté war es anders. Da herrschte hinter den Kulissen völlige Stille, weil jeder Laut die Darsteller auf der Bühne irritiert hätte, vom Publikum ganz zu schweigen.

Chaplin konnte es nicht über sich bringen, das Atelier zu betreten, in dem Sennett bereits auf ihn wartete. Er fuhr wieder zurück nach Los Angeles, obwohl die Fahrt über eine Stunde dauerte. Am nächsten Tag geschah genau das gleiche.

In der Pension erreichte ihn dann ein ungeduldiger Telefonanruf von Sennett, wo er denn bliebe. Er mußte schließlich doch irgendwann einmal erscheinen. Und das tat er dann am dritten Tag.

Er geriet in ein tolles Tohuwabohu. Alle liefen und schrien durcheinander. Chaplin, der schon bereute, sich für ein Jahr vertraglich gebunden zu haben, fragte sich nach Mack Sennett durch.

Der war verblüfft: Er hatte einen älteren Komiker erwartet. Alle seine Darsteller waren eher ältere Männer. Und jetzt stand ihm ein blutjunger Mann gegenüber, der zwar schon 24 Jahre alt war, aber eher aussah wie achtzehn. Hübsch. Aber komisch?

Sennett schluckte mehrmals und meinte dann, Chaplin solle Maske machen. Sein Film beginne in Kürze. „Solange wir noch Sonne haben!"

Auf Chaplins Frage nach einem Drehbuch – oder wie immer man es damals nannte – schüttelte Sennett belustigt den Kopf: Das gäbe es bei ihm nicht. Und auf seine verwirrte Frage, wen er denn spiele, was er denn anziehen, wie er sich schminken solle, schüttelte Sennett wieder den Kopf. „Versuchen Sie komisch auszusehen!" Damals, in der Loge, habe er ja sehr komisch ausgesehen.

So zog sich Chaplin in eine Garderobe zurück, in der auch einige andere Männer saßen, deren Namen Chaplin bei dieser Gelegenheit oder auch später kennenlernte. Und dann sollte er Maske machen. Kostüm? Ein Kollege meinte, es hänge und liege genug herum, er solle sich irgend etwas aussuchen.

Chaplin wollte sich gerade ein Kostüm aussuchen, als gemeldet wurde, die Aufnahmen würden heute nicht fortgesetzt werden: Die Sonne schien nicht mehr. Vielleicht würde es sogar noch zu regnen beginnen!

Chaplin erzählte später, er habe das als ein Omen angesehen. Er wäre damals jederzeit bereit gewesen, seinen Vertrag gegen Zahlung einer Abfindung aufzulösen.

Schließlich – es war schon Mitte Dezember 1913, der Vertrag lief also schon zwei Wochen, das heißt, Chaplin hatte bereits zwei Wochenschecks eingesteckt – wurde sein erster Film gedreht. Dieser erste Film mit Chaplin hieß MAKING A LIVING, zu deutsch: *Man schlägt sich durch*. Chaplin hatte sich als feiner Herr zurecht-

Chaplin in „Making a Living"

gemacht, mit einem Gehrock, der viel zu weit für ihn war, mit einem Zylinder und einem ehrfurchtgebietenden Schnurrbart. Laut Handlung, wenn man überhaupt von einer solchen reden konnte, stellte er einen Hochstapler dar, der unter anderem einem Pressefotografen einreden wollte, er sei ein Adliger oder gar ein Fürst. Das mißlang natürlich und endete in einer der üblichen Verfolgungsjagden – mit ihm als Verfolgten.

Der Film kam am 2. Februar 1914 heraus. Er dauerte genau fünfzehn Minuten. Überall, wo er gezeigt wurde, fiel er durch. Sennett war davon nicht überrascht. Er sagte zu Chaplin: „Du warst überhaupt nicht komisch!"

Chaplin wußte das. Er wußte genau, wie man auf einer Bühne komisch wirken konnte, nicht aber, wie im Film. Was sollte er tun? Er war nicht so ellenlang wie Sterling, er war nicht so unmäßig dick wie Arbuckle, er schielte nicht wie Turpin, er mußte also Maske machen. Er wußte, daß es keinen Sinn hatte, sich danach zu erkundigen, worum es denn in dem nächsten Film gehen sollte, das wußte vorläufig noch niemand. Lediglich der Titel stand fest: KID AUTO RACES IN VENICE.

Venice war ein kleiner Vergnügungsort, nur wenige Meilen von Los Angeles entfernt an der Küste des Ozeans gelegen. Kid Auto Races waren Rennen in Seifenkisten. Aber was da im einzelnen vorgehen sollte, blieb im dunkeln oder sollte wie üblich erst während der Dreharbeiten festgelegt werden, bei den sogenannten Ensemble-Konferenzen, wo jeder mitsprechen durfte, ja sollte.

Also, so entschied Chaplin, war es völlig gleichgültig, wie er aussah. Nur komisch mußte er sein – komisch um jeden Preis. Viel Zeit hatte er nicht. Morgen sollte Drehbeginn sein. In der Tat war es so, daß KID AUTO RACES IN VENICE nur fünf Tage nach Chaplins erstem filmischen Mißerfolg herauskam.

An dem Tag, an dem sich Chaplin entschied, wie er aussehen sollte, um komisch zu wirken, drehten andere Mitglieder der Truppe gerade einen Film, für den er nicht vorgesehen war. Er, sein Regisseur Lehrman – der ihn nicht mochte und den er nicht mochte – und ein Kameramann fuhren nach Venice, um sich einen Eindruck zu verschaffen, was die „Kulisse" dort hergeben könnte.

Wieder zurück im Studio, ging er in eine Garderobe, die eigentlich „Fatty" Arbuckle gehörte, aber auch von anderen benutzt wurde – und eben auch von ihm, Chaplin. Bald darauf kamen einige Kollegen, die Szenen vor einer „Hotelhalle" gedreht hatten, weil es angefangen hatte zu regnen. Sie begannen Karten zu spielen und forderten ihn auf mitzuspielen, aber er lehnte ab. Weshalb, wußten die Kollegen wohl: Er wollte kein Geld riskieren, er wollte sparen, sparen und noch einmal sparen.

Chaplin blieb unschlüssig stehen. Dann sah er eine riesige Hose, die dem dicken Arbuckle gehörte. Er fragte ihn, ob er sie wohl anziehen dürfe, und der nickte nur. Dann sah er einen Gehrock, der einem anderen Komiker gehörte, einem gewissen Charlie Avery – der allerdings kleiner und dünner war als Chaplin. Und als Chaplin mit Averys Erlaubnis den Rock anzog, war er ihm fast zu eng. Schließlich griff er sich eine Melone, die wieder einem anderen Schauspieler gehörte, und setzte sie auf.

Die Kartenspieler sahen auf und lächelten. Sie fanden diese Kostümierung ganz lustig. Und noch lustiger fanden sie es, als sich Chaplin einen Schnurrbart aus Haar, das er auf irgendeinem Garderobentisch fand, anklebte und ihn durch ein paar Scherenschnitte zurechtstutzte. Irgendwo fand er dann noch ein Stöckchen und ein paar Schuhe; vermutlich waren sie von Ford Sterling, jedenfalls von einem, der viel größere Füße hatte als er selbst. Und dann bewegte er sich durch den Raum. Nun sahen alle Kartenspieler auf und lachten. Chaplin ging hinaus in die „Hotelhalle", vor der man gefilmt hatte. Die Leute, die sich dort aufhielten, waren erstaunt, diesen merkwürdigen Kerl durch die Halle watscheln zu sehen – jawohl, er ging nicht, er watschelte.

Dann kam Mack Sennett höchstpersönlich hinzu, der immer auftauchte, wenn irgendwo etwas nicht klappte, besonders aber dann, wenn es regnete und er fürchten mußte, daß seine Schauspieler auf seine Kosten Karten spielten. Er sah den watschelnden Charlie und rief ihm zu: „Jetzt bist du komisch! Bleib so in dem Film, den wir morgen drehen!"

Und das tat Chaplin auch. Er hatte zwar keine Funktion in der Handlung, aus dem einfachen Grunde, weil es gar keine Handlung gab, aber er war immer da, wo etwas los war, versuchte sich vorzudrängen, sich überall einzumischen und zu stören.

Der Film wurde ein grandioser Erfolg.

Chaplin dachte gar nicht daran, diese so erfolgreiche Maske für den nächsten Film zu ändern. Allerdings, um ganz genau zu sein: Er wußte ja noch gar nichts von dem Erfolg seines zweiten Films, als er sich entschloß, die Maske, die er sich da zusammengestellt hatte, beizubehalten.

War diese Maske wirklich so entstanden, wie ich es hier geschildert habe? Steckte dahinter nicht eine Ahnung Chaplins, wie man auf Menschen wirken müsse? Er hat nie versucht, sein Publikum dazu zu bringen, sich gefälligst nach seinen Einfällen zu richten, sondern immer seine Einfälle mit Blick auf ihre Publikumswirkung entwickelt.

Diese Maske zeigte einen recht komischen kleinen Mann. „Klein" nicht nur im Hinblick auf die Statur. Er gehörte ganz sicher nicht zu den Reichen oder Mächtigen dieser Welt. Man mochte über ihn lächeln oder gar lachen, aber er war einer, der nichts zu lachen hatte – das spürte man sofort.

Nun ist das Maske-Machen gewiß keine Erfindung Chaplins. Alle großen Schauspieler hatten die Fähigkeit, sich stark zu verwandeln. Sie konnten je nach den Erfordernissen ihrer Rolle alt oder jung erscheinen, groß oder klein, dick oder dünn, krank oder gesund – fast nur dadurch, daß sie sich intensiv in ihre Rolle versetzten und den entsprechenden Zustand spielten.

Aber Chaplins Maske hatte mit der Realität wenig zu tun. So einen kleinen Mann gab es in Wirklichkeit gar nicht. Er war gewissermaßen die Synthese aller nur denkbaren Gefühle. Er war komisch und ernst, lustig und traurig. Er war eigentlich gar keine Maske. Sicher spiegelte sich etwas von Chaplins trauriger Kindheit in diesem Gesicht wider. Sicher auch war dieser seltsame kleine Mann eine Art David, der immer wieder von irgendwelchen Goliaths besiegt werden würde (bei Keystone vor allen Dingen von finster dreinblickenden Polizisten, den Keystone-Cops). Aber irgendwie spürte man: Am Ende würde er sie doch alle besiegen.

Chaplin sollte diese Maske lange Zeit beibehalten – rund zwanzig Jahre lang. Wenn es nach ihm gegangen wäre, hätte er sie vielleicht nie aufgegeben. Wie dem auch sei: Der Tramp war geboren. Der Landstreicher, der durch die ganze Welt wanderte oder besser: watschelte. Der Tramp, den die ganze Welt bald liebte und eigentlich nie aufhörte zu lieben.

Aber Chaplin ahnte das noch nicht. Und er sollte es auch dann noch lange nicht ahnen, als die ganze Welt ihn bereits kannte und liebte.

Märchenhafte Karriere

Charlie Chaplin wußte nicht im geringsten, wie sehr sein zweiter Film – der erste als Tramp – eingeschlagen hatte. In Hollywood war man immer ein bißchen isoliert und blieb es noch lange. Dort wußte man wenig, manchmal gar nichts davon, was in der Welt vor sich ging, nicht einmal, was sich in den Vereinigten Staaten ereignete.

Und selbst Mack Sennett wußte noch nicht Bescheid. Doch er gab zu, wenn auch nur gegenüber wenigen, daß Chaplin in seinem zweiten Film recht gut gewesen sei. Und so nahm er ihn nachträglich in den nächsten Film, jenen, der wegen Regen abgebrochen worden war und dann nicht gleich wiederaufgenommen werden konnte. Er sollte erst drei Wochen nach dem Film KID AUTO RACES IN VENICE herauskommen. Hauptrolle spielte Mabel Normand – der Film hieß ja auch MABEL'S STRANGE PREDICAMENT –, und Chaplin, mehr oder weniger außerhalb der Handlung, spielte einen Betrunkenen, der sie in dem bereits erwähnten Hotel ständig verfolgte. Übrigens – Trunkenheit spielte Chaplin auf einmalige Weise: Er tanzte unendlich graziös. Das Publikum sollte es bald bemerken. Die Partner bei Keystone nie.

Aber Sennett war nicht glücklich mit Chaplin. Und das gleiche konnte von fast allen anderen im Studio gesagt werden. Man schätzte ihn, gewiß, aber man mochte ihn nicht. Aus dem gleichen Grund, aus dem Chaplin die anderen nicht so recht mochte: Er hielt das Tempo ihrer Arbeit und daher die Ungewißheit, was dabei herauskommen würde, für künstlerisch nicht vertretbar.

Nein, „künstlerisch" ist wohl nicht der richtige Ausdruck. Chaplin ging es ja damals nicht um Kunst. Ihm lag nur daran, das Publikum zufriedenzustellen. Erinnern wir uns: Er wollte gefallen, gefallen! Und das bedeutete natürlich, daß die Filme dem Publikum gefallen mußten.

Mack Sennett mußte immer wieder Streitigkeiten zwischen Chaplin und anderen schlichten. Dabei stand er im Grunde genommen auf der Seite der anderen. Besonders schlimm wurde es, als Chaplin sich gegen Mabel Normand auflehnte. Sie gefiel ihm zwar, und – wie sich erst später herausstellte – er ihr auch, aber an mehr war nicht zu denken. Sie war immerhin die Freundin des Chefs. Sie spielte in fast allen Filmen mit, natürlich die weibliche Hauptrolle. Gelegentlich führte sie auch Regie, zum Beispiel in Chaplins zehntem Film, MABEL AT THE WHEEL – *Mabel am Steuer*. Sie erteilte Chaplin Regieanweisungen, die dieser nicht schlucken wollte. Nicht etwa, weil er sich von einer Frau nichts sagen lassen wollte, wie das damals im Studio behauptet wurde, sondern weil er ihre Anweisungen als falsch empfand. Das wiederum wollte sich Mabel nicht bieten lassen.

Und Sennett, der hinzugerufen wurde, fand es auch recht ungehörig von einem Neuling, die Anordnungen dieser jungen Dame, die schon einige Jahre im Geschäft war, nicht zu befolgen. Es kam zu einem Krach, der nicht nur lautstark war – das passierte täglich, ja stündlich im Atelier –, sondern auch sehr ernsthaft. Mack Sennett überlegte, ob es nicht besser sei, Chaplin zu kündigen. Er sagte vorläufig nichts, aber Chaplin spürte es. Er war überzeugt davon, daß seine Tage, wenn nicht Stunden bei Keystone gezählt wären.

Später, als die Beteiligten darüber sprachen und auch schrieben, kam es heraus: Sennett war entschlossen, Chaplin am Samstag mitzuteilen, er brauche am Montag nicht mehr zu kommen. Das mag hart klingen, aber so war es damals üblich in den Vereinigten Staaten. Freilich, er hätte Chaplin irgendwie abfinden müssen, denn der hatte einen Jahresvertrag. Aber darin waren viele Klauseln enthalten, die Chaplin damals nicht verstand, die es Sennett aber ermöglicht hätten, ihn sofort auszubooten.

Doch einen Tag vor der beabsichtigten Kündigung kam ein Telegramm von den beiden Direktoren aus New York. Es enthielt den dringenden Wunsch, Sennett solle mehr Filme „mit dem drolligen kleinen Mann mit dem Schnurrbart" machen. Von den Keystone-Filmen wurden gewöhnlich zwanzig Kopien gemacht, von denen mit Chaplin 45. Somit konnte es nicht zu der Kündigung kommen, die Chaplins Filmkarriere ohne Zweifel beendet hätte.

Er durfte also weiterfilmen, ja, er mußte sogar weiterfilmen. Und da er sich unter der Regie von Henry Lehrman, dem wichtigsten Regisseur, nicht wohl fühlte – der ließ immer seine besten Gags am Schneidetisch verschwinden – und er auch die anderen Regisseure

Mit Mabel Normand in „Mabel at the Wheel"

Mit Cecile Arnold in dem Film „ The Face On The Bar Room Floor", der im Jahr 1914 entstand

inklusive Mack Sennett nicht besonders schätzte, ließ man ihn im April selbst Regie führen. Sennett berichtete später, er habe erwartet, das Resultat würde nicht gerade dazu animieren, einen, der sich im Filmgeschäft noch nicht auskannte, weiterhin Regie führen zu lassen.

Der Film, der am 27. April in New York herauskam, hieß CAUGHT IN A CABARET – *In einem Kabarett ertappt*. Chaplin führte nicht nur Regie, er spielte natürlich auch mit: einen Kellner, den das wohlhabende Mädchen – Mabel – kennenlernt und der sich ihr gegenüber als Diplomat ausgibt. Er wird entlarvt, und nach einer Prügelei steht er allein da. Fast ein bißchen traurig.

Als der Film fertiggestellt war – auch den Schnitt hatte Chaplin überwacht – ließ Sennett ihn der gesamten Mannschaft vorführen. Sie alle erwarteten, daß sie etwas Minderwertiges zu sehen bekommen würden. Alle waren bereit, Chaplin zu verulken. Aber dazu kam es nicht.

Denn was sie sahen, war – das mußten sie zugeben – etwas ganz Besonderes. Mabel war die erste, die das äußerte. Sie gestand, sie habe sich selbst noch nie so gut gefunden wie in diesem Film. Auch die anderen hielten nicht mit ihrem Lob zurück, und Mack Sennett beschloß, seine Ansichten über den Neuling – es war immerhin erst der zwölfte Film, in dem Chaplin gespielt hatte – gründlich zu revidieren.

Aber Chaplin revidierte nicht seine Ansichten über den Keystone-Betrieb, in dem es weiterhin lärmend zuging, in dem weiterhin alle hektisch bemüht waren, so schnell wie möglich einen Film fertigzustellen. Wenn er Regie führte, und das tat er nun in vielen der kommenden Filme, in denen er spielte, ging alles etwas langsamer vor sich – und die Resultate sprachen für sich.

Es war sehr bald allen klar, daß Chaplin die Zugnummer bei Keystone geworden war. Dafür spricht auch, daß es ihm gelang, Bruder Sydney bei Keystone unter-

zubringen. Mack Sennett und die Herren in New York gaben der Bitte Chaplins ohne Zweifel deshalb nach, weil sie ihm einen Gefallen tun wollten. Auch wenn Sydney keineswegs ein schlechterer Komiker als die anderen war, die sich in den Keystone-Studios austobten.

In diesen Wochen und Monaten, das ganze Jahr 1914 hindurch, war Charlie Chaplin ungemein stark beschäftigt. Er dachte sich Handlungen aus, führte Regie und spielte. Insgesamt wirkte er in den zwölf Monaten des Jahres – am Jahresende lief sein Vertrag aus – an nicht weniger als 35 Filmen mit. In einem Jahr!

Es ist wenig sinnvoll, auf die einzelnen Filme einzugehen oder auch nur ihre Namen aufzulisten. Sie wurden alle nach dem gleichen Rezept gedreht. Warum auch nicht? Sie gefielen dem Publikum, also brachten sie Geld, also wurden die Besitzer der Firma reich, also wurden die Schauspieler populär. Warum also nicht das Rezept beibehalten?

Vielleicht muß erklärend hinzugefügt werden: Damals ging man nicht ins Kino, um einen Film zu sehen. Man ging ins Kino, um ein Programm zu sehen. Es gab zu Beginn eines jeden Programms eine sogenannte Wochenschau, einen Überblick über die Ereignisse der Woche, soweit sie bereits verfilmt waren. Also zum Beispiel die Ansprache eines Ministers, ein Autorennen, Neues über eine berühmte Schauspielerin, die aus ihrem Haus herauskam oder hineinging, und, seit Ausbruch des Kriegs in Europa, natürlich auch Bilder davon, vor allem Bilder der kommandierenden Generäle. Dann kam meistens ein Lustspiel, eben eine Keystone-Komödie oder eine von einer anderen Firma. Erst dann flimmerte der Hauptfilm, der damals selten die Länge hatte, die er später bekommen sollte, über die Leinwand. Diese langen Programme, die das Publikum verlangte, machten Komödien notwendig, also auch deren Produktion am laufenden Band.

Chaplin war sicher, daß sich eine Firma fände, die ihn holen würde. Wenn nicht, dann würde er seine eigene Firma aufmachen, natürlich zusammen mit Bruder Sydney. „Alles, was wir brauchen, sind eine Kamera und ein Hinterhof!" erinnerte er sich später gesagt zu haben.

Sydney winkte ab. Er wollte lieber bei Keystone bleiben, wo er mehr verdiente, als er je in seinem Leben verdient hatte – und er blieb auch noch ein Jahr.

Doch Charlie ließ sich nicht beirren. Und er sollte recht behalten: Es meldete sich der Universal-Film, von dem deutschen Juden Carl Laemmle gegründet und geleitet, der allerdings keine tausend Dollar pro Woche garantieren wollte. Und es meldete sich ein junger Mann, der sich als Jess Robbins vorstellte, abgesandt von der Essanay Company. Er präsentierte Chaplin einen Vertrag, der einen Bonus von zehntausend Dollar garantierte und eine Gage von 1250 Dollar pro Woche. Daß es so etwas wie einen Vertragsbonus gab, hatte Chaplin bis dahin nicht gewußt, aber von da an sollten alle Verträge, die er schloß, eine solche Bonusvereinbarung enthalten.

Im übrigen sollte Chaplin völlige Freiheit haben. Er konnte seine Filme selbst schreiben, produzieren, Regie führen und konnte, nein, mußte natürlich spielen. Das Budget, das ihm zur Verfügung stand, war beachtlich. Es lag weit über dem, was bei Keystone für einen Film ausgegeben werden durfte.

Die Firma Essanay existierte leider nicht sehr lange. Zehn, allerhöchstens zwanzig Jahre nachdem Chaplin dort für ein Jahr abgeschlossen hatte – er arbeitete dann doch etwas länger für die Firma –, wußte kein Mensch mehr in der Filmbranche, daß es Essanay jemals gegeben hatte – es sei denn, man wußte, daß es eine Firma war, für die Chaplin einmal gearbeitet hatte. Die Essanay hatte keinen festen Standort wie Keystone, sondern verfügte über mehrere Ateliers; eines war in Chicago, eines in San Francisco und eines in einem kleinen Ort namens Niles an der kalifornischen Küste zwischen San Francisco und Los Angeles. Und Chaplin arbeitete in allen diesen Ateliers. Da er sich in Chicago nicht wohl fühlte, machte er schon seinen zweiten Film für Essanay in Niles.

Chaplin hatte ein brauchbares Ensemble zur Verfügung, gelegentlich kam auch der eine oder andere Darsteller von Keystone dazu. Aber er hatte keine Mabel Normand. Er brauchte eine Hauptdarstellerin. Also fuhr er nach San Francisco, wo er sich ein oder zwei Musicals ansehen wollte. Vielleicht würde sich ein Chorus-Girl eignen, das dort auftrat. Aber er fand keines, das ihm fotogen erschien. Er hörte aber durch einen Bekannten von einer sehr hübschen jungen Dame, die dieser in einem Café gesehen hatte. Er kenne sie nicht persönlich, aber man würde sie dort sicher finden; sie sei Stammgast.

Der Inhaber des Cafés wußte sofort, um wen es sich handelte: um ein junges Mädchen aus Lovelock in Nevada, die bei ihrer verheirateten Schwester in San Francisco wohnte. Ihr Name: Edna Purviance.

Es war nicht schwer für Chaplin, sie kennenzulernen. Als er sie sah, wußte er sofort, daß sie seine Partnerin werden *mußte*. Sie war nicht sehr groß, das durfte sie auch nicht sein, denn er konnte keine Partnerin brauchen, die größer war als er. Doch sie war sehr schlank, blond und bildhübsch. Und sie hatte herrliche große Augen und wunderschöne Zähne. Sie sah allerdings nicht aus wie eine Komödiantin. Sie wirkte eher traurig. Und sie war es auch. Es stellte sich heraus, daß sie gerade eine Liebesaffäre hinter sich hatte. Sie hatte sich von ihrem Freund trennen müssen, und das war ihr sehr nahegegangen, ging ihr noch immer sehr nahe.

Chaplin war nicht sicher, ob sie je eine Komödiantin werden könnte. Aber er war sicher, daß er sie haben wollte. Und zwar in jedem Sinne des Wortes. Er enga-

Chaplin in einer Filmszene mit Edna Purviance

gierte sie fünf Minuten nachdem er sie kennengelernt hatte. Seinen Mitarbeitern sagte er, wenn sie nicht spielen könne, so würde auf jeden Fall ihr Anblick das Publikum erfreuen. Alle lächelten skeptisch. Aber sie wußten, ein Mann, der als Schauspieler so erfolgreich war, würde auch mit einem Mädchen, das nicht gut spielen konnte oder vielleicht auch gar nicht, erfolgreich sein – wenn er wollte.

Übrigens erwiesen sich die Vorbehalte gegen Edna Purviance, die nie Schauspielunterricht gehabt hatte, als ungerechtfertigt. Sie wurde eine verläßliche Stichwortgeberin. Und zwar schon im zweiten Film, den Chaplin für die Essanay drehte, und zwar in Niles. Er hieß A NIGHT OUT. Chaplin mimte – wieder einmal – einen betrunkenen Mann, der in einem Hotel mit einer hübschen, jungverheirateten Frau zusammentrifft und unbeabsichtigt in allerlei delikate Situationen gerät.

Der Film kam Mitte Januar 1915 in die Kinos und war,

rin, nicht vergleichbar mit den Stars der damaligen Zeit. Aber sie wollte auch gar kein Star sein. Sie war in ihren Ansprüchen sehr bescheiden. Sie versuchte nie, sich nach vorn zu drängen. Sie nahm nie als selbstverständlich an – wie etwa Mabel Normand –, daß sich alles um sie drehte. Sie wußte, Chaplin war der Star. Es gibt keinen Zweifel, daß sie Chaplin liebte und mit allem zufrieden war, was er anordnete. Und Chaplin liebte sie wohl auch. Sie waren glücklich miteinander.

Was nun Chaplins Regieführung angeht, so soll hier einiges festgehalten werden, was wohl noch nie gesagt worden ist. Seine Formel, einen Film zu machen, war folgende: Erst ließ er eine Dekoration aufbauen – ein Café, eine Straße, eine Hotelhalle, irgendeinen Schauplatz, wo sich alles abspielen sollte. Dann holte er sich die Schauspieler zusammen, die er dort agieren lassen wollte. Und erst dann fiel ihm die sogenannte Handlung ein. Manchmal wurde er auch durch Requisiten inspi-

Mit Ben Turpin und Leo White in „A Night Out"

Mit Edna Purviance in „Work"

wie alle anderen Chaplin-Filme zuvor, sehr erfolgreich – und mit ihm Edna Purviance. Sie trat nun in fast jedem der unzähligen Filme auf, die Chaplin in den nächsten Jahren drehte, auch nachdem er sich im März 1916 von Essanay getrennt hatte, um einen sensationellen Vertrag mit der Firma Mutual abzuschließen. Genauer gesagt, schloß Sydney, der sein Manager geworden war, den Vertrag ab. Bilder dieses Vertragsabschlusses erschienen am nächsten Morgen in allen Zeitungen. Und kurze Zeit danach schloß er mit der großen Firma First National ab. Bei Essanay hatte er vierzehn Filme gemacht und 60 000 Dollar verdient, bei Mutual sollten es zwölf werden für 670 000 Dollar, bei der First National neun (ursprünglich vereinbart waren acht Einakter) für rund eine Million Dollar. Als er bei der First National unterschrieb, war er erst 29 Jahre alt.

Um noch einmal auf Edna Purviance zurückzukommen: Sie wurde sicher keine bedeutende Schauspiele-

riert, die in einer Halle aufbewahrt wurden. Er ging also eigentlich den umgekehrten Weg wie allgemein üblich.

In einem Punkt war er all seinen Konkurrenten voraus – ist es immer geblieben: Andere Regisseure drehten alle Szenen, die innerhalb einer bestimmten Dekoration spielten, hintereinander ab. Dann, wenn die Dekoration nicht mehr gebraucht wurde und abgerissen werden konnte, folgten die Szenen, die in der nächsten Dekoration spielten. Chaplin hingegen drehte die Szenen des Films in der Reihenfolge, in der man sie später zu sehen bekommen sollte. Er hoffte, daß er damit das schauspielerische Vermögen seiner Akteure weiterentwickeln könne. Das gelang ihm häufig – wenn auch nicht immer.

Was seine Darsteller anging, so erwies er sich als äußerst weitsichtiger Regisseur. Die Regisseure jener Zeit und auch noch in den darauffolgenden Jahren legten größten Wert darauf, daß insbesondere die Gesichter der Schauspieler zu sehen waren. Chaplin war der Ansicht, daß ein Rücken manchmal weit mehr ausdrücken kann. Er selbst war dafür das beste Beispiel. Sein Rücken könne alles ausdrücken, sagte er immer wieder: Furcht, Trauer, Freude.

Aber viel entscheidender war, daß er die Schauspieler lehrte, vor der Kamera nicht zu schauspielern. Wer die Filme jener Zeit gesehen hat, wird sich erinnern, daß die Schauspieler in dem Wissen, daß ihre Stimme ja nicht zu hören war und sie weder Schmerz noch Freude damit auszudrücken vermochten, immer versuchten, durch alle nur denkbaren Gesten und das Verzerren ihres Gesichts etwas auszudrücken.

Chaplin lehnte das immer ab. Er kam ja vom Varieté, wußte daher, daß ein Schauspieler sehr deutlich schauspielern mußte, um in den hinteren Parkettreihen oder auf der Galerie noch wahrgenommen zu werden, genauer, um dem Publikum dort noch seine Gefühle zeigen zu können. Im Film aber war es anders. Er sagte das seinen Schauspielern immer wieder: „Don't sell yourselves! You are being watched!" Zu deutsch: „Verkaufe dich nicht! Sie beobachten dich!" Chaplins Philosophie: „Im Kino sitzt der Zuschauer auf dem Schoß des Schauspielers!" Was heißen soll: Die Kamera nimmt alles aus nächster Nähe auf. Eine solche Erkenntnis war damals revolutionär und blieb es noch lange.

Es ist nicht übertrieben zu sagen, daß Chaplin damit die eigentliche Filmsprache erfunden hat, die schließlich von allen Filmregisseuren weltweit übernommen wurde und Gültigkeit bekam, auch später im Ton- oder Farbfilm.

Chaplin war, noch ehe der Vertrag mit Mutual zum Tragen kam, nach Hollywood zurückgekehrt. Er hatte sich ein kleines Zwei-Zimmer-Apartment mit Bad gemietet und übernachtete auch oft in dieser Wohnung in der Nähe des Athletic Club, einem beliebten Treffpunkt der besseren Herren von Los Angeles und Umgebung.

Edna Purviance wohnte im nicht ganz erstklassigen Hotel Alexandra, ebenfalls in nächster Nähe. Damals war es undenkbar, daß ein Mann mit einer Frau, mit der er nicht verheiratet war, zuammenlebte. Man konnte nicht vorsichtig genug sein. Die Frauenclubs spielten in jener Zeit schon eine gewisse Rolle in den Vereinigten Staaten. Und die Klatschtanten, die in jener Zeit verstärkt in den verschiedenen Zeitungen auftauchten, hatten ein besonders scharfes Auge auf die Filmstars von Hollywood. Dies sollte Chaplin noch erfahren, allerdings erst viel später.

Recht bald, im Herbst 1921, mußte es der gutmütige „Fatty" Arbuckle erfahren. Er hatte in seiner Hotelsuite in San Francisco ein Fest gegeben. Im Verlauf dieser Party wurde ein junges Mädchen, beileibe keine Jungfrau mehr, innerlich verletzt – so hieß es jedenfalls. Sie starb wenig später, und Arbuckle, der überhaupt nichts damit zu tun hatte, mußte vor Gericht. Das Gericht stellte zwar fest, daß er an dem Unglück unschuldig war, und sprach ihn frei, aber die öffentliche Meinung, geprägt von den besagten Frauenclubs, war nun gegen ihn. Keine Filmgesellschaft konnte es mehr wa-

gen, den vor wenigen Monaten noch so beliebten Komiker zu engagieren. Er fand zwar noch gelegentlich Möglichkeiten, in zweit- und drittklassigen Varietés aufzutreten, aber immer wieder hetzten die Frauenclubs gegen ihn. Er starb im Elend.

Doch zurück zu Chaplin. Als der Vertrag mit Mutual abgelaufen war, schuf sich Chaplin sein eigenes Filmatelier. Er kaufte mitten in Hollywood, am Sunset Boulevard, ein Grundstück mit zwei Hektar Obstgarten, baute das dort stehende Haus in ein Filmstudio um, ließ ein Entwicklungslabor, einen Schneideraum und einen Bürotrakt erstellen.

Um diese Zeit wußte er schon, daß er eine der prominentesten Persönlichkeiten der Welt war, vielleicht sogar die beliebteste. Noch Anfang des Jahres 1915 hatten einige Zeitungen gegen ihn gewettert: Er sei Brite, und Großbritannien befinde sich schließlich im Krieg gegen Deutschland und dessen Verbündete, warum habe er sich nicht längst freiwillig als Soldat gemeldet? Er antwortete damals: Wenn die britische Regierung ihn gewollt hätte, wäre er selbstverständlich nach England zurückgekehrt.

Das allerdings stimmte nicht ganz. Chaplin verabscheute nichts so sehr wie Kriege. Gleichgültig, wer gegen wen immer sie führte. Aber die Regierung in London kam ihm zu Hilfe. Sie ließ verlautbaren, sie habe Chaplin nie angefordert, denn es schiene ihr wichtiger, daß er Filme mache. Chaplin als Komiker und Regisseur sei für den Ruf Großbritanniens von größerem Wert als ein Chaplin im Schützengraben. Damit war die Sache erledigt.

Zurück zu Mutual: Bevor Chaplin den Vertrag mit Mutual antrat, fuhr er zwecks Unterzeichnung des Vertrages nach New York. Kurz vor der Abfahrt seines Zuges aus Los Angeles telegraphierte er seinem Bruder Sydney, wann er ankommen werde. Es war ein langsamer Zug, den er benutzte, er sollte viereinhalb Tage brauchen. Chaplin hatte ihn absichtlich gewählt, er wollte sich ein bißchen erholen. Er glaubte auch, niemand wüßte, daß er im Zug war – und überhaupt: Man hatte ihn in Los Angeles in Ruhe gelassen, warum sollte man ihn in einem Zug belästigen? Er hatte ein eigenes Abteil, war also allein. Aber dann hielt der Zug nach ein oder zwei Stunden Fahrt in der kleinen texanischen Stadt Amarillo, und Chaplin konnte vom Fenster des Waschraums, in dem er sich befand – übrigens noch in Unterhosen –, sehen, daß sich Hunderte von Menschen fahnenschwenkend auf den Bahnsteigen drängten. Er wunderte sich darüber. Befand sich etwa ein wichtiger Mann im Zug, etwa ein Mitglied der Regierung?

Während er gerade dabei war, sich einzuseifen, hörte er laute Rufe: „Wo ist Charlie? Wo ist Chaplin?" In seinem Abteil erschien ein Mann, der sich ihm als Bürgermeister von Amarillo vorstellte und ihn dringend bat, sich die Seife aus dem Gesicht zu waschen, sich anzuziehen und den Leuten guten Tag zu sagen. Chaplin schlüpfte schnell in Hemd, Hose und Jacke, band sich in Windeseile einen Schlips um und sprang aus dem Zug, obwohl ihm der Schaffner sagte, es würde gleich weitergehen.

Es ging nicht gleich weiter, denn um ihn herum tobte sich die Volksseele aus. Der Bürgermeister hielt eine improvisierte Rede, von der Chaplin nur wenige Worte verstehen konnte, weil die Leute, die sich um ihn drängten, immer wieder seinen Namen riefen. Die Polizei mußte eingreifen. Sie sorgte dafür, daß Chaplin an das aufgebaute Büfett kam, wo er sich kurz stärkte, vermutlich nicht mit Alkohol, obwohl der damals noch nicht verboten war, eher mit einem Glas Coca-Cola und einem Sandwich. Er mußte eine Rede halten, dann fuhr der Zug weiter.

Wie hatten die Leute in Amarillo nur erfahren, daß er diesen Zug nehmen würde? Natürlich durch das Telegramm an Bruder Sydney! Irgendwie mußte der Inhalt bekanntgeworden sein. Und wie in Amarillo war es überall, wo der Zug hielt. In Chicago, wo Chaplin umsteigen mußte – der Zug nach New York ging von einem anderen Bahnhof ab –, kam es seinetwegen zu geradezu lebensgefährlichen Verkehrsstaus. In Blackstone wurde ihm ein Telegramm des New Yorker Polizeichefs ausgehändigt. Der bat ihn, schon eine Haltestelle vor der Grand Central Station auszusteigen. Das ist ein kleiner Bahnhof, bereits in New York, an der 125. Straße, wo jeder Zug, der aus dem Westen kommt, kurz hält – warum, weiß der liebe Gott. Dort erwartete ihn niemand, während sich vor dem Grand Central bereits Tausende, wenn nicht Zehntausende von Menschen drängten.

Als Chaplin glücklich im Hotel gelandet war, gingen die Leute, die ihn nicht hatten sehen dürfen, nach Hause. Der Rummel war vorbei. Am nächsten Tag konnte er – allerdings durch einen Hintereingang – das Hotel verlassen und durch die Straßen New Yorks spazieren, ohne daß sich jemand nach ihm umgedreht hätte. Er mußte schon eine Weile in irgendeinem Restaurant sitzen, bevor Leute auf ihn aufmerksam wurden.

Er hatte übrigens gehört, daß Hetty Kelly, seine erste Liebe, bei einer Schwester in New York lebte, und auch herausfinden können, wo sie wohnte. Später schrieb Chaplin, daß er dann aber doch nicht den Mut gehabt habe, sich dort vorzustellen. Aber war es nicht vielmehr so, daß er um diese Zeit gar nicht mehr so sicher war, Hetty noch zu lieben? Immerhin war Edna inzwischen in sein Leben getreten.

Wie dem auch sei – nach New York wußte Chaplin, wie berühmt, wie beliebt er war. Später deklarierten Kritiker den Tramp, den er geschaffen hatte und mit dem er identisch geworden war, als einen von vielen möglichen Filmhelden-Typen, vergleichbar etwa mit dem Cowboy in den Wildwest-Filmen oder mit dem Gangster in den Gangster-Filmen – die allerdings erst später aufkamen. Irrtum! Es gab *viele* Gangster, und es gab *viele* Cowboys – aber es gab eben nur *einen* „Tramp".

Noch eines sollte hier erwähnt werden: Chaplin verlangte – und bekam – mehr und mehr Zeit für seine Filme. Das hatte bei Essanay begonnen, das steigerte sich bei Mutual und noch mehr bei der First National. Bei dieser bekam er das meiste Geld, aber, so sagte er später, bei Mutual verbrachte er die schönste Zeit seines Lebens.

Der Grund: Er war nie zuvor so frei gewesen. Und er sollte auch nie wieder so frei sein – auch nicht als eigener Produzent. So frei wie nie zuvor und nie danach – und das in diesem Alter!

Weshalb brauchte er so viel Zeit für seine Filme? Weil er sehr selten mit sich selbst, will sagen, mit den Filmen, die er produzierte, zufrieden war. Er glaubte nach fast jeder Aufnahme, sie könnte noch besser sein, er könnte es noch besser machen. Er war so selbstkritisch, wie es am Theater selten, im Film damals absolut unbekannt war.

Gewiß, auch andere Regisseure wiederholten eine Szene, besser: einen Take, eine Einstellung – aber doch nur, wenn etwas schiefgegangen war. Wenn der Kameramann Bedenken anmeldete, weil ein Schauspieler nicht so funktioniert hatte, wie er hätte funktionieren müssen. Doch im allgemeinen blieb es damals bei einer einzigen Aufnahme. Nicht so bei Chaplin.

Chaplin führt Regie

Schon in jenen Tagen kam es vor, daß er einen Take zehnmal, ja in manchen Fällen bis zu fünfzigmal wiederholen ließ, bis er ganz zufrieden war. Vielleicht war er nie ganz zufrieden, aber er wußte als professioneller Schauspieler, daß es irgendwo eine Grenze gab. Daß Schauspieler müde werden und nicht unbedingt besser, wenn sie Szenen immer und immer wieder spielen sollen.

In späteren Jahren nahm Chaplin keine Rücksicht mehr. Er brach ganz einfach die betreffende Aufnahme ab, um sie am folgenden Morgen zu wiederholen. Was dabei herauskam, wissen wir ja.

Ein bekannter Londoner Kritiker schrieb einmal: „Chaplins Filme werden nicht gemacht. Sie finden statt." Man könnte auch sagen: Chaplin arbeitete so hart, um selbst die letzte Spur, die hätte verraten können, daß es sich hier um Schwerstarbeit handelte, vergessen zu machen.

Weltruhm

Ich habe später, viel später Chaplin einmal bei einem Interview gefragt, wie es denn komme, daß seine Filme so viel mehr Zeit beanspruchten als Filme anderer Regisseure. Seine Antwort war: „I didn't feel funny!" Er war nicht zur Komik aufgelegt. Er wußte eigentlich stets beim Erwachen, ob er an dem betreffenden Tag Einfälle haben würde oder ob er nur im Atelier herumsitzen und die Zeit verrinnen lassen mußte.

Wenn ihm nichts einfiel, war dies sehr kostspielig, da die Leute, die für den Film engagiert waren, natürlich bezahlt werden mußten, ob nun gefilmt wurde oder nicht. Was für die betreffenden Firmen, für die er ar-

Frühes Porträt

beitete, natürlich ärgerlich war. Aber Chaplin hätte es nie hingenommen, wenn man versucht hätte, die nicht durch ihre Schuld untätigen Filmleute unbezahlt nach Hause zu schicken.

Später, als Chaplin seine Filme selbst finanzierte, also in jeder Beziehung sein eigener Herr war, war es für ihn selbstverständlich, auch wenn er gelegentlich eine oder zwei Wochen oder gar ein Vierteljahr verreiste, sämtliche Mitarbeiter zu bezahlen, selbst wenn absehbar war, daß sie auf Monate hinaus nicht beschäftigt werden würden. Es gab damals in Hollywood noch kaum Gewerkschaften. Aber wenn es welche gegeben hätte – mit Chaplin hätten sie keine Schwierigkeiten gehabt.

Was tat er denn, wenn er unbeschäftigt zu Hause saß? „Eines sicher nicht: nachdenken, wie der Film weitergehen soll!" erklärte er immer wieder. Die Einfälle kämen ihm eigentlich nur im Atelier, insbesondere in der Dekoration. (Es wurde ja schon gesagt: Die Dekoration mußte stehen, bevor er darüber nachdenken konnte, was sich dort abspielen würde.)

Aber was tat er in der Freizeit? Lesen, lesen, lesen! Er wußte natürlich, auch nach seinen ersten großen Erfolgen, daß seine Schulbildung nur unzulänglich war. Er hatte seit seinem zehnten Lebensjahr kaum noch eine Schule besucht, und mit seiner Orthographie sollte es auch später nicht zum besten stehen. Ich erinnere mich an einen handgeschriebenen Brief von ihm, in dem er das Wort „here" zweimal mit „hear" verwechselt hatte. Das dürfte sich später allerdings gebessert haben.

Was aber das Lesen anging, so war er unersättlich. Er las alles, was es an alter oder moderner Literatur gab. Er las Shakespeare und Homer – natürlich in Übersetzungen –, er las Dickens und Thackeray, Anatole France und Thomas Mann…

Gelegentlich musizierte er auch. In seinen Varieté-Jahren hatte er gelernt, Geige zu spielen. Das Wort „gelernt" ist vielleicht ein bißchen übertrieben. Er spielte ja auch nicht zum Vergnügen anderer, sondern zu seinem eigenen. Das gleiche galt für sein Cello-Spiel. Aber er war sicher außerordentlich musikalisch. Einen Schlager, den er einmal gehört hatte, konnte er noch nach Monaten nachsummen oder -trällern. Und wenn man denen, die ihn fast täglich sahen, glauben darf, erfand er immer neue Melodien, freilich nur für sich selbst. Wenn einer sie hörte, geschah das eher zufällig – weil er gerade dabei war, wenn Chaplin eine Melodie, die er erfunden hatte oder die ihm im Kopf herumging, vor sich hin summte. Später sollte ihm diese Fähigkeit, von der übrigens nur recht wenige wußten, sehr hilfreich sein.

Schon während des Krieges machte er privat den Eindruck eines gebildeten Mannes, und dieser Eindruck verstärkte sich in den nächsten Jahren und Jahrzehnten. Es gibt viele gute und sogar große Schauspie-

Mit Edna Purviance
und Kitty Bradbury
in „The Immigrant"

ler und Schauspielerinnen, die ihr ganzes Leben lang kaum etwas anderes lesen als die Stücke oder Drehbücher, in denen sie mitwirken, oder vielleicht noch Kriminalromane. Sie wissen wenig von Literatur, so gut wie nichts von Politik oder Nationalökonomie. Für dies alles aber interessierte sich Chaplin brennend. Die Kenntnisse, die er in dieser Zeit – er war ja noch jung – erwarb, sollten ihm später dienlich sein.

Nicht nur Journalisten, die ihn nach seinen Plänen oder seinen persönlichen Abenteuern ausfragten, schrieben über ihn, nein, auch ernsthafte Schriftsteller. Und sie interpretierten oft etwas in ihn hinein, was er gar nicht sein wollte. Chaplin war darüber nicht verärgert, eher amüsiert. Etwa über Somerset Maugham, der einen langen Essay über Chaplins „Einsamkeit" schrieb. Oder über einen anderen, der kundtat, der Tramp sei gar kein Tramp, sondern ein Gentleman, ständig auf der Suche nach Liebe.

Bemerkenswert auch, daß viele bedeutende Persönlichkeiten mit Chaplin ins Gespräch zu kommen versuchten. Das galt nicht nur für Autoren, die sich gerade in Kalifornien aufhielten oder nach Hollywood kamen, weil ein Buch von ihnen verfilmt werden sollte, nein, auch für Prominente wie etwa Albert Einstein, der zu Vorlesungen an die Universität Los Angeles kam. (Auf ihn werden wir später zurückkommen.) Oder für andere berühmte Leute, die nach Los Angeles kamen, etwa die Tänzerin Pawlowa oder den Tänzer Nijinsky, für berühmte Maler und Bildhauer. Sogar der große William Randolph Hearst, der rund fünfzig Zeitungen und Zeitschriften in Amerika besaß, erschien.

Sie alle wurden später in seinen Memoiren erwähnt. Chaplin war eben auch ein bißchen Snob. Wer will ihm das nach der schweren Jugend und dem sensationellen Aufstieg verdenken?

Chaplin bezog übrigens nach Auslaufen des Vertrages mit der First National ein neues Studio in Hollywood, das nach außen hin ebenso unscheinbar wirkte wie sein erstes Domizil: eine Reihe kleiner Häuser mit roten Dächern, die man nur dadurch als das erkannte, was sie waren, weil am Eingangstor eine Tafel angebracht war mit der Inschrift „Chaplin's Studio". Die meisten Passanten bemerkten diese Tafel allerdings gar nicht. Im Studio selbst ging es wesentlich ruhiger und viel disziplinierter zu als seinerzeit im Keystone-Studio. Es war selbstverständlich, daß Chaplin bei seinen Mitarbeitern ungeheuren Respekt genoß – schließlich war er immer äußerst erfolgreich in seiner Arbeit. Aber ebenso selbstverständlich war, daß ihn alle, selbst die Arbeiter, die die Dekorationen aufstellten, nicht etwa Mr. Chaplin nannten, sondern schlicht Charlie.

Der erste Film Chaplins für First National hieß A DOG'S LIFE – *Ein Hundeleben*. Er hatte eine unge-

Bei Dreharbeiten

wöhnliche Länge: Er dauerte 45 Minuten. Der Tramp war darin zu sehen mit einem Hund, einer illustren Promenadenmischung, die sehr, sehr komisch war. Er nahm ihn überall mit, selbst dorthin, wo Hunde verboten waren, zum Beispiel in ein smartes Abendlokal, in dem Edna Purviance sang. Sie wurde von Gangstern bedroht und war verzweifelt. Charlie und sein Hund brachten das alles irgendwie in Ordnung. Charlie kam auch zu Geld und konnte mit Edna zusammen die Stadt verlassen und aufs Land ziehen. Es war wirklich ein sehr lustiger Film, und er hatte enormen Erfolg. Die First National mußte es nicht bereuen, daß sie Chaplin zu außergewöhnlichen Konditionen geholt hatte.

Kurz nach Beendigung des Films unternahm Chaplin eine Reise durch die Vereinigten Staaten, zusammen mit seinem besten Freund, dem Filmschauspieler Douglas Fairbanks, der durch seine Abenteurer-Filme berühmt geworden war, in denen er die unmöglichsten Kunststücke ausführte, und dessen Frau, dem ersten amerikanischen Filmstar, der schönen, blonden Mary Pickford. Diese drei ohne Zweifel populärsten Filmschauspieler des Landes fuhren Anfang 1918, nach Eintritt der Vereinigten Staaten in den Weltkrieg, quer durch die Staaten, um die Bevölkerung zum Ankauf der dritten Kriegsanleihe zu bewegen. Sie waren dabei auch recht erfolgreich.

Chaplin machte dann auch noch einen Propaganda-Film für die Kriegsanleihe, THE BOND, der allerdings nur fünf oder sechs Minuten dauerte und erst herauskam, als der Krieg bereits dem Ende entgegenging. Man

Szene aus „Shoulder Arms!"

konnte also nicht sagen, er habe nichts für sein Vaterland respektive seine Wahlheimat Amerika getan.

Außerdem machte er einen 45minütigen Spielfilm, den man ebenfalls als „Propaganda-Film" bezeichnen kann, auch wenn er erst einige Tage nach Kriegsende herauskam. Er hieß SHOULDER ARMS! – *Gewehr über.* Darin spielte Chaplin einen amerikanischen Soldaten, der alles ein bißchen falsch macht oder zu langsam ist und seine Vorgesetzten ständig in Rage bringt. Er wird in der Heimat ausgebildet. Aber des Nachts träumt er sehnsüchtig davon, er sei an der Front. Diese Träume sind wirklich sehr amüsant, teilweise aber auch überaus traurig. Er ist nämlich der einzige Soldat, der nie Post bekommt, während die Kameraden mit Briefen aus der Heimat überschüttet werden. Also liest er die Briefe der Kameraden mit und lebt auch deren Gefühle durch. Er freut sich für sie, ist für sie traurig. Er träumt von einer großen Heldentat. Und irgendwie gelingt es ihm, den deutschen Kaiser und Hindenburg – beides Karikaturen – gefangenzunehmen. Dann kehrt er als großer Held in die Heimat zurück, und dort soll er mit einem Denkmal geehrt werden. Aber gerade als es enthüllt wird, wacht der Tramp-Rekrut Chaplin auf. Es war alles nur ein Traum – schade!

Der Film wurde ein Bombenerfolg, nicht zuletzt bei den alliierten Soldaten, die, obwohl der Krieg vorbei war, noch nicht demobilisiert waren. Jetzt, da ihrem Leben keine Gefahr mehr drohte und sie kein fremdes Leben mehr zu bedrohen brauchten, konnten sie lachen über das, was ihnen vor kurzem noch Schrecken eingejagt hatte. Freilich gab es auch hie und da leichtes Murren: Chaplin habe es gewagt, sich über den Krieg lustig zu machen. Man sollte sich später daran erinnern.

Nur Chaplin lachte nicht. Ihm war zu der Zeit gar nicht zum Lachen zumute. Eine Illusion wurde zerstört, eine Romanze nahm ein abruptes Ende.

Spaß mit Mary Pickford und Douglas Fairbanks

Er war mit Edna Purviance sehr glücklich gewesen. Sie war ihm eine gute Gefährtin, eine problemlose und eine sehr tüchtige Partnerin gewesen. Chaplin sagte später, er habe sich mit dem Gedanken getragen, sie zu heiraten. Aber dazu sollte es nicht kommen.

Nach Chaplins Version, die nicht unbedingt der Wahrheit entsprechen muß – wer sagt schon bei einer Trennung von der Geliebten immer die Wahrheit? –, war Edna ein bißchen eifersüchtig und fiel immer, wenn er sich bei einer Gesellschaft einmal zu sehr mit anderen Frauen beschäftigte, ganz einfach in Ohnmacht. Schwer vorstellbar, aber diese Behauptung Chaplins ist nie widerlegt worden. Auch nicht, daß sie stets, wenn sie aus der Ohnmacht erwachte, nach Chaplin verlangte – bis auf ein einziges Mal: Da verlangte sie nach Thomas Meigham, einem jungen Filmschauspieler, der gerade in Mode gekommen war, ungemein attraktiv, aber eigentlich kein wirklich ernsthafter Schauspieler (er war auch nur relativ kurz auf der Leinwand zu sehen).

Dieser „unbedachte" Ausruf Ednas ist schwer verständlich – es sei denn, sie wollte Chaplin auf diese Art wissen lassen, daß sie mit Thomas Meigham ein Verhältnis hatte oder zumindest in ihn verliebt war. Natürlich erfuhr Chaplin innerhalb von Minuten von diesem Ausruf. Er stellte Edna zur Rede. Wenn man der Überlieferung glauben darf, geriet er in höchste Erregung, machte Edna eine Szene und verlangte, die Wahrheit zu wissen (die er wohl nie in Gänze erfuhr, oder doch?).

„Wir können ja gute Freunde bleiben, Charlie!" Das konnte nur bedeuten: Sie sollten in Zukunft nicht mehr als gute Freunde sein.

Chaplin litt. Unwahrscheinlich, daß Edna die große Liebe seines Lebens war. Aber möglich, daß er damals glaubte, sie sei es. Die Zukunft sollte das bald richtigstellen. Auf jeden Fall war er, wie jeder Mann, der sich betrogen sieht, tief gekränkt. Tagelang erschien er nicht im Studio, er wollte mit niemandem reden, konnte es nicht fassen. Freilich konnte er sich nicht allzulange seinem Schmerz hingeben. Die Arbeit drängte.

Und so geschah, was eigentlich geschehen mußte: Der Filmproduzent Sam Goldwyn meldete sich eines Tages bei Chaplin und lud ihn übers Wochenende auf seine Yacht ein. Man wollte in heiterer Gesellschaft nach Catilina Island fahren – ein beliebtes Ausflugsziel vor allem prominenter Persönlichkeiten, die eine eigene Yacht besaßen.

Chaplin, der sich später selbst eine Yacht anschaffte, kam auch danach noch oft dorthin. Auf dem Schiff befand sich auch ein bildhübsches Mädchen namens Mildred Harris. Sie war jung – sehr jung. Sie gab sechzehn Jahre an, vielleicht war sie noch jünger.

Sie erklärte Chaplin sofort, seit sie Filme sehe, sei er ihr Idol. Er glaubte ihr. Man sah sich in den zwei oder drei Tagen natürlich ständig auf dem Schiff, ein Verhältnis entspann sich. Warum auch nicht? Schon die erste Liebe Chaplins – jene Hetty Kelly in London – hatte bewiesen, daß er eine Schwäche für sehr, sehr junge Mädchen hatte. Viele seiner Biographen sagten später, er habe in allen Frauen Hetty Kelly gesucht. Vielleicht

auch in Edna Purviance? Hätte es sie noch gegeben, hätte Mildred Harris kaum eine Chance gehabt. Aber Edna war ja fort, war zumindest nicht mehr Geliebte. Also warf sich Chaplin in diese neue – vielleicht vom Gesetz nicht unbedingt gebilligte – Leidenschaft oder in das, was er dafür hielt.

War er glücklich mit Mildred Harris? Er hat sich später nie darüber geäußert. Wohl aber gab er zu, seine Eitelkeit hätte eine nicht unerhebliche Rolle gespielt. Ein Bekannter hatte ihn mit Mildred gesehen und ihm gesagt, er sei doch ein glücklicher Mensch: Die junge Dame in seiner, Chaplins, Begleitung sei die „schönste Frau der Welt". Das war Mildred Harris nun sicher nicht, aber sie war durchaus attraktiv.

Eines Tages teilte sie ihm mit, sie glaube, in anderen Umständen zu sein. Chaplin las gerade Zeitung. Er sah nicht einmal auf. Er sagte nur: „Dann heiraten wir eben." Was drei oder vier Tage später unter Ausschluß der Öffentlichkeit im Hause eines Standesbeamten auch tatsächlich geschah. Der Sekretär Chaplins hatte Ringe besorgt. Chaplin ließ wie ein Opferlamm alles über sich ergehen. Er war gerne mit Mildred im Bett. Aber der Gedanke, sie nun ständig um sich zu wissen, bedrückte ihn.

Sie war auch nicht besonders klug. Sie ließ sich – gegen den ausdrücklichen Wunsch von Chaplin – von Louis B. Mayer, dem Chef von Metro (die Metro-Goldwyn-Mayer sollte erst einige Jahre später zustande kommen) zu einem Jahresvertrag überreden. Mayer wollte dadurch natürlich an Chaplin herankommen, aber der mochte ihn nicht.

Übrigens stellte sich bald heraus, daß Mildred zu dieser Zeit gar nicht schwanger war. Ob sie das nur vorgetäuscht hatte? Unwahrscheinlich. Der Typ war sie nicht. Sie hatte sich ernstlich Sorgen gemacht. Ein Jahr später brachte sie dann tatsächlich ein Kind zur Welt, das leider nur wenige Tage lebte – sehr zur Trauer Chaplins, der gern ein Kind gehabt hätte. Damit war eigentlich das Ende der Ehe auch schon besiegelt, auch wenn sie sich noch eine Zeitlang hinzog. Doch davon später mehr.

Bald nach Kriegsende war Chaplin Mitgründer der United Artists geworden. Es begann damit, daß sein Freund Douglas Fairbanks ihm eines Tages erzählte, er und seine Frau Mary Pickford hätten gehört, daß sich die großen Filmgesellschaften zusammenschließen wollten, um den immer höher werdenden Honorarforderungen der Stars Einhalt zu gebieten. Wenn diese sich einer Einheitsfront von Produzenten und Verleihern gegenübersähen, müßten sie das nehmen, was man ihnen zugestand. Und das würde dann ganz im Ermessen dieser Interessengemeinschaft liegen.

Natürlich wären Fairbanks, Mary Pickford und Chaplin die am stärksten Betroffenen gewesen. Aber auch der Starregisseur D. W. Griffith wollte sich nicht verschaukeln lassen, ebensowenig wie Cowboy-Star W. S. Hart, der ebenfalls Bedenken gegen diesen Zusammenschluß von Leuten hatte, von denen sie letzten Endes alle abhängig waren.

Die Idee war, die Kinobesitzer in den Vereinigten Staaten wissen zu lassen, daß sie, die Stars, in Zukunft von ihnen oder mit ihnen gemachte Filme frei verkaufen würden, um unabhängig zu bleiben. Als sie erfuhren, daß die Bosse der großen Filmfirmen tagen wollten, um sich zusammenzuschließen – es war wohl Douglas Fairbanks, der die entsprechenden Beziehungen hatte –, trafen sie sich am Abend davor im Hotel Alexandra in Los Angeles. Das gemeinsame Essen war offensichtlich nur ein Vorwand. Sie tuschelten miteinander, kritzelten ununterbrochen Notizen auf die Speisekarten und reichten sie herum; kurzum: Sie taten ungeheuer konspirativ.

Was sie erwartet hatten, traf ein. Die Produzenten hörten davon, eilten ins Hotel Alexandra und erschienen einer nach dem anderen im Speisesaal, um sich umzusehen. Sie glaubten ihre schlimmsten Befürchtungen bestätigt. Und in der Tat: An diesem Abend wurde der Grundstein gelegt für die Verleihfirma United Artists. Hart schied allerdings noch vor der eigentlichen

den seine danach gedrehten Filme allerdings die größten Aktivposten für die United Artists.

Der nächste Film, den er für die First National drehte, war THE KID, sein bis dahin künstlerisch bedeutendstes Werk – und zu diesem Zeitpunkt der gewinnträchtigste Film aller Zeiten.

Die Sache begann damit, daß Chaplin, wie schon so oft zuvor, zwar unter dem Zwang stand, einen neuen Film zu drehen, aber keine Ahnung hatte, was er drehen sollte. Unterschwellig spürte er, daß er einen Partner brauchte. Edna Purviance war zwar noch immer im Ensemble, und es stand außer Frage, daß sie bei jedem Film mitspielen würde, ob in einer großen oder kleinen Rolle, aber er brauchte eine Zugnummer für den nächsten Film. Und wenn er sie sich selbst schaffen müßte!

Chaplin glaubte, seine schlechte Ehe sei daran schuld, daß ihm nichts mehr einfiel, und ging immer öf-

*Mary Pickford,
Mitbegründerin
der United Artists*

Gründung aus, und Griffith, schon ein älterer Mann, spielte keine große Rolle mehr. Die Hauptakteure waren Chaplin, Mary Pickford und Douglas Fairbanks.

Die Offerte Adolph Zukors, eines der beiden Chefs der Paramount, die United Artists zu leiten, lehnten sie aus begreiflichen Gründen ab. Sie einigten sich dann – weil sie ja jemanden an der Spitze haben mußten, der in der Lage war, die Geschäfte zu übersehen – auf Joe Schenck, der mit Norma Shearer verheiratet war, einem Star der Paramount. Aber als Schenck vorschlug, die United-Artists-Aktien an der Wall Street zu handeln, sah Chaplin rot. Er wollte mit der Wall Street nichts zu tun haben. Er sah in United Artists eine Abwehrwaffe der Künstler gegen die Geschäftsleute, sprich: auch gegen die Wall Street. Und er setzte sich mit dieser Ansicht durch.

Während Mary Pickford, Fairbanks, Griffith und bald darauf auch Norma Shearer uneingeschränkt zur Verfügung standen, war Chaplin noch an die First National gebunden. Nachdem er frei geworden war, wur-

Mit Jackie Coogan in „The Kid"

29

ter allein aus. Eines Abends fuhr er nach Los Angeles in das Varieté Orpheum, wo unter anderem ein Exzentriktänzer namens Jack Coogan – ursprünglich Cohn – auftrat. Er war ganz nett, aber nichts Besonderes. Als das Publikum zum Schluß der Nummer applaudierte, trat er nicht allein an die Rampe, sondern mit seinem hübschen vierjährigen Sohn, der eigentlich gar nicht mitgetanzt hatte, nun aber einige Tanzschritte machte und sich, als das Publikum entzückt Beifall spendete, zusammen mit dem Vater verbeugte. Der kleine Junge mußte immer wieder an die Rampe kommen. Auch Chaplin fand den Kleinen reizend.

Das fiel ihm wieder ein, als er inmitten seines Stammensembles im Atelier saß. Er glaubte spontan, der Kleine würde sich nett in einem Film machen. Wenige Stunden später jedoch mußte er erfahren, daß Jackie Coogan bereits vergeben war. Roscoe Arbuckle von der Keystone Company hatte ihn für seinen nächsten Film verpflichtet.

Chaplin war traurig. Jetzt, da er wußte, daß er den kleinen Kerl nicht bekommen konnte, fielen ihm tausend Situationen für einen Film mit ihm ein. Etwa, daß er selbst, der Tramp, als Glaser auftreten könnte, um seine Dienste anzubieten, nachdem der Kleine gemeinsam mit ihm irgendeine Scheibe eingeworfen hatte. Oder daß ihm die Polizei den Kleinen entreißen könnte, um ihn in ein Armenhaus zu stecken. Und, und, und... Chaplin wurde melancholisch.

Am nächsten Tag erfuhr er, daß Arbuckle gar nicht den Kleinen verpflichtet hatte, sondern seinen Vater. Jackie Coogan war frei. Er ließ dessen Vater ausrichten, er müsse sofort mit ihm sprechen. Es dauerte zwei Stunden, bis er endlich kam. Coogan schien sehr verwirrt, als er erfuhr, daß Chaplin einen Film mit seinem kleinen Sohn machen wollte.

Es bedurfte keiner großen Überredungskünste von seiten Chaplins. Vielleicht glaubte Jack Coogan nicht, daß dies, wie Chaplin behauptete, für den Kleinen „die Chance seines Lebens" sein würde, aber er war bereit, seinen Sohn Chaplin zu überlassen. Coogan und seine Familie hatten sich bis jetzt immer so durchgeschlagen, seine Gagen am Varieté waren nicht sehr hoch, jede zusätzliche Gage also willkommen. Der Vertrag über den Kleinen wurde geschlossen. Da der Vater von Chaplin fasziniert war, kündigte er bald seinen Vertrag mit Arbuckle, um bei den Szenen mit seinem Söhnchen zu helfen.

Das war willkommen, wenn auch vielleicht nicht nötig. Denn dieser kleine Jackie entpuppte sich als ein wahres Genie. Er bewies wieder einmal, daß, wie es in Filmschauspielerkreisen so oft heißt, Kinder und Hunde die besten Schauspieler sind. Was bedeutete, daß die meisten Schauspieler nur sehr ungern mit Hunden oder Kindern zusammenarbeiteten. Bei Chaplin war es anders. Er vernarrte sich oft in einen Hund – aber nicht so wie in diesen kleinen Burschen, der alles, was man ihm sagte, zu verstehen schien und sofort schauspielerisch umsetzte.

Nur einmal klappte es nicht. Er sollte an einer bestimmten Stelle, als die Polizei oder die Leute von der Wohlfahrt – genau wußte das Chaplin bei Drehbeginn

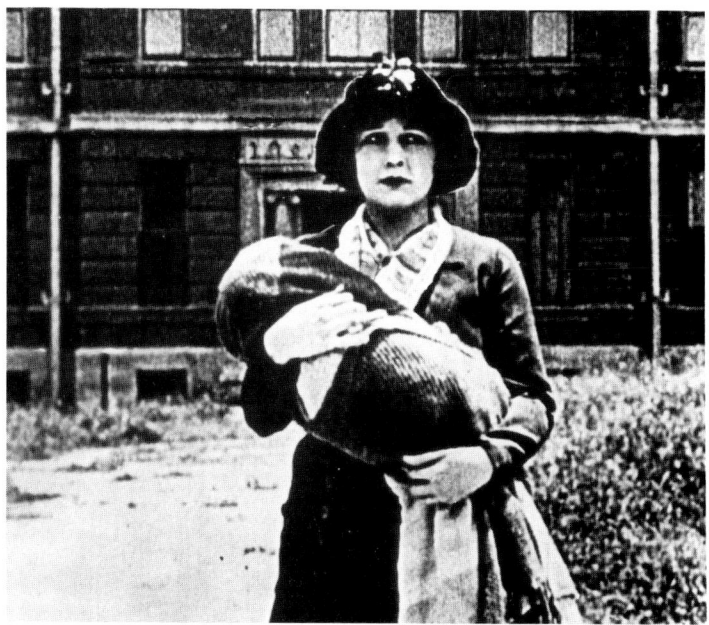

Szene mit Edna Purviance aus „The Kid"

der Szene noch nicht – ihn dem Tramp entrissen, weinen. Und weinen auf Kommando konnte der kleine Jakkie nicht.

Chaplin war ratlos. Da mischte sich der Vater ein. „Überlassen Sie das mir..." Chaplin war sich nicht sicher, ob er das tun sollte. „Sie werden ihm nicht weh tun?" „Aber keineswegs!" antwortete der Vater.

Chaplin verließ die Dekoration für wenige Augenblicke. Als er zurückkam, weinte Jackie. „Wie haben Sie das fertiggebracht?" fragte Chaplin. „Ganz einfach! Indem ich ihm sagte, wenn er jetzt nicht weine, dürfe er nicht weiterfilmen." So einfach war das!

Die Geschichte war auch ganz einfach. Ein schönes junges Mädchen, natürlich Edna Purviance, bekommt ein Kind, unehelich. Sie verläßt das Krankenhaus, unschlüssig, was sie tun soll. Sie legt das Kind in ein elegantes Auto. In den Windeln ein paar Zeilen, man solle sich des Kindes annehmen. Zwei Ganoven stehlen das Auto, aber das Kind setzen sie auf der Straße aus. Chaplin, der Tramp, findet es, hält es für ausgesetzt und versucht es loszuwerden. Er legt es einer anderen Frau in den Wagen, in einen Korb, denkt sogar daran, es in einem Gully verschwinden zu lassen – vergebens: Immer beobachtet ihn ein Polizist. Schließlich nimmt er sich des Babys an. Rührend. – Schnitt. Das Kind ist jetzt fünf. Was Chaplin alles zum Thema Erziehung einfällt, würde ein ganzes Buch füllen. Ein Gag jagt den anderen.

Er brauchte bloß den Kleinen intensiv anzusehen, und schon fiel Chaplin wieder irgend etwas ein. Zum Beispiel ein improvisiertes Kinderklosett: Er schneidet ein kreisrundes Loch in einen Stuhl und setzt einen Topf darunter. Und dergleichen mehr.

Die Szene, in der er als Glaser auftritt und durch den Kleinen immer neue Arbeit findet, wird einer der Hauptgags des Films – auch die Szene, in der die Leute von der Fürsorge den Kleinen entführen wollen, der

*Mit Jackie Coogan und
Tom Wilson in „The Kid"*

hemmungslos weinend die Arme nach Chaplin aus-
streckt; wie Chaplin den Kleinen den Leuten von der
Fürsorge wieder abjagt.

Schließlich und endlich taucht die Mutter wieder auf.
Sie hat, nachdem sie eine berühmte Opernsängerin geworden ist, die Suche nach ihrem Sohn nicht aufgegeben. Sie findet ihn, als der Zettel, den sie in die Windeln des Babys steckte, wieder auftaucht, und nimmt
ihn zu sich.

Chaplin, der nichts davon weiß, sondern nur, daß
der Junge verschwunden ist, ihn überall sucht und
schließlich vor Kummer und Müdigkeit einschläft,
träumt, er sei im Himmel. Es ist die gleiche Dekoration,

in der sich die meisten Szenen des Films abgespielt haben: eine Straße, ein paar Nebenstraßen, nur mit Gir-
landen und Blumen geschmückt. Und die Personen,
die den Himmel bevölkern, sind die gleichen, die sich
vorher auf dieser Straße ergingen, nur tragen sie jetzt
alle weiße Nachthemden und Flügel – sie sind ja Engel! Auch Chaplin ist ein Engel. Und der kleine Jackie.
Sogar der böse Polizist trägt jetzt ein weißes Nacht-
hemd, komplett mit Flügeln, und schaut gar nicht mehr
so grimmig drein.

Und dann verschwindet alles. Wir sehen den Tramp
– von einem grimmigen Cop aufgerüttelt – aufwa-
chen, die Sache mit dem Himmel war nur ein Traum.

Aber bevor er Zeit hat, wieder in Verzweiflung zu versinken, rollt das schicke Auto wieder vor, der Cop stößt den Tramp hinein, und der Wagen bringt ihn zum strahlenden Kind und seiner Mutter.

Gerade als die letzten Takes vollendet waren, kam es zur endgültigen Trennung von Mildred. Das heißt, man hatte sich schon getrennt. Mildred war im Haus zurückgeblieben, Chaplin, wie schon so oft zuvor, in den Athletic Club übersiedelt. Nun aber wurde es ernst. Die Rechtsanwälte von Mildred meldeten sich. Es wurde von großen Summen geredet, die Chaplin, der ja seine Frau „verlassen" hatte, zahlen sollte.

Chaplin hielt die Situation für bedrohlich. Er hatte fast sein gesamtes Kapital in den Film gesteckt. Er zahlte ja alles, bis die First National den fertigen Film übernehmen würde – und er war ja noch nicht einmal fertig! Es war durchaus möglich, jedenfalls nach den Gesetzen Kaliforniens, daß die Anwälte seiner Frau den Rohfilm

Und auch dies hatte es im Film noch nie gegeben: Eine Geschichte mit einem kleinen Jungen in der Hauptrolle und mit einem Inhalt, der nicht immerfort so komisch war wie die meisten seiner Filme, sondern manchmal sogar recht traurig! Chaplin sprach also mit dem Besitzer eines der größten Kinos in Salt Lake City. Dieser erklärte sich bereit, den Film als eine Art „preview", also ohne vorherige Ankündigung, in seinem Filmtheater zu zeigen.

Als der Saal sich verdunkelte und die Worte „Charlie Chaplin in seinem neuesten Film THE KID" über die Leinwand flimmerten, applaudierten die Zuschauer begeistert. Sie dachten, sie würden einen der üblichen Chaplin-Filme zu sehen bekommen. Doch Chaplin hatte Zweifel: Wie würden die Leute reagieren, wenn sie etwas anderes zu sehen bekämen, als sie erwarteten? Doch die Ungewißheit dauerte nur wenige Augenblicke. Bald merkte er: Das Publikum ging mit. Es lachte

*Chaplin und Jackie
beim Frühstück („The Kid")*

beschlagnahmen ließen, um eine höhere Abfindung herauszuschlagen. Es mußte etwas geschehen!

Zusammen mit seinem Chauffeur packte Chaplin das gesamte Filmmaterial in Kisten und fuhr bei Nacht und Nebel los. Niemand wußte davon, auch Mildred und ihre Anwälte nicht. Die Fahrt ging nach Salt Lake City. Dort konnte kein kalifornischer Richter einen Film oder sonst etwas ohne weiteres beschlagnahmen.

Chaplin mietete eine Suite in dem besten Hotel der Stadt, um den Film zu schneiden. Das war nicht ohne Risiko, denn es war natürlich in diesem Hotel wie in jedem anderen verboten, brennbares Material in die Zimmer zu bringen. Die nächsten Tage und Nächte schnitt Chaplin den Film. Wie so oft hatte er zwei- oder dreimal soviel Filmmaterial in Händen, wie er brauchen würde. Schließlich war der Film fertig. Chaplin mußte ihn nur noch den Repräsentanten der First National vorführen.

Nein, zuvor mußte er ihn testen. Einen so langen Film – neunzig Minuten Dauer – hatte er noch nie gemacht.

über die Gags, es wurde ernst, wenn der Film ernst wurde. Der „preview" wurde ein großer Erfolg.

Chaplin fuhr sofort weiter nach New York, wo er im Ritz-Carlton eine Suite mietete. Er konnte sie kaum verlassen, denn er mußte darauf gefaßt sein, daß ihm eine gerichtliche Verfügung zugestellt würde – hier galten in gewissen Grenzen kalifornische Gerichtsbeschlüsse. Und das konnte bedeuten, daß er den Film hergeben mußte oder das Material beschlagnahmt werden konnte. In der Tat belagerten die Gerichtsvollzieher das Ritz, drangen aber nie bis zu ihm vor.

Einmal, als Chaplin unbedingt einen Bekannten, den Schriftsteller Frank Harris, besuchen wollte, entwischte er ihnen. Als Dame mit Hornbrille verkleidet, rauschte er durch die Hotelhalle und setzte sich in ein Taxi. Keiner kam auf die Idee, daß er es war.

Probleme gab es auch mit den First-National-Leuten. Die erklärten Chaplin, es sei doch das beste, der Firma den Film zu übereignen, dann könne Mildred nicht an ihn heran. Aber das wollte Chaplin auf gar keinen Fall.

Der Ansturm der Gerichtsvollzieher glich jetzt schon einer Belagerung, und Chaplin war nicht sicher, ob er nach dem Besuch bei Harris ins Ritz zurückgehen konnte. Aber jedes andere Hotel, bei dem er anfragte, war ausgebucht. Sein Taxichauffeur meinte, er würde doch nirgends unterkommen, und nahm ihn mit nach Hause – in eine Zweizimmerwohnung, wo er neben einem fünfjährigen Jungen schlief. Der Taxifahrer rechnete sich das als Ehre an. Am nächsten Tag fuhr Chaplin dann doch zurück ins Ritz-Carlton: Die Situation hatte sich entschärft.

Mildred, an sich ja keine bösartige Frau, rief ihn an. Sie sagte in etwa: „Charlie, schicke mir doch 50 000 Dollar, und die Sache ist erledigt!" Aber kaum hatte Charlie sich bereit erklärt, die 50 000 Dollar zu schicken, kam ein neuer Anruf: „Mein Anwalt sagt, die 50 000 würden nicht genügen. Würdest du 75 000 Dollar schicken?" Und als Chaplin sich auch dazu bereit erklärte, kam ein dritter Anruf. Diesmal sollte er ihr 100 000 Dollar zahlen.

Chaplin nahm diese Ferngespräche nicht so ernst. Er wiederholte sie Freunden gegenüber und machte daraus eine Art Cabaret-Nummer, in der er Mildred, sie im Falsett imitierend, und sich selbst spielte. Und dann kehrte er den Spieß um. Er fragte Mildred: „Würdest du 100 000 Dollar nehmen?" Und kurz nach ihrem Einverständnis: „Mildred, mein Anwalt will uns nur 75 000 Dollar zugestehen." Und so fort, bis zum Punkte Null.

Er schickte schließlich gar nichts, sondern überließ alles seinen Anwälten. Letztlich waren es dann etwa 100 000 Dollar, die Mildred bekam. Eine Summe, die Chaplin zu dieser Zeit nicht mehr weh tat.

Die Verhandlungen mit der First National, die den Film ja „abnehmen" mußte, gestalteten sich weit schwieriger. Die Herren kamen zu Chaplin ins Hotel. Sie sagten: „Sie fordern anderthalb Millionen Dollar?" „Ja, das tue ich!" antwortete Chaplin. „Wir haben den Film doch noch gar nicht gesehen!" „Sie können ihn ja sehen!"

Also wurde für einen der nächsten Tage eine Vorführung arrangiert. An dem betreffenden Abend saßen 25 Direktoren von Kinos, die der First National gehörten, in dem Vorführraum. Sie sahen ernst und skeptisch aus. Chaplin hatte sofort den Eindruck, daß sie entschlossen waren, THE KID nicht gut zu finden. Der Vorspann, *Ein Film mit einem Lächeln und vielleicht einer Träne*, fand noch Beifall. Aber dann versteinerten sich die Mienen der Zuschauer. Nichts von den Reaktionen, wie Chaplin sie in Salt Lake City erlebt hatte! Lediglich gelegentlich ein kurzes Lachen, wo es dort Lachstürme gegeben hatte.

Als der Film zu Ende war und das Licht anging, wollte sich niemand äußern. Chaplin wurde ärgerlich: „Was sagen Sie zu dem Film, meine Herren?" Alle schwiegen und sahen einander nur an. Schließlich meinte einer, man müsse erst darüber beraten. Chaplin: „Aber wie hat er Ihnen gefallen?" Die Antwort: „Wir wollen ja entscheiden, ob wir den Film kaufen, nicht, ob er uns gefallen hat!" Die anderen lachten. Chaplin: „Keine Angst, meine Herren, der Preis erhöht sich nicht, wenn Ihnen der Film gefallen hat!" Und schließlich: „Ich hat-

te eine andere Reaktion erwartet!" Die Kinodirektoren: „Welche?... Anderthalb Millionen... nein, wir glauben, dafür ist der Film nicht gut genug." Chaplin wurde ungeduldig. „Dies ist mein Preis. Entweder Sie bezahlen die Summe, oder ich muß über den Film anderweitig verfügen." Endlich ließ sich der Präsident der First National, ein gewisser J.D. Williams, zu den Worten herab: „Ich finde den Film großartig! Wir werden schon irgendwie zu einem Resultat kommen." Als die Herren gegangen waren, spürte Chaplin Wut in sich aufkommen. Er fand, er und sein Werk hätten doch wohl etwas mehr Hochachtung verdient.

Übrigens wurde der Film dann sehr schnell von der First National gekauft. Der Vertrag sah vor, daß Chaplin mit fünfzig Prozent am Gewinn beteiligt würde, sobald die Kosten, eben die anderthalb Millionen, eingespielt waren. Der Film sollte fünf Jahre lang in den Händen der Gesellschaft bleiben, um dann, wie die früheren Filme Chaplins auch, an ihn zurückzufallen.

Die nächsten Tage und Wochen gab sich Chaplin den Vergnügungen New Yorks hin, sah sich viele Shows an, lernte bekannte Leute kennen und fühlte sich großartig.

Und Jackie Coogan? Er wurde über Nacht ein Star. Sein Vater gründete eine eigene Gesellschaft, und der kleine Junge drehte einen Film nach dem anderen – alles Riesenerfolge. Mit sechs oder sieben Jahren war er bereits vielfacher Millionär. Das Geld bekam er natürlich nicht, das verwaltete sein Vater. Dieser kam bei einem Autounfall ums Leben, als der kleine Jackie längst aufgehört hatte, klein zu sein und Filme zu machen. Der Teenager interessierte niemanden mehr, er hatte auch nicht mehr den Charme des kleinen Jungen. Erbin der Millionen war Jackies Mutter. Sie heiratete in zweiter Ehe einen Mann, der keine besonderen Beziehungen zu Jackie hatte, wohl aber zu Jackies Geld, an das er durch die Heirat natürlich leicht herankommen konnte. Als Jackie volljährig wurde, verlangte er sein Geld und eine Abrechnung. Der Stiefvater verweigerte ihm beides. Die Existenz eines Trust Funds, vom Vater für den Sohn angelegt, wurde geleugnet. Ein Prozeß folgte, Jackie verlor: Er wollte seine Mutter vor Gericht nicht bloßstellen. Formaljuristisch war der Stiefvater im Recht, wenn auch kaum moralisch.

Jackie stand also ohne einen Penny da. Er war ein hübscher Junge geworden und bekam hie und da ganz gute Rollen in irgendwelchen Filmen. Er heiratete ein Starlet, aber die Ehe war nur von kurzer Dauer. Die Situation des Wunderkindes wurde immer schwieriger. Schließlich, das war schon nach dem Zweiten Weltkrieg, 25 Jahre nach THE KID, saß Jackie Coogan völlig auf dem trockenen. Chaplin erhielt einen Brief von ihm und schickte ihm umgehend tausend Dollar; das war das letzte, was er von seinem „Kid" hören sollte. Er trat in Varietés auf – mit mäßigem Erfolg – und filmte hin und wieder. Aber da er bald seine Haare verlor, ziemlich fett wurde und nicht annähernd mehr so charmant war, wurde das Rollenangebot kleiner und kleiner. Er starb mehr als fünfzig Jahre nach seinem Debüt als „Kid". Die Zeitungen brachten nur kurze Notizen. Er war für die Mitwelt längst tot, bevor er starb.

Vorübergehende Heimkehr

Nach dem Film THE KID – Chaplins bisher größtem Erfolg, der vom Februar 1921 an über viele Monate, wenn nicht Jahre anhielt – und nach ein paar Wochen Erholung und Vergnügungen in New York war Chaplin wieder nach Hollywood zurückgekehrt, um einen kürzeren Film zu drehen. THE KID hatte anderthalb Stunden gedauert, der nächste, THE IDLE CLASS – *Die feinen Leute*, dauerte nur eine halbe Stunde.

Chaplin spielte darin eine Doppelrolle: den Mann einer reichen Frau, natürlich Edna Purviance, und den Tramp, der auf einem Maskenball vorübergehend mit ihrem Ehemann verwechselt wird, aber schließlich, da jede Hilfe durch Dritte fehlt, wieder auf der Landstraße endet.

Während des Filmens hatte Chaplin beschlossen, eine größere Pause einzulegen. Dies war ihm von vielen Seiten nahegelegt worden. Er war, seit er 1913 nach Amerika gekommen war, nicht mehr in Europa gewesen, vor allem nicht in England, seiner Heimat. Und das wollte er nachholen. Vielleicht spielte auch ein angeblicher Brief von Hetty Kelly, seiner Jugendliebe, eine Rolle, die ihn an frühere Zeiten erinnerte und wissen wollte, ob er nicht ab und zu ein wenig Sehnsucht habe. Chaplin äußerte sich später zu diesem Brief mal so, mal so. Vielleicht gab es ihn auch gar nicht.

Chaplin fuhr also nach Europa. Und zwar noch bevor IDLE CLASS herausgekommen war, im Sommer 1921. Fuhr er, um alte Bekannte wiederzusehen? Hatte er – abgesehen von Hetty – überhaupt noch alte Bekannte in London?

Seine Mutter, von Chaplin, seitdem er nach Amerika gekommen war, regelmäßig mit Geld versorgt, lebte nun schon seit einiger Zeit, von einer Pflegerin versorgt, in den Vereinigten Staaten, in einem kleinen Haus an der Küste des Pazifischen Ozeans, unweit von Los Angeles. Es war übrigens gar nicht so leicht gewesen, sie in die Staaten zu bringen, denn sie war ja mehr oder weniger geistig umnachtet. Und in den Vereinigten Staaten gab es ein Gesetz, das geistig Umnachteten ebenso wie Blinden die Einreise unmöglich machte. Erst als Chaplin populär genug war, konnte er es wagen, sie nach Amerika zu holen. Aber es gab auch noch andere Gründe für sein Zögern: Wenn er tief in einem Film steckte, war er einfach nicht in der Lage, sich um seine Mutter zu kümmern. Und ihm war klar: Wenn sie erst einmal im Lande war, würde er sich um sie kümmern müssen.

Schließlich war es dann doch soweit gewesen: Dank seiner Beziehungen konnte er es ihr ermöglichen, in die Vereinigten Staaten einzureisen. Er schickte einen Bekannten nach London, um sie auf der Schiffsreise zu betreuen und die Formalitäten zu regeln.

Die Reise verlief ohne Zwischenfall. Doch als die Einwanderungsbeamten das Schiff kurz vor dem Anlegen im New Yorker Hafen bestiegen, um die Papiere der Passagiere zu kontrollieren, rief einer entzückt aus:

„Da sind Sie ja, Mrs. Chaplin! Welche Ehre und welches Vergnügen, die Mutter unseres berühmten Charlie hier zu empfangen!" Und die alte Dame entgegnete liebenswürdig: „Ja, und Sie sind Jesus Christus!" Die Beamten waren natürlich verwirrt. Mrs. Chaplins Papiere wurden zurückgehalten, sie mußte Platz nehmen und warten. Ihr Begleiter wurde in ein Büro gebeten, es wurde eine Weile diskutiert, dann erteilte man der alten Dame doch eine Aufenthaltsgenehmigung, die freilich von Jahr zu Jahr verlängert werden mußte. Bedingung: Sie dürfte dem Staat finanziell nicht zur Last fallen! Das war natürlich im Falle Chaplin eine reine Formalität.

Mrs. Chaplin bestieg also den Zug nach Hollywood. Sie stieg, wie ein Filmstar, nicht erst in Los Angeles aus, sondern schon in Pasadena – etwa zwanzig oder 25 Minuten von Los Angeles entfernt. Das hatte vor Jahren irgendein Filmstar eingeführt, um den Reportern auf dem Bahnhof von Los Angeles zu entgehen. Inzwischen war es zur lieben Gewohnheit aller Prominenten geworden, und natürlich hatte die Presse es sich längst angewöhnt, gar nicht erst auf dem Bahnhof von Los Angeles zu erscheinen, sondern schon in Pasadena zu warten.

Dort holte Chaplin sie ab. Er war ein bißchen erschüttert, wie dünn, wie fragil sie geworden war. Aber sonst hatte sie sich kaum verändert. Sie hatte ihr liebes Lächeln behalten, ihre gutmütigen Augen strahlten Chaplin an. Freilich nicht den berühmten Star – sie schien gar nicht zu wissen, daß er so berühmt und reich geworden war –, sondern den geliebten Sohn. Sie hatte ihn zwar hin und wieder gesehen, aber nur in großen Zeitabständen, aus bereits erwähnten Gründen. Aber sie gab sich damit zufrieden. Sie war glücklich, wenn er sie besuchen kam, sie ärgerte sich nicht, wenn die Besuche nur kurz waren, sie freute sich über jede Minute, die er bei ihr war, und war – nach all den schweren Jahren – recht zufrieden.

Als Chaplin den Entschluß faßte, nach Europa zu fahren, protestierte die First National. Er habe ja noch vier Filme zu liefern! Das war wohl so, aber es gab in dem Vertrag keine Fristen. Das war das Besondere der letzten Chaplin-Verträge, das war auch bei Mutual schon so gewesen: Chaplin ließ sich immer mehr Zeit – nicht aus Bequemlichkeit, sondern aus künstlerischen Gründen. Er ließ der First National mitteilen, natürlich werde er die vier Filme noch liefern, aber nun wolle er sich erst einmal ausruhen.

Er hatte es nötig. Bei dem letzten Film hatte er einen leichten Unfall mit einer Lötlampe: Trotz Asbesthosen zog er sich Verbrennungen an einem Bein zu, ein oder zwei Tage Drehpause waren erforderlich. In der Presse war zu lesen, Chaplin habe schwerste Verbrennungen im Gesicht, an den Händen und Armen erlitten, andere Blätter sprachen von seinem ganzen Körper. Im Atelier trafen Tausende von Briefen und Telegrammen

mit Genesungswünschen ein. Oftmals bedauerten die Schreiber, daß sie Chaplin nun nie wieder auf der Leinwand sehen würden. Das Studio hielt es für richtig, der Presse ein Dementi zu schicken, aber nur wenige Zeitungen nahmen davon Notiz.

Chaplin erinnerte sich später, daß unter den Briefen auch ein Schreiben des damals sehr berühmten englischen Schriftstellers H.G. Wells gewesen war. Dieser hatte von dem Unfall erfahren und wollte Chaplin mitteilen, wie sehr er seine Arbeit bewundere und daß er es sehr bedauern würde, wenn diese nicht weiterginge. Chaplin telegraphierte ihm, um ihn zu beruhigen.

Er machte dann schnell noch einen Film, PAY DAY – *Zahltag*, in dem er einen Bauarbeiter respektive Installateur spielte, der versucht, sich einer Poliers-Tochter, natürlich Edna Purviance, zu nähern, obwohl er verheiratet ist und sich immer auf der Flucht vor seiner bösen Frau befindet. Einmal will er eine Straßenbahn besteigen und versperrt den Eingang so unglücklich, daß er weder vor noch zurück kann, von den ihm folgenden Fahrgästen gar nicht zu reden. (Der Film kam übrigens erst ein halbes Jahr später heraus.)

Nach PAY DAY wollte er, wie gesagt, eine Pause machen – die dann länger, viel länger dauerte, als ursprünglich geplant. Er dachte nur an ein paar Wochen, es wurden viele Monate daraus, es wurde mehr als ein Jahr.

Chaplin gab Alf Reeves, dem ehemaligen amerikanischen Manager von Karno – er hatte ihn längst als Studio-Manager zu sich geholt –, Anweisung, das Studio zu schließen. Die Angestellten sollten Urlaub nehmen, natürlich bezahlten Urlaub. Er hatte ja keine Ahnung, wann er zurückkehren würde.

Chaplin war erschöpft. Aber nicht zu erschöpft, um sich in New York nicht noch ein bißchen feiern zu lassen. Am Abend vor seiner Abreise nach London gab er eine Riesenparty im Café Elysée für vierzig seiner besten Freunde. Douglas Fairbanks und Mary Pickford waren natürlich dabei, aber auch die Frau des belgischen Dichters Maurice Maeterlinck, mit der er seit einiger Zeit befreundet war.

Damals war es üblich, daß die großen Luxusdampfer – Chaplin hatte auf der englischen „Olympic" gebucht – um Mitternacht den Hafen von New York verließen, mit viel Musik, begleitet von den Rufen vieler Menschen, die den Abreisenden Lebewohl sagen wollten. Es wurden noch kleine improvisierte Feste an Bord gefeiert, und die Reisenden erhielten Geschenke – Obst, Blumen oder Bonbonnieren voller Pralinés, aber auch, wenn es sich um Damen handelte, Schmuckstücke. Chaplin bekam so viele Blumen, daß er seine Kabine kaum betreten konnte. Welch ein Unterschied zu der letzten Schiffsreise mit der Karno-Truppe, die ebenfalls auf der „Olympic" stattgefunden hatte! Aber die Truppe war natürlich zweiter Klasse gefahren. Damals, in Southampton, hatte er beim Betreten des Schiffes unter Führung eines Stewards die erste Klasse durchquert und sich über den Luxus dort gewundert. Jetzt war er also selbst in einer der luxuriösen Kabinen untergebracht, mit Privatbad selbstverständlich. Welch ein Unterschied!

Damals gab es auf den großen Luxusdampfern neben den Speisesälen – in denen man alles bekam, was man sich wünschte, inklusive Kaviar, Austern, Hummer – auch ein Restaurant, das Ritz. Und wer etwas auf sich hielt, nahm das Abendessen nicht im „gewöhnlichen" Speisesaal – immerhin erster Klasse! – ein, sondern im Ritz, wo man natürlich bezahlen mußte, während das Essen im Speisesaal im Preis einbegriffen war.

Natürlich gab es eine Bordzeitung, die täglich davon berichtete, wie Chaplin sich fühlte, an welchen Deck-Spielen er teilnahm, was er im Ritz zu sich genommen hatte und so weiter. Die Reporter an Bord kabelten jede Neuigkeit nach England, wo er das Schiff in wenigen Tagen „wie ein Eroberer" – so schrieben die großen Londoner Zeitungen – verlassen würde. Die „Olympic" war, bevor sie Richtung Southampton fuhr, kurz im französischen Cherbourg vor Anker gegangen. Dort waren Reporter an Bord gekommen, die Chaplin belagerten und ihn mit unzähligen Fragen bombardierten; Fotografen knipsten ihn unaufhörlich.

Alles, was Chaplin in den Vereinigten Staaten und vor allem in New York an Begeisterung der Bevölkerung erlebt hatte, wurde in England noch weit übertroffen. Wegen Nebels konnte das Schiff nicht wie geplant am Abend in den Hafen von Southampton einlaufen, sondern erst am folgenden Morgen. Darüber wurde in London, aber auch in anderen englischen Städten in Extraausgaben berichtet. Chaplin erinnerte sich später an ein solches Extrablatt: „Infolge des immer noch herrschenden Nebels war es der ‚Olympic' unmöglich, nachts in den Hafen von Southampton einzulaufen, während in der Stadt selbst eine sich ständig mehrende Armee von Fans darauf wartete, Chaplin zu begrüßen. Die Polizei war genötigt, besondere Maßnahmen zu treffen und die Menschen von den Docks zurückzudrängen, wo der Bürgermeister seit dem frühen Morgen darauf wartete, den großen kleinen Chaplin zu begrüßen." Eine lokale Zeitung ließ die Leser wissen, von welchen Stellen der Stadt aus sie Chaplin am besten sehen könnten, wenn er erst da wäre.

Alles, was Chaplin in Southampton erlebte, war aber nichts im Vergleich zu dem, was ihn in London erwartete. Es schien, als sei die ganze Stadt, ja das ganze Land auf den Beinen. Unzählige Menschen säumten die Straßen auf dem Weg zu seinem Hotel, dem Ritz – einem Hotel, das er als armer Junge oft von außen bestaunt hatte, insbesondere wegen der durch die hohen Glasfenster sichtbaren pompösen Halle. Hineinzugehen hatte er sich damals nie getraut – und jetzt wohnte er dort.

Auf der Zugreise von Southampton nach London war Charlie verwirrt gewesen. Er sah aus dem Fenster, um Bekanntes wiederzuentdecken. Aber er erkannte nichts wieder. Er erkannte die kleinen Orte, durch die der Zug fuhr, nicht wieder, er erkannte die ihm doch einst vertrauten Vorstädte Londons nicht wieder. Würde er London, sein geliebtes London, die Stadt seiner Kindheit, wiedererkennen?

Im Waterloo-Bahnhof hatte man den Bahnsteig, auf dem Chaplin ankam, geräumt. In einiger Entfernung stand freilich eine riesige Menschenmenge. Man hatte die Schaulustigen hinter Absperrungen gedrängt; davor standen in dichten Reihen Polizisten, um zu verhindern, daß Chaplin „belästigt" wurde.

Vermutlich wäre Chaplin von den Menschen, hätte man sie nicht zurückgedrängt, erdrückt worden. Aber irgendwie, und das war typisch für Chaplin, empfand er dieses Zurückdrängen der Leute, die ihn sehen und vielleicht auch berühren wollten, ungerecht. Diese Leute hatten Geld dafür bezahlt, um ihn in seinen Filmen zu sehen, und so war er ein reicher Mann geworden. Sie hatten ein gewisses Anrecht auf ihn, fand er.

In einem Auto, eskortiert von berittener Polizei, fuhr man ihn durch London, über die Straßen, die er einst so gut gekannt hatte, über die Westminster Bridge, und er stellte aufatmend fest, daß London im wesentlichen so geblieben war, wie er es verlassen hatte. Vor dem Hotel standen wieder Tausende von Menschen, die ihm zujubelten und ihn ständig hochleben ließen. Gegen den Rat der Polizeibeamten, die ihn bis in seine Suite begleiteten, trat er immer wieder auf den Balkon, um seinen jubelnden Bewunderern zu danken. Das war wohl das mindeste, was er für sie tun konnte.

Erst spät am Nachmittag verließ er das Hotel (via Lastenaufzug und einen Hintereingang), bummelte zunächst unerkannt durch London, nahm dann ein Taxi und fuhr in die ärmliche Gegend, in der er aufgewachsen war. Er ließ das Taxi ein paar Meter vor dem Haus halten, wo er mit seiner Mutter und Sydney so lange gelebt hatte. Es stand immer noch, und es war immer noch alt und wenig ansehnlich. Chaplin wollte auch den Schuppen besuchen, wo er als Holzhacker gearbeitet hatte, aber er war abgerissen. Er fuhr zu dem Haus in der Kennington Road, wo er und Bruder Sydney bei Vater Chaplin und dessen Geliebter Louise gewohnt hatten. Das Haus stand noch, aber die Bewohner, die hineingingen oder herauskamen, kannten ihn nicht, wußten auch wohl gar nicht, daß der berühmte Chaplin einmal hier gewohnt hatte. Chaplin besuchte auch weitere Stätten seiner Kindheit, aber später gestand er ein: „Meine Gefühle waren allmählich ausgebrannt. Ich fuhr nur noch aus Neugier weiter."

Hier in London lernte er auch viele bedeutende Persönlichkeiten kennen, die er sehr schätzte, ohne zu ahnen, daß auch sie ihn schätzten, ja daß sie überhaupt wußten, daß es ihn gab. Es kann nicht oft genug betont werden: In Hollywood war man eben abgeschirmt von der übrigen Welt. Man wußte dort eigentlich immer nur, was in Hollywood selbst vor sich ging.

Es hat wenig Sinn, hier alle aufzuzählen, die er nun kennenlernte und mit denen er immer wieder zusammenkam. Drei sollen jedoch erwähnt werden: Winston Churchill, George Bernard Shaw und H.G. Wells. Sie waren wohl, vielleicht neben der allmächtigen Lady Astor, die wichtigsten Fans Chaplins. Alle drei waren beeindruckt von seiner Leistung und auch seiner Wirkung auf die Massen. Das gleiche mochte für die politisch-gesellschaftliche „Kaiserin" Lady Astor, den Politiker Lloyd George und auch für den Prinzen von Wales gelten.

Namentlich Shaw, der ja auch auf Publikum angewiesen war, wußte Chaplins Verdienste in dieser Beziehung zu würdigen: „Sie haben es immer verstanden, sich Ihr Publikum zu holen. Sie haben es verzehntfacht, verhundertfacht, vertausendfacht. Sie haben aus Ihrem Publikum ein Weltpublikum gemacht!"

Churchill, der im Krieg Marine-Minister gewesen war und später eine noch wesentlich größere Rolle auf der politischen Bühne spielen sollte, hatte sich fast alle Chaplin-Filme angesehen und über ihn und seine Wirkung immer wieder nachgedacht. Einmal schrieb er über ihn: „Die Chaplin-Filme sind amerikanisch. Sie machen hoffen, und sie glauben an eine bessere Welt – fast immer. Ob nun ein Mädchen blind ist, ob ein Kind ausgesetzt wird oder was auch immer: Es wird schon gutgehen!" Ein anderes Mal sagte er, der Tramp sei „ein heimatloser Vagabund", aber eben doch „typisch amerikanisch", weil er nämlich „der einzige Arbeitslose und natürlich auch Besitzlose ist, der nicht resigniert hat. Die englischen, die französischen und auch die anderen Tramps resignieren sehr früh!"

Churchill, der auch schon in jenen Tagen ziemlich beschäftigt war, fand immer Zeit, mit Chaplin zu plaudern. Chaplin erzählte ihm, er wolle Napoleons Leben verfilmen oder zumindest einige Episoden aus dessen Leben, er fürchte aber, daß das Publikum da nicht mitgehen würde. Es halte ihn, Chaplin, eben doch für einen Komiker, nicht für den geeigneten Darsteller einer großen historischen Persönlichkeit. Aber er habe sich mit Napoleon oft beschäftigt und sei überzeugt, er könne ihn porträtieren. Wobei Chaplins Napoleon-Figur unerkannt in Paris sitzen und für den Weltfrieden kämpfen und arbeiten wollte, während ein Double an seiner Stelle die lebenslange Haft auf St. Helena absaß, dann aber leider starb, womit natürlich alle Pläne des wahren Napoleon zunichte werden.

Zu seinem Erstaunen und zu seiner Freude meinte Churchill, er könne sich durchaus vorstellen, daß Chaplin den Napoleon spiele. Für ihn sei er ein Künstler, der nie auf eine bestimmte Linie festzulegen sei. Selbst als Tramp habe er die verschiedensten Seiten der menschlichen Natur sichtbar gemacht. Warum also sollte er nicht einen Diktator spielen können?

Das Wort „Diktator" war gefallen. Damals dachte Chaplin nicht weiter darüber nach. Aber später sollte er sich an dieses Wort erinnern – viel, viel später.

Selbstverständlich wollte er Hetty aufsuchen. Von ihrem Bruder, den er in Amerika kennengelernt hatte – er war dorthin ausgewandert – erfuhr er, daß Hetty gestorben sei. An einer Grippe. Chaplin war erschüttert, oder zumindest glaubte er es zu sein. Sie war für ihn eben ein Stück Vergangenheit – auch wenn er sie nie so geliebt hatte, daß er sie hätte heiraten wollen.

Von London aus fuhr er nach Paris, wo er als Charlot ebenso gefeiert wurde wie in London.

Und dann kam Berlin. Hier war alles anders. Denn niemand kannte ihn dort. „Berlin war deprimierend", schrieb er später, zweifellos aus diesem Grund.

Somit sind wir wieder zum Anfang unserer Geschichte zurückgekehrt – besser vielleicht: vorgedrungen.

Es sollte übrigens noch einige Zeit dauern, bis man ihn in Berlin, bis man ihn in Deutschland kannte.

Goldrausch

Die Sache zwischen Pola Negri und Chaplin nahm niemand in Berlin ernst. Auch wenn sich die Geschichte, daß sie sich mit ihm in der Adlon-Bar getroffen hatte, wie ein Lauffeuer in Berlin verbreitete. Chaplin war zwar so gut wie unbekannt, die Negri aber war der bedeutendste „deutsche" Filmstar des Augenblicks, von wilder Schönheit, und sie machte keinen Hehl daraus, daß sie ein wildbewegtes Privatleben führte. Vielleicht war das gar nicht der Fall, aber zumindest tat sie nichts, um die Gerüchte zu unterbinden – im Gegenteil, sie schien sie zu fördern. Sie hielt das wohl für eine gute Propaganda, und in jener Zeit – den zwanziger Jahren – hatte sie damit wohl auch recht.

Eine stürmische Affäre – Chaplin und Pola Negri

Die meisten von uns glaubten nicht, daß sich zwischen ihr und Chaplin tatsächlich etwas anbahnte. Ernst Lubitsch, der sie ja sehr gut kannte, meinte trocken: „Das hat sie doch gar nicht nötig!" In der Tat, Paramount hatte um diese Zeit bereits Verhandlungen mit der Negri aufgenommen, um sie nach Hollywood zu holen. Wenig später hatte sie einen hochdotierten Vertrag in Händen.

Aber wir alle irrten uns. Die Sache zwischen den beiden war ernsthaft, sowohl von ihrer als auch von seiner Seite. Pola Negri und Chaplin waren in Berlin fast ununterbrochen zusammen. Er war zwar nur kurz in Berlin, aber da ihn dort eben niemand kannte und – was noch erstaunlicher ist – die wichtigsten Männer des deutschen Films, die ja schließlich von ihm gehört haben mußten, nicht einen Finger rührten, um ihn kennenzulernen, geschweige denn ihn zu feiern, hatte er genügend Zeit für sie – und sie offenbar für ihn.

Er reiste ja sehr bald auch wieder ab. Die wenigen von uns, die zumindest eine blasse Ahnung davon hatten, was Charlie Chaplin der Welt bereits bedeutete, dachten, seine Filme würden doch wohl demnächst in Deutschland anlaufen. Aber nichts dergleichen geschah. Ernst Lubitsch, der ja für die UFA arbeitete, erkundigte sich ein wenig irritiert, warum man Chaplins Filme nicht zeige. Die Antwort: „Amerikanische Filme sind für uns zu teuer!"

In der Tat: Um diese Zeit war die Inflation bereits im Gang, auch wenn sie noch keine erschreckenden Ausmaße angenommen hatte. Und da das breite Publikum überhaupt nichts von Chaplin wußte, es also, um es kaufmännisch auszudrücken, keine Nachfrage nach ihm gab, wurde er der Öffentlichkeit lange Zeit unterschlagen.

Den Durchbruch der amerikanischen Filme und damit auch Chaplins in Deutschland bewirkte ein Außenseiter. Ich erwähnte ihn schon: mein Schulfreund Hanns Brodnitz. Wie das Leben doch spielt! Dieser Brodnitz hatte, da er ziemlich knapp bei Kasse war – er besaß, nachdem er das Abitur gemacht hatte, eigentlich nichts außer einer sehr geräumigen Wohnung im Westen Berlins, die ihm seine Eltern hinterlassen hatten –, eine Stelle als Hauslehrer bei dem Sohn von Rudolf Bernauer angenommen. Bernauer besaß und leitete zusammen mit dem Schauspieler Meinhardt drei Theater in Berlin. Er kaufte jetzt, in der Inflation ziemlich billig ein viertes dazu, das Operettenhaus Theater am Nollendorfplatz. Das Theater befand sich im Parterre, darüber war ein riesiges Kino, der „Mozart-Saal". Mit ihm wußten die Theaterdirektoren nichts anzufangen. Bernauer hatte aber durch seinen Sohn erfahren, daß Hanns Brodnitz ein leidenschaftlicher Filmfan war. Er übergab dem jungen Mann, der vielleicht 21 oder 22 Jahre alt war und nicht die geringste Erfahrung in der Filmbranche hatte, den Mozart-Saal. Er könne damit machen, was er für richtig hielte. Der Kaufpreis des Hauses am Nollendorfplatz war so niedrig gewesen, daß man das Kino schlimmstenfalls auch hätte zusperren können.

Aber Hanns Brodnitz hatte tausend Ideen. Vor allem wollte er amerikanische Filme bringen, die, das muß noch einmal unterstrichen werden, in Deutschland noch völlig unbekannt waren. Er brachte als ersten MY BOY, einen Film mit Jackie Coogan.

Auch Berlin eroberte der Kleine im Sturm. Ich weiß nicht, wie lange dieser Film im Mozart-Saal lief, aber er war ein riesiger Erfolg. Und irgendwie sprach es sich in der Filmbranche herum, daß Jackie Coogan alles, was er war und noch werden würde, Charlie Chaplin verdankte und dessen Film THE KID. Und den brachte nun Brodnitz. Und dann viele, viele frühere Chaplin-Filme. Auf diese Weise kam Chaplin schließlich doch noch nach Berlin.

Ich erlebte das nicht so genau mit, denn ich war Ende

1923, auf dem Höhepunkt der Inflation, nach Amerika gereist. Es sollten Studienjahre sein, wie mein Vater es ausdrückte. In Wahrheit hatte man mich nach Amerika geschickt, weil man befürchtete, ich würde mich zu sehr und zu früh an ein gewisses junges Mädchen binden und es womöglich heiraten. Aber das ist eine andere Geschichte.

Ich traf Chaplin Anfang Februar 1924 in der näheren Umgebung von Hollywood. Ich weiß das Datum noch genau: Es war der 3. Februar – der Tag, an dem der amerikanische Präsident Woodrow Wilson starb.

Ich habe heute keine Ahnung mehr, warum ich damals nach Los Angeles fuhr. Aber ich hatte ein Empfehlungsschreiben eines gewissen Otto Heinemann in der Tasche, der im Plattengeschäft eine große Rolle spielte. Er war als Sozius eines Vetters meiner Mutter Mitinhaber der Berliner Plattenfirma Lindström gewesen, hatte sich gerade auf einer Geschäftsreise in Amerika aufgehalten, als der Weltkrieg ausbrach, und es dann vorgezogen, drüben zu bleiben. Der Brief war an eine gewisse Anita Loos adressiert, eine interessante junge Frau, wie mir Heinemann versicherte. Da dieser Brief das einzige Empfehlungsschreiben war, das ich besaß, suchte ich die Dame gleich am ersten Tag meines Aufenthaltes in Los Angeles auf, wo sie wohnte. (Ja, damals wohnte man noch in Hollywood! Ein paar Jahre später bestand diese Vorstadt, die durch den Film ihren Namen bekommen hatte, eigentlich nur noch aus Geschäften, Hotels und Restaurants. „Man" wohnte in Beverly Hills, Santa Monica oder einem anderen gepflegten Vorort.)

Ich fuhr also zu Anita Loos, einer winzigkleinen Dame mit pechschwarzem Bubikopf, ungemein anziehend, ungemein interessant, ungemein lebhaft. Sie war auch – was ich erst im Laufe der nächsten Tage erfuhr – die vielleicht wichtigste Drehbuchautorin Hollywoods. Sie hatte, ich glaube, mit zwölf oder dreizehn Jahren, aus irgendeinem Provinznest dem Regisseur D.W. Griffith, der damals noch in New York arbeitete, ein Drehbuch geschickt. Er hatte dann weitere Drehbücher verlangt und sie, als er nach Hollywood ging, dorthin eingeladen und ihr einen festen Vertrag gegeben. Inzwischen arbeitete sie auch für andere Gesellschaften und war sehr beschäftigt.

Im Augenblick saß sie nicht an einem Filmscript, sondern an einem Buch, ihrem ersten. Es sollte heißen GENTLEMEN PREFER BLONDES, auf deutsch: *Blondinen bevorzugt*, und wurde ein Welterfolg sondergleichen. Es

war das Tagebuch eines jungen Mädchens, das ein – für damalige Verhältnisse – skandalöses Leben führte. Sie suchte reiche Männer und fand sie, weil sie sehr hübsch war und sehr willig, und holte aus ihnen heraus, was herauszuholen war – auch in Geld und Juwelen, versteht sich. Von ihr, genauer: von Anita Loos, stammen so berühmte Sätze wie „Love dies but diamonds last forever" („Liebe stirbt, aber Diamanten bleiben") oder „Diamonds are a girl's best friend". Sätze, die bald in allen mondänen Kreisen der Weltstädte die Runde machten.

Die Loos, mit der ich übrigens bis zu ihrem Tod Anfang der achtziger Jahre eng befreundet blieb, machte sich einen Spaß daraus, diesen jungen und unerfahrenen Deutschen ein bißchen herumzureichen. Eines Tages nahm sie mich in das Haus von Marion Davies mit. Dieses Haus war ein Palast am Strand von Santa Monica, mit rund siebzig Wohnräumen, einem Ballsaal, der Hunderte von Menschen fassen konnte, mit einem Speisezimmer, das mehr als fünfzig Personen Platz bot. Natürlich gab es, obwohl das Meer nur fünfzig Meter entfernt war, auch einen Swimming-pool.

Zur Erklärung: Marion Davies, eine unbeschreiblich schöne junge Frau, hochgewachsen, blond, aber auch sehr gescheit und sehr lustig, hatte als Tanzgirl in den Ziegfeld-Follies angefangen und war von dem Zeitungskönig William Hearst entdeckt worden. Sie wurde seine Geliebte. Er hätte sie gern geheiratet, konnte es aber nicht, denn er war bereits verheiratet. Seine Frau war sehr, sehr katholisch und hätte nie in eine Scheidung eingewilligt. Aber auch so lebten Hearst und Marion Davies ganz offen zusammen. Jeder andere Mann wäre dadurch gesellschaftlich unmöglich geworden. Doch Hearst mit seinen unzähligen Zeitungen und Zeitschriften war viel zu mächtig, als daß es jemand hätte wagen können, etwas gegen ihn zu unternehmen, und sei es auch nur, ihm ein „unmoralisches Leben" vorzuwerfen.

Als wir eintrafen, war Hearst nicht da; er war ja immer mal wieder in New York oder auf einem seiner anderen Besitztümer von fabelhaften Dimensionen. Statt dessen war Charlie Chaplin da.

Es war schon nach den ersten Minuten zu erkennen, daß Chaplin und Marion Davies gute Freunde waren. Ich glaube nicht – ich hatte später immer mal wieder Gelegenheit, die beiden zu sehen –, daß da mehr war. Aber ich glaube, die Davies hätte es nicht ungern gesehen, wenn mehr gewesen wäre. Wie dem auch sei: Bei dieser Gelegenheit oder vielleicht auch bei einer späteren erfuhr ich, wie die Sache mit Pola Negri und Chaplin weitergegangen war.

Das erfuhr ich nicht von ihm selbst. Aber ich erfuhr vieles vom ihm. Mancher Leser mag sich schon gefragt haben, woher ich meine umfassenden Kenntnisse über Chaplin und sein Leben habe. Die Antwort: Er versuchte nicht wie die meisten Filmstars, etwa Greta Garbo oder Marlene Dietrich oder Gloria Swanson oder Clark Gable, aus seinem Leben ein Geheimnis zu machen. Er stand prinzipiell auf dem Standpunkt, die Öffentlichkeit habe ein Recht auf ihn. Und er hatte auch das völlig richtige Gefühl, daß Journalisten, die ein Interview von

ihm haben wollten, nichts anderes ausübten als ihren Beruf. Er gab Interviews, wann und wo immer es ihm einigermaßen machbar erschien.

Doch zurück zu Pola Negri. Sie war also knapp ein Jahr nach dem Treffen mit Chaplin in Berlin nach Hollywood gekommen, um für die Paramount Filme zu machen. Der eigentliche Grund ihres Engagements, der den meisten unbekannt war und wohl auch lange Zeit ihr selbst, war, daß Gloria Swanson, der Star der Paramount, immer höhere und unverschämtere Gagenforderungen stellte und man eine Schauspielerin in petto haben wollte, die sie gegebenenfalls ersetzen konnte. Um es gleich zu sagen: Das gelang nicht. Pola Negri wurde nie ein Ersatz für die Swanson. Sie erreichte nie deren Popularität, trotz ihrer Berliner Erfolge. Sie sorgte allerdings für Aufsehen.

Sie traf sich ständig mit Chaplin. Ganz Hollywood war bald davon überzeugt, daß die beiden ein Verhältnis hatten. Es wurde offen darüber gesprochen, es wurde auch immer wieder darüber geschrieben. Im Jahre 1922 wurde sogar behauptet, daß sie verlobt seien. Diese Verlobungszeit verlief reichlich stürmisch. Immer wieder war zu hören, die Negri habe erklärt, nun sei Schluß, um 48 Stunden später zu verkünden, sie sei selbstverständlich nach wie vor mit Chaplin verlobt, und sie würden demnächst heiraten. Chaplin selbst gab nie einen Kommentar dazu ab, auch nicht, als ungefähr zehn oder elf Monate nach der „Verlobung" definitiv Schluß war. Vergebens hatte vorher eine hohe Persönlichkeit der Paramount Chaplin gebeten zu erklären, die Hochzeit würde demnächst stattfinden. Chaplins Antwort: „Warum sollte ich? Ich besitze keine Paramount-Aktien!" Eine Hochzeit also gab es nicht.

Was ist über Chaplins Privatleben in der Zeit nach der Affäre Negri zu berichten? Herzlich wenig. Er erschien selten auf Parties, er rauchte nicht, er trank nicht. Er war gut angezogen, aber nicht übermäßig elegant. Er haßte es, Anzüge anzuprobieren. Er ging lieber in ein erstklassiges Herrenbekleidungsgeschäft und kaufte zehn Anzüge von der Stange.

Er hatte nach seiner Rückkehr aus Europa einen Film gemacht, der eine Stunde dauerte: THE PILGRIM – *Der Pilger*. Eine wahnsinnig komische Komödie, in der er, ein entflohener Sträfling, sich als Pfarrer verkleidet, natürlich nicht weiß, was ein Pfarrer in der Kirche zu predigen hat, und den Gläubigen die Geschichte von David und Goliath als Pantomime vorführt. Seine „Karriere" endet damit, daß ihm ein Sheriff, der es gut mit ihm meint, erlaubt, nach Mexiko zu fliehen. Er erreicht die grüne Grenze und will sie passieren. Da hört er Schüsse, sieht sich erschrocken um und sieht Mexikaner aufeinander schießen. Er macht wieder einige Schritte und ist in den Vereinigten Staaten; aber von dort naht ein Polizist – also wieder hinüber nach Mexiko. Und das letzte, was wir von ihm sehen, ist, wie er diese Grenze entlanghumpelt – mit dem einen Fuß in den Vereinigten Staaten, mit dem anderen in Mexiko. Wird er in Sicherheit gelangen?

Bei dieser Gelegenheit bietet es sich an, über die letzten Einstellungen, also das Ende fast aller Chaplin-Filme ein Wort zu verlieren.

Im Gegensatz zu den europäischen Filmen der ersten Jahre, die, wenn sie keine Lustspiele waren, fast alle tragisch ausgingen (so wie die großen Schauspiele und die klassischen Tragödien), gab es im amerikanischen Film eigentlich nur das Happy-End. Das entsprach der amerikanischen Mentalität. Die Amerikaner schauen ja, wie schon Churchill feststellte, immer mit Hoffnung in die Zukunft. Warum sollten sie traurig oder gar verzweifelt aus einem Kino kommen? Also Happy-End! Und meistens war das die Großaufnahme von zwei Liebenden, die sich küssen.

Auch die ersten Chaplin-Filme hatten – natürlich – ein Happy-End. Anders wäre es gar nicht denkbar gewesen. Aber Chaplin kam mehr und mehr davon ab. THE KID war vielleicht der letzte Film mit einem Happy-End. Im PILGRIM suchte Chaplin ein Ende auf die Leinwand zu bringen, das seiner Mentalität und natürlich der seiner Filme entsprach: ein Ende, das alles im ungewissen ließ, ein Ende mit dem unausgesprochenen Motto: Es wird schon weitergehen, hoffen wir, daß es gut weitergeht! Viele seiner nächsten Filme endeten so: Chaplin einsam und ein wenig unglücklich, aber doch nicht hoffnungslos. Wir sehen dann fast immer nur seinen Rücken – auf einer Landstraße, bis er unseren Blicken entschwindet.

THE PILGRIM war übrigens der letzte Film, den Chaplin mit Edna Purviance machte. Das wußten beide freilich zu diesem Zeitpunkt noch nicht. Sie waren auch nach dem Ende ihres Verhältnisses gute Freunde geblieben. Edna, die erst aus den Zeitungen erfuhr, daß er geheiratet hatte, gratulierte ihm flüchtig, als sie ihn am nächsten Tag auf dem Wege zu ihrer Garderobe auf dem Korridor antraf. Sie verlor nie ein Wort über diese Ehe, obwohl sie natürlich wie alle wußte, daß sie nicht glücklich war. Sie reagierte auch nicht auf die Affäre Negri. Sie hatte sich von ihm gelöst: Warum sollte er nicht mit anderen Frauen leben und sie auch heiraten?

Wie gesagt, THE PILGRIM war ihr letzter gemeinsamer Film. Der nächste, so beschloß Chaplin, sollte ganz ihr gehören. Sie sollte als Star auf eigenen Beinen stehen und nicht mehr darauf angewiesen sein, in seinem Schatten zu wirken. Er hatte unzählige Ideen für sie. Unter anderem sollte sie die Frau Napoleons, Joséphine, spielen. Allerdings war fraglich, ob Edna der Rolle gewachsen gewesen wäre. Das gleiche galt für „Die Frauen von Troja", ein Projekt, das für Edna – übrigens auch für Chaplin selbst – viel zu pathetisch geworden wäre.

In jenen Tagen lernte Chaplin Peggy Hopkins Joyce kennen: eine bildschöne, elegante Dame, mit Juwelen beladen und sehr reich. Die drei Millionen Dollar, von denen man sprach, hatte sie „erworben" durch fünf reiche Männer, die sie geheiratet hatte. Angefangen hatte sie als Ziegfeld-Girl.

Diese Peggy erzählte Chaplin bei einem Dinner zu zweit, sie wolle nur glücklich verheiratet sein und endlich Kinder haben, eigentlich gefiele ihr dieses „elegante" Leben gar nicht: „Im Grunde bin ich eine einfache Frau!"

Diese Unterhaltung gab Chaplin die Idee zu einer Story für Edna. Jawohl, zu einer Story: Denn dieser Film

„Gold Rush"

war einer der ersten, wenn nicht der erste, der ein vollständiges Drehbuch hatte, das Chaplin natürlich selbst schrieb. Der endgültige Titel: A WOMAN OF PARIS – *Eine Frau aus Paris*. Diese sollte Edna spielen. Er selbst wollte überhaupt nicht mitspielen, lediglich Regie führen. Nur ein, zwei Sekunden erschien er dann in dem Film, als Gepäckträger, mit Koffern beladen, der über einen Bahnsteig stolpert.

Dieser Film sollte also weitgehend in dem Milieu spielen, in dem Peggy sich bewegte. Freilich brauchte man einen Partner für Edna, einen gutaussehenden, eleganten Lebemann, einen leichtlebigen Zyniker. Die Wahl fiel auf den völlig unbekannten Adolphe Menjou. Der verlangte allerdings fünfhundert Dollar Gage pro Woche. Chaplin hatte einem Schauspieler bislang nie mehr als 275 Dollar gezahlt. Es kam zu hartnäckigen Verhandlungen. (Später wußte Menjou nicht, woher er die Kühnheit genommen hatte, auf diesem Honorar zu bestehen.) Chaplin gab schließlich nach. Er sollte es nicht bereuen.

Die Story, die Chaplin also selbst schrieb: Zwei junge Leute, die irgendwo in Frankreich auf dem Lande leben, lieben sich. Als der jähzornige Vater des jungen Mannes, der Maler werden will, dem Mädchen das Haus verbietet, beschließen die beiden zu fliehen. Sie wollen sich am Abend am Bahnhof treffen, um nach Paris zu fahren. Sie erscheint, er nicht, denn gerade als er im Gehen begriffen ist, erleidet sein Vater einen Schlaganfall. Der junge Mann kann seine Mutter in diesem Augenblick nicht allein lassen. Das Mädchen weiß davon nichts, es glaubt, daß er es sich im letzten Moment anders überlegt hat, und besteigt allein den Zug nach Paris.

Fünf Jahre später: Das Mädchen (natürlich Edna Purviance) ist eine berühmte Pariser Schönheit geworden, eine sogenannte Kurtisane, ausgehalten von einem reichen, eleganten Lebemann (Menjou). Man sieht sie mit ihm dinieren, auch im Bois spazierenfahren – was eben Leute, die Geld haben und keine beruflichen Pflichten, alles so treiben.

Einmal allerdings gesteht sie ihrem Freund, sie sei im Grunde eine einfache Frau, wolle eine Familie und Kinder haben. Lächelnd führt er sie zum Fenster und lüftet den Vorhang, damit sie auf die Straße sehen kann. Unten gehen ein Mann und eine Frau vorbei, beide eher schlicht gekleidet, beide wirken irgendwie verdrossen. Man spürt nichts von ihrer Freude, eine Familie zu sein, obwohl sie einen Kinderwagen schiebt und zwei oder drei Kinder dem Paar unlustig folgen. Das Mädchen läßt den Vorhang zurückgleiten.

Inzwischen ist der junge Maler mit seiner Mutter nach Paris gekommen, um seine große Liebe wiederzufinden, was ihm gelingt, wenn auch in einer ziemlich eindeutigen Situation. Aber sie ist bereit, das luxuriöse Leben aufzugeben und zu ihrem Jugendfreund zurückzukehren. Doch zufällig hört sie, wie dieser junge, von ihr so geliebte Maler seiner Mutter, die immer gegen das Mädchen war und es jetzt mehr denn je ist – sie führt ein so lockeres Leben! –, verspricht, sie nicht zu heiraten.

Das Mädchen zieht daraus die Konsequenzen und kehrt zu ihrem Lebemann zurück. Der junge Maler findet sie mit ihrem Freund in einem Lokal, und da sie kühl bleibt, weil sie glaubt, er habe es nie ernst mit ihr gemeint, erschießt er sich im Vorraum des Restaurants neben einem Springbrunnen. Die Mutter, außer sich vor Schmerz und Zorn, will das Mädchen umbringen. Aber als sie es trauernd bei der Leiche findet, kommt es zu einer Aussprache: Die beiden Frauen beschließen, zusammenzubleiben und aufs Land zu ziehen.

Die letzte Szene: Ein Leiterwagen voller Kartoffeln und Gemüse fährt langsam eine Landstraße hinunter; die beiden Frauen sitzen hinten auf dem Wagen. Ihnen kommt ein sehr teures Auto entgegen; im Fond sitzen der Lebemann und sein Sekretär. Und aus dem Zwischentitel erfahren wir, daß der Lebemann sagt: „Ich habe sie überall gesucht, aber ich habe sie nie wieder gefunden. Ich weiß nicht, was aus ihr geworden ist." Die beiden Wagen treffen sich. Keiner der Insassen weiß, wer sich im anderen Wagen befindet. Sie fahren aneinander vorbei. Ende des Films.

Dieser Film, den Chaplin in vier Monaten drehte – eine für ihn jetzt erstaunlich kurze Zeitspanne –, ist viel komplizierter, als die knappe Wiedergabe der Handlung glauben läßt. Und er steckt voller psychologischer Feinheiten.

Aber das Entscheidende an seiner Regie: Sie verläßt sich auf Andeutungen. Etwa: Edna ist die ausgehaltene Geliebte Menjous. Wie zeigt man das? Andere Regisseure in jener Zeit hätten das gezeigt, indem die beiden einander in die Arme fallen und miteinander schlafen. Chaplin verdeutlicht das so: Menjou kommt in die Wohnung Ednas. Er stellt fest, daß er vergessen hat, ein Taschentuch mitzunehmen. Er geht an einen Schrank, öffnet ihn und zieht eines seiner Taschentücher heraus. Der Zuschauer weiß also, daß die beiden zusammenleben.

Oder: Der junge Mann sucht Edna auf. Sie ist nicht zu Hause. Wohl aber ihr Dienstmädchen. Sie öffnet einen Schrank, und ein Herrenkragen fällt heraus. Der junge Mann weiß Bescheid.

Oder: Der junge Mann erschießt sich. Wir sehen ihn aus dem Restaurant herausstürmen in den Vorraum mit dem Springbrunnen. Dann fährt die Kamera auf die Fontäne zu. Wir hören den Schuß natürlich nicht, aber wir sehen eine leblose Hand in das Wasser tauchen.

Oder: Edna läßt sich massieren. Eine Freundin sieht zu und berichtet ihr den neuesten Klatsch, unter anderem, daß Menjou sich demnächst reich verheiraten wird – was übrigens nicht stimmt. Der Film ist ja noch stumm, wir erfahren das Notwendige aus Zwischentiteln, aber das Entscheidende ist: Wir sehen gelegentlich die Freundin, aber nie die massierte Edna. Wir sehen nur die starr und unbeteiligt wirkende Miene der Masseuse, aus deren Bewegungen deutlich wird, daß sie massiert. Was auch immer die Freundin mitzuteilen hat, das Gesicht der Masseuse bleibt völlig starr. Der Kommentar, unausgesprochen: So wichtig ist das alles nicht!

Die aufsehenerregendste Andeutung, fast zu Beginn des Films, hat Schule gemacht: Das Mädchen steht auf dem Bahnhof und wartet auf den Geliebten – vergeblich. Und dann kommt der Zug, den sie besteigt. Chaplin hat später einmal erzählt: „Ich fand es nicht sehr interessant, einen Zug bei der Einfahrt zu filmen. Außerdem hätte das entsetzlich viel Geld gekostet, denn wir hätten einen Zug einen Tag lang mieten müssen, weil wir ja einen einfahrenden Zug nicht nur einmal filmen konnten. Wir hätten ihn vielleicht ein dutzendmal aufnehmen müssen, um Edna immer wieder auf diesen Zug zueilen lassen zu können."

Es waren also durchaus nicht nur künstlerische Motive, die ihn dazu veranlaßten, nach einer anderen Lösung zu suchen. Und die fand er mit Hilfe eines seiner Mitarbeiter: Eine große Pappscheibe wurde mit zahlreichen viereckigen Löchern versehen. Diese Pappscheibe wurde in einiger Entfernung von Edna aufgestellt, dahinter stellte man starke Scheinwerfer auf. Dann wanderte die Pappscheibe langsam – im Tempo des einfahrenden Zuges – an Edna und dem Licht vorbei. Durch die Löcher fiel das Licht so auf ihr Gesicht, daß man annehmen mußte, es seien die Lichter des einfahrenden Zuges, auf den Edna zugeht – wobei immer nur ihr Gesicht in Großaufnahme zu sehen ist, so daß man nicht bemerkt, daß es überhaupt keinen Zug gibt.

Diese Finesse wurde allgemein bestaunt und begeistert aufgenommen. Überhaupt, A WOMAN OF PARIS bekam grandiose Kritiken. Aber der Film war kein nennenswerter Publikumserfolg. Die Leute, die einen Chaplin-Film sehen wollten, wollten vor allem eben Chaplin sehen. Die Reaktionen waren anders, als Chaplin erwartet hatte. Menjou, der bis dahin ein Niemand gewesen war, wurde ein Star – auch durch den wenige Wochen später gedrehten Ernst-Lubitsch-Film THE MARRIAGE CIRCLE.

Edna Purviance hingegen wurde kein Star, im Gegenteil: Das Image, das sie hatte, war mit diesem Film zerstört. Hinzu kam ein Skandal, der wenige Wochen nach der Premiere des Films stattfand, am Neujahrstag 1924, an dem sie bei einem bekannten Film-Magnaten eingeladen war. Der Gastgeber geriet in Streit mit Mabel Normands Chauffeur, der Edna nach Hause bringen wollte. Ein Revolver wurde gezogen, der Film-Magnat leicht verwundet, ein Nachspiel vor Gericht folgte; was zu nichts führte, da sich niemand mehr an die genauen Vorfälle erinnern konnte – angeblich. Aber damit war Edna Purviance erledigt. Ihr Film wurde in vielen Städten verboten.

Abschließend bemerkt: Der Film hatte einen entscheidenden Einfluß auf die Filmästhetik. Nach A WOMAN OF PARIS wurden Gesellschaftsfilme anders gemacht als vorher: subtiler, voller Andeutungen. Kaum denkbar, daß Ernst Lubitsch seine bezaubernden Gesellschaftslustspiele, daß die Franzosen ihre Filme, die nicht nur in der Gesellschaft, sondern auch im Untergrund spielten, diese Filme voller Atmosphäre mit Gabin und Barrault, ohne sein Vorbild hätten machen können.

Edna war also sozusagen erledigt. Doch nicht für Chaplin. Als er viele Jahre später eine neue Partnerin suchte und einige Zeitungen schrieben, die skandalumwitterte Edna Purviance dürfe nicht mehr mit ihm spielen, ließ er dies sofort dementieren: Sie befinde sich nach wie vor bei ihm unter Kontrakt, im nächsten Film läge ihr lediglich die weibliche Hauptrolle nicht.

Der nächste Film: Er wurde erst zwei Jahre nach A WOMAN OF PARIS gezeigt und war ganz, ganz anders. Er war überhaupt ganz anders als irgendein Film, den Chaplin je gedreht hatte.

Die Idee dazu hatte er schon lange. Zumindest seit er THE PILGRIM gedreht hatte. Damals sah er, bei einem Besuch bei Douglas Fairbanks und dessen Frau, Bilder von Goldsuchern, gegen Ende des vorigen Jahrhunderts, in und um Klondike, Nevada. Er begann Geschichten zu lesen über diese Goldsucher und über ihr meist tragisches Geschick. Viele erfroren, viele kamen, krank von Kälte und Hunger, in elender Verfassung zurück, nur wenige machten ihr Glück. Und langsam reifte in Chaplin die Geschichte eines solchen Goldsuchers, des Tramps natürlich, der unter höchst

komplizierten Umständen schließlich doch sein Glück macht. Und so entstand der Film, der später unter dem Namen THE GOLD RUSH, nicht ganz korrekt übersetzt mit *Goldrausch*, seinen Weg um die Welt machte.

Zunächst mußte Chaplin erst einmal die Voraussetzungen dafür schaffen, diesen recht aufwendigen Film zu drehen. Es waren natürlich Außenaufnahmen in und um Klondike notwendig, und dort gab es kaum Hotels oder auch nur Herbergen, und es war bitterkalt. Eine Zumutung für die insgesamt sechshundert Komparsen, die engagiert wurden, ganz zu schweigen von den Kamerateams und den Schauspielern.

Doch dieses Problem erschien Chaplin relativ geringfügig. Er war schon vor Beginn überzeugt, dies werde sein „größter" Film, und viele glaubten es, ohne einen Meter gesehen zu haben – auch ich, der damals untröstlich war, Amerika verlassen zu müssen. Ich erinnerte mich später noch oft daran, obwohl diese Sehn-

Chaplin in „Gold Rush"

sucht nach etwas noch nicht Existierendem etwas ganz Irrationales war.

Chaplin brauchte vor allem erst einmal eine Partnerin, die im Film eine Sängerin in einer Bar oder in einem Café spielen sollte, wo die Goldsucher gelegentlich ein Glas Wein oder Bier tranken. Das konnte natürlich nicht Edna sein. Es war also keineswegs eine Lüge, als Chaplin die Presse hatte wissen lassen, sie sei dafür nicht der richtige Typ.

Wo aber war der richtige Typ? Chaplin erinnerte sich an ein junges Mädchen, das in THE KID mitgespielt hatte – in der Traumsequenz im Himmel mit den vielen Nachthemden, wir erinnern uns. Sie hatte damals einen Vertrag bekommen, der ein Jahr gelaufen war. In diesen Dingen war Chaplin ja großzügig. Sie war damals, soweit er sich erinnerte, sechs Jahre alt gewesen. Er ließ sie kommen. In der Tat, sie hatte sich zu einem bildschönen jungen Mädchen entwickelt, genau der Typ, den er brauchte. Freilich, sie war nicht sechzehn, wie sie und ihre Mutter behaupteten, sie war erst fünfzehn. Sie hätte also wahrscheinlich gar nicht filmen dürfen oder doch nur – wie einst Jackie – mit Sondergenehmigung.

Und Chaplin hätte sich nicht in sie verlieben dürfen. Aber junge Mädchen waren ja schon immer eine Gefahr für ihn.

Das Mädchen, das sich im Studio vorstellte, hieß Lilita McMurray. Chaplin ließ einige Probeaufnahmen von ihr machen. Mitarbeiter meinten, sie sei für die Rolle nicht der geeignete Typ, ganz abgesehen davon, daß niemand wußte, ob sie spielen könne. Chaplin wußte es besser. Er engagierte sie für 75 Dollar die Woche. Sie sollte als Lita Grey auftreten, unter dem Mädchennamen ihrer Mutter.

Sie drehte nur eine einzige Szene, in der sie laut den Mitarbeitern Chaplins alles andere als überzeugend war. Zu einer zweiten Szene kam es nicht. Denn nach dieser Szene, im September 1924, erschien Lita in Chaplins Garderobe und teilte ihm mit, sie sei schwanger. Mit ihr kamen eine empörte Mutter und ein mit einem Gewehr bewaffneter Großvater. Kurz danach erschien auch noch ein Onkel – ein Rechtsanwalt aus San Francisco –, der, um die Rechte seiner armen, armen Nichte zu vertreten, nach Los Angeles übersiedelte und dort in einem Rechtsanwalt-Büro an diesem „Fall" arbeitete.

Wie die empörte Familie feststellte, hatte Chaplin eine Minderjährige verführt. Er hatte ohne Zweifel mit ihr geschlafen – aber wer wen letztendlich verführt hatte, blieb auch später ungeklärt. Jedenfalls mußte er Lita so schnell wie irgend möglich heiraten, was er auch mit einiger Resignation tat. Sie gefiel ihm zwar rein körperlich, aber ob er mit diesem sehr jungen und unreifen Geschöpf würde leben können, stand auf einem anderen Blatt.

Nach Jahren ließ er durchblicken – wieder einmal in Gesellschaft von Anita Loos und Marion Davies, auch ich war dabei –, er sei gar nicht so entsetzlich unglücklich gewesen, daß er die Hauptrolle in seinem Film umbesetzen mußte. Denn Lita wäre wohl doch nicht die Richtige gewesen, seine Mitarbeiter hätten da klarer gesehen als er selbst. Er fand schnell Ersatz.

In Hollywood gab es einen Wiener Emigranten, der ungefähr alles gewesen war, was man in Studios überhaupt werden konnte. Sein Name war Josef von Sternberg; das „von" war allerdings nicht echt. (Er behauptete später, irgend jemand habe gemeint, ein Josef von Sternberg habe mehr Chancen in Hollywood als ein jüdischer Wiener namens Josef Sternberg.) Er hatte – mit eigenem und geborgtem Geld – den Film THE SALVATION HUNTERS – *Die nach dem Heil jagen* gedreht. Er hatte so gut wie kein Geld dazu gebraucht, denn der Film spielte durchweg im Freien. Es wurde also kein Studio benötigt, lediglich eine Kamera und einige wenige Mitwirkende, die nicht unbedingt professionelle Schauspieler sein mußten. Unter ihnen befand sich ein junges Mädchen, das in Atlantic City an einem Schönheits-Wettbewerb teilgenommen, zwar nicht gewonnen, aber doch ein paar hundert Dollar bekommen hatte, mit denen sie nach Kalifornien reiste, in der Hoffnung, dort Tänzerin zu werden.

Douglas Fairbanks zeigte diesen Film des jungen Sternberg nach einem Abendessen in seinem Haus einigen Freunden, darunter Chaplin. Einer anderen Version nach soll Sternberg mit seinem letzten Geld den japanischen Butler Kono bestochen haben, den Film in das Haus Chaplins zu schmuggeln, und der sah ihn, obwohl er sich einen anderen Film hatte ansehen wollen. Wie auch immer: Chaplin war sofort von dem Film und insbesondere von der Hauptdarstellerin Georgia Hale begeistert. Fairbanks und seine Frau waren ebenso entzückt von dem jungen Mädchen wie er. Fairbanks wollte sie für seinen nächsten Film haben, aber Chaplin redete ihm das wieder aus. Er brauche das Mädchen dringend für GOLD RUSH. Und Georgia Hale wurde engagiert.

„Gold Rush"

GOLD RUSH besteht aus einer Reihe von Geschichten, die nur durch die Figur des Tramps zusammengehalten werden.

Etwa: Auf der Suche nach Gold wandert der Tramp auf einem schmalen Pfad, verfolgt von einem Bären. Er ist guter Dinge, denn er ahnt nicht, in welcher Gefahr er schwebt. Bis sich der Bär, von ihm ungesehen, abwendet.

Oder: Der Tramp vor dem einzigen Café oder Nachtlokal der Siedlung. Drinnen wird Neujahr gefeiert. Georgia Hale als schöne Wirtin in den Armen eines großen, prächtig aussehenden Burschen. Von draußen blickt der Tramp durch ein Fenster in den Saal – eine Person, die niemand eingeladen hat und die auch wohl kein Geld hätte, sich an der Festlichkeit zu beteiligen. Einsam, unvergeßlich einsam.

Oder: Chaplin in einer Hütte mit einem anderen Goldsucher. Sie können nicht heraus, sie sind eingeschneit. Sie wollen auch gar nicht heraus, denn draußen ist es ungeheuer kalt. Aber allmählich bekommen sie Hunger. Der andere, viel größer und stärker als der Tramp, hat Hunger-Halluzinationen und sieht Chaplin plötzlich als überlebensgroßen Hahn. Er will

„Gold Rush"

sich auf ihn stürzen, aber im letzten Moment sieht er wieder den Tramp vor sich und läßt von ihm ab.

Oder: Vom Hunger gepeinigt, entledigt sich der Tramp eines Schuhs und kocht ihn. Dann versuchen die beiden, ihn zu essen. Der starke Genosse gibt es bald auf. Chaplin ißt seine Schnürsenkel wie Spaghetti. Aber ihm ist auch nicht sehr wohl dabei.

Oder: Sturm. An der kleinen Hütte rüttelt es gewaltig. Der Sturm treibt sie vor sich her, sie hängt plötzlich ganz schief – über einem schier bodenlosen Abgrund. Sie spüren, sie sind in höchster Gefahr. Sie versuchen die Tür zu erreichen, rutschen aber immer wieder zurück. Schließlich, in letzter Sekunde, springt erst der große Dicke heraus und dann Chaplin. Im nächsten Augenblick stürzt die Hütte in die Tiefe.

Oder: Irgendwie kommt Chaplin doch einmal in das Café. Die schöne junge Wirtin sieht, daß er ein bißchen verliebt in sie ist. Sie macht sich zwar über ihn lustig, verspricht aber, ihn am nächsten Abend mit Freundinnen zu besuchen. Um Geld zu verdienen, damit er seine Gäste bewirten kann, verdingt er sich als Schneeschipper. Er bietet einem Ladenbesitzer – immer in Klondike – an, den Schnee vor seinem Laden fortzuschaufeln. Dafür bekommt er etwas Geld. Er schaufelt den Schnee vor den nächsten Laden. Dessen Besitzer ist empört und möchte, daß der Schnee wieder verschwindet. Chaplin ist bereit, den Schnee verschwinden zu lassen, will aber dafür bezahlt werden. Er wird bezahlt und schaufelt den Schnee wieder vor den ersten Laden.

Oder: Chaplin hat den Tisch reich gedeckt und erwartet das Mädchen, das das Rendezvous längst vergessen hat. Darüber schläft er ein. Und im Traum sieht er die Mädchen kommen, und um ihnen eine Freude zu machen, läßt er seine Phantasie walten. Er spießt mit zwei Gabeln je ein Brötchen auf und läßt diese Brötchen tanzen – der berühmte „Brötchen-Tanz". Bei der Berliner Premiere hatte der Film solchen Erfolg, daß er wiederholt werden mußte.

Zurück zum Film: Das junge Mädchen entsinnt sich schließlich doch noch der Einladung und erscheint mit einigen anderen Mädchen bei Chaplin. Sie findet ihn schlafend vor. Sie ist gerührt über die vielen Umstände, die er sich gemacht hat, über die Dekoration des Tisches, die Speisen, die dort bereitstehen – sie begreift, daß sie sie liebt. Aber es kommt zu keiner Liebesszene: Sie geht, während er noch schläft.

Schließlich wird er doch noch fündig. Genauer: Einer seiner Freunde, den er bei sich aufgenommen und durchgefüttert hat, hat Gold gefunden. Aber er weiß nicht mehr wo, denn er ist kurz danach in eine Rauferei verwickelt worden und hat durch einen Schlag auf den Kopf vorübergehend das Gedächtnis verloren. Jetzt erinnert er sich wieder, und aus Dankbarkeit beteiligt er Chaplin an seinem Fund. Die beiden werden reich und fahren mit dem nächsten Dampfer, natürlich erster Klasse, zurück in die Heimat, wo immer die sein mag. Ein Reporter erscheint an Bord und bittet den ehemaligen Tramp, sich doch noch einmal in dem Kostüm fotografieren zu lassen, in dem er das Gold gefunden hat. Er läßt sich dazu überreden, zieht die Kleider an, po-

siert für die Kamera und fällt rücklings eine Treppe hinunter. Dort findet ihn das Mädchen aus Klondike, das auch auf dem Weg in die Heimat ist, allerdings ohne einen Penny in der Tasche oder doch nur mit so wenig Geld, daß es gerade für die Fahrkarte gereicht hat. Sie glaubt, der Tramp habe sich als blinder Passagier an Bord geschlichen, denn sie weiß ja nicht, daß er inzwischen reich geworden ist. Und als irgendein Schiffsoffizier auftaucht, versucht sie ihn zu verbergen. Er läßt alles mit sich geschehen, denn er weiß nun, daß auch sie ihn liebt. Es ist natürlich leicht für ihn, das Mißverständnis aufzuklären, und die beiden finden sich.

Ein konventionelles Ende – das letzte, das Chaplin sich leistete. (Er änderte später die Schlußszene.)

Der Film GOLD RUSH hatte 1,5 Millionen Dollar gekostet, unerhört viel Geld damals. Doch er spielte im Verlauf der nächsten zwei Jahre über sechs Millionen Dol-

„Gold Rush"

lar ein – gerade rechtzeitig für die United Artists, die in finanzielle Schwierigkeiten geraten waren.

Denn der große Regisseur Griffith hatte nur einen Film geliefert, und auch den erst nach vielen Jahren. Chaplin hatte bisher nur A WOMAN OF PARIS geliefert, der kein Geschäft geworden war. Die Firma stand vor dem Ruin. Nun schrieb sie wieder schwarze Zahlen.

GOLD RUSH war der größte Erfolg, den Chaplin bisher gehabt hatte. Es war auch der Film, an dem er am längsten und am intensivsten gearbeitet hatte. Die Neubesetzung der weiblichen Hauptrolle – die schwangere Lita Grey dachte gar nicht mehr daran zu filmen – hatte weniger gekostet, als man auf den ersten Blick glauben sollte. Denn die weibliche Hauptrolle kam eigentlich erst im zweiten Teil des Filmes richtig zum Zug. Und als diese Szenen gedreht wurden, war Georgia Hale schon längst unter Vertrag.

Bevor er GOLD RUSH drehte, sagte Chaplin: „Das muß der größte Film werden, den ich je produzierte!" Und es *wurde* der größte Film.

Zirkus – im Leben und im Film

Schon vor GOLD RUSH hatte sich die Einstellung der Presse zu Charlie Chaplin gewandelt – genaugenommen seit A WOMAN OF PARIS.

Millionen von Zuschauern hatten Chaplin von Anfang an ernst genommen, auch wenn sie über ihn lachten – vielleicht gerade deshalb. Die Presse aber hatte anfangs kaum Notiz von ihm genommen, weil sie ja überhaupt sehr wenig über Film brachte. Später hatte sie ihn als einen vorzüglichen Komödianten bezeichnet, der leider manchmal in der Wahl seiner Mittel recht bedenkenlos sei (was übrigens wirklich nur für seine allerersten Filme galt). Jetzt aber begriff sie, daß eine Wandlung eingetreten war: Chaplin wollte keine Farcen mehr darbieten, sondern Realität. Das wandelte ihre Einstellung zu ihm.

Er sagte später einmal, die Zeit bei Mutual sei seine glücklichste gewesen. Dort hatte man ihn in Ruhe arbeiten lassen, niemand hatte ihm in seine Arbeit hineingeredet. Als er mit der First National abgeschlossen hatte, erwartete er noch bessere Arbeitsbedingungen. Seine Zufriedenheit über den Millionenabschluß hatte also nicht nur finanzielle Gründe: Er hoffte auf Hilfe durch einen Konzern, der über so viele Kinos verfügte. Da sollte er sich täuschen: Niemals, nicht einmal bei Keystone, hatte er solche Schwierigkeiten wie bei der mächtigen First National. So forderte sie beharrlich die noch ausstehenden Filme, obwohl er sich nichts sehnlicher wünschte, als sich von der First National zu trennen und für die von ihm mitgegründete United Artists zu arbeiten.

Es ist kein Zufall, daß er nach dem überaus erfolgreichen GOLD RUSH, der im August 1925 herauskam, zweieinhalb Jahre brauchte, bis – im Januar 1928 – sein nächster Film das Licht der Welt erblickte. Sein Name ist bezeichnend: THE CIRCUS. Er spielte nicht nur in einem und um einen Zirkus. Auch Chaplins Leben war in der Zeit, in der der Film produziert wurde, ein „Zirkus". Niemals zuvor und kaum jemals später ging alles so durcheinander, war er so unglücklich und hilflos wie in jenen Tagen. Und er war wohl niemals, abgesehen von seiner frühen Jugend, so ratlos.

Der Grund: die Ehe mit Lita. Sie war ja erzwungen, sie war in jeder Beziehung unmöglich und daher eine Katastrophe. Chaplin hat es selbst am treffendsten in seinen Memoiren gesagt: indem er überhaupt nichts sagte. Er schrieb nur, er wolle sich über seine zweite Ehe nicht auslassen, mit Rücksicht auf seine beiden Söhne Charles und Sydney.

Daß es diese beiden Söhne gab, bedeutete natürlich, daß Chaplin mit seiner blutjungen hübschen Frau schlief. Aber doch wohl nur gelegentlich. Ansonsten konnte er überhaupt nichts mit Lita anfangen. Sie war ja noch ein halbes Kind, nicht besonders intelligent, überhaupt nicht gebildet und überaus verspielt. Sie erwartete nur, unterhalten, verwöhnt zu werden. Sie hatte natürlich nicht die geringste Ahnung, wie man einen Haushalt führt. Das wäre auch weiter nicht schlimm gewesen, denn es gab ja genügend Bedienstete. (Chaplin hatte, seitdem er viel Geld verdiente, immer zahlreiche Dienstboten um sich. Allein der japanische Butler Kono war eine Perle, dank ihm konnte nichts schiefgehen.)

Und es gab ja auch Litas Mutter, die mit ins Haus gezogen war. Sie konnte einen Haushalt führen. Ob es richtig oder völlig falsch war, daß sie mit einzog, war auch im nachhinein schwer zu sagen. Die Meinungen darüber gingen auseinander. Die meisten waren überzeugt, sie habe ihre Tochter ständig gedrängt, mehr und mehr von Chaplin zu fordern, insbesondere Schmuck und Kleider, aber wohl auch, ausgeführt zu werden und Parties zu veranstalten. Andere, insbesondere die Söhne, sagten später, Chaplin habe seine Schwiegermutter durchaus gemocht, weil er mit ihr reden konnte.

Mit Lita dagegen konnte Chaplin überhaupt nicht reden. Sie verstand nichts von seiner Arbeit, sie verstand nichts von seinen Problemen, sie konnte ihm keine Ratschläge geben, wie das eine oder andere Problem zu lösen sei, sie war nicht einmal fähig, irgend etwas, das für ihn wichtig war, zu beurteilen. Sie verstand eigentlich von nichts etwas – außer, sich nett anzuziehen, sich mit Schmuck zu behängen, und vom Bett.

Chaplin wurde der Gedanke immer unerträglicher, an eine Frau gebunden zu sein, mit der er nichts gemeinsam hatte. Die Stunden, die er mit ihr verbrachte, waren tödlich langweilig für ihn. Sein Verdacht wuchs ständig, daß diese negative Atmosphäre ihn daran hindere, sich etwas Gutes einfallen zu lassen. Daher dehnten sich die Vorarbeiten zu THE CIRCUS endlos aus.

Dieser Film bedeutete für Chaplin schwere Arbeit. Er mußte mit gelernten Akrobaten arbeiten, die noch nie gefilmt hatten. Und er mußte selbst auch einiges lernen: Er war ja in dem Zirkus, den der Film zeigt, angestellt und mußte – unter anderem – auf einem Seil herumspazieren.

In der CIRCUS-Geschichte stand neben Chaplin natürlich wieder eine Frau im Mittelpunkt, genauer: ein junges Mädchen. Es handelte sich um eine Kunstreiterin, die von Chaplin, dem Clown auf dem Seil, geliebt wird. Aber sie erwidert seine Liebe nicht. Sie liebt einen anderen, ebenfalls Mitglied der Wandertruppe. Es gibt Streit zwischen den Liebenden. Als Chaplin sieht, wie unglücklich das Mädchen ist, weil der Geliebte sie verlassen will, tut er alles, um die beiden zusammenzubringen. Nur eines bringt er nicht übers Herz: mit dem Zirkus weiterzuziehen und das Glück des geliebten Mädchens täglich mit ansehen zu müssen. Er bleibt zurück, sitzt auf irgendeiner Kiste, die dort steht, wo die Manege sich befand. Und dann steht er langsam auf und geht die Straße hinunter, bis er unseren Blicken entschwindet. Allein. Sehr allein.

Wer sollte nun das junge Mädchen spielen? Georgia Hale, Chaplins Partnerin in GOLD RUSH, rechnete fest damit, daß sie die Rolle bekommen würde. Seine Mit-

Mit Merna Kennedy und
Allen Garcia in „ The Circus"

arbeiter fürchteten, daß er vielleicht eine der jungen
Damen, mit denen er in Europa geflirtet hatte, holen
würde. So sah es auch eine Zeitlang aus, aber Alf
Reeves setzte alles daran, das zu verhindern. Übrigens
hatte Chaplin nie eine solche Absicht. Er engagierte –
zum Erstaunen aller – Merna Kennedy, eine Freundin
seiner Frau. Er kannte sie nur flüchtig, weil sie gelegentlich mit Lita zu GOLD RUSH-Aufnahmen ins Atelier
gekommen war. Als er hörte, daß sie in Los Angeles in
einem Musical mitspielte, fuhr er hin, um sie sich anzusehen – und fand sich bestätigt.

Merna Kennedy war nicht blond, wie die meisten
Frauen, die Chaplin gemocht hatte. Eine weitere Be-
sonderheit: Er war nie in sie verliebt, nicht einmal vorübergehend. Sie hatte rote Haare und grüne Augen.
Obwohl das damals ja im Film nicht zu erkennen war,
glaubte Chaplin fest daran, daß sie das Publikum mit
diesen Attributen für sich gewinnen würde. Und das,
obwohl kein Mensch sie kannte und sie niemals im Film
erschienen war.

Ihr Kontrakt begann am 2. Januar 1926, am 11. Januar
war der erste Drehtag. Entgegen seiner liebgewonne-
nen Gewohnheit drehte Chaplin den Film nicht chro-
nologisch. Er hatte gerade gelernt, sich auf dem Seil
fortzubewegen, und zweifelte, ob er, wenn die betreffenden Szenen erst später gefilmt würden, noch so gut
in Form sein würde. Die ersten Drehtage waren also
seinen Szenen auf dem Seil gewidmet.

Es folgten schwierige Dreharbeiten. Denn die Schauspieler mußten die Fähigkeiten von Zirkusmenschen
zeigen, von Akrobaten, Dompteuren etc. Natürlich
mußte die junge Merna keine Kunststücke am Trapez
ausführen; aber sie mußte doch auf dem Trapez oder
am Trapez zu sehen sein. Die Löwenbändiger, soweit
es keine echten Dompteure waren, mußten natürlich
nicht Löwen gegenübertreten, aber so tun, als ob.
Chaplin war wohl der einzige, der alle seine Zirkus-
tricks selbst vorführte. Auch das war natürlich schwierig und kostete viel Zeit.

Als Chaplin den Film rund einen Monat nach den ersten Aufnahmen schnitt, war er mit seinen eigenen Szenen auf dem Drahtseil nicht zufrieden und nahm sie noch einmal auf. Natürlich war er nun überhaupt nicht mehr im Training. Um so öfter mußte die eine oder andere Szene wiederholt werden. Das gleiche galt für die Szenen, in denen er zusammen mit dem Komiker Crokker auf einem Zweirad über das Drahtseil fuhr. Also immer neue Aufnahmen. Und aus irgendwelchen Gründen waren viele Negative unbrauchbar, weil sie von rißähnlichen Linien durchzogen waren, was erst im Entwicklungslabor festgestellt wurde. Die Arbeit fast eines ganzen Monats war unbrauchbar und mußte weggeworfen werden! Am 16. Februar begann alles von vorn.

Später wurde festgestellt, daß die Szenen mit Chaplin auf dem Drahtseil siebenhundertmal aufgenommen worden waren. Crocker hielt nicht so gut durch. Man mußte in vielen seiner Szenen die Beine eines Doubles fotografieren, was übrigens niemand merkte.

Dieser Film strengte Chaplin mehr an als alle früheren. Gänzlich fertig mit den Nerven war er, als er auch noch hören mußte, daß seine Frau ein zweites Kind erwartete.

Ein Kammerdiener hat später erzählt, daß Chaplin sich in jener Zeit zehnmal am Tag unter die Dusche stellte. Eine Zeitlang war er der Überzeugung, Lita betrüge ihn. Er ließ Wanzen in ihren Räumen anbringen – aber es kam nichts dabei heraus.

Als sie es einmal wagte, ein paar junge Bekannte, eben Jungen und Mädchen in ihrem Alter, einzuladen, und Chaplin unerwartet nach Hause kam, gab es einen Riesenkrach. Er warf alle hinaus, was später bei der Scheidung von beiden Seiten erwähnt wurde.

Man kann sich vorstellen, daß solche und andere Zwischenfälle die Atmosphäre im Studio auch nicht freundlicher machten. Im Gegenteil: Chaplin blieb fast während der ganzen Dreharbeiten gereizt.

Auf dem Drahtseil – „The Circus"

Schwierigkeiten mit den Löwen, die je 150 Dollar pro Tag kosteten, den Dompteur mit eingerechnet, traten auf. Im fertigen Film war Chaplins Angst, als er die Löwen erblickte, deutlich zu sehen. Diese Angst war nicht gespielt, sie war, wie er später zugab, echt.

Ein weiteres Handicap: Die Löwen mußten um drei Uhr nachmittags gefüttert werden, daran waren sie gewöhnt. Also mußten auch die Schauspieler zu dieser Zeit ihre Mittagsmahlzeit zu sich nehmen – was zumindest Chaplin nicht bekam.

Dann lief alles eine Zeitlang recht gut. Bis am 28. September ein Feuer ausbrach, das eine ganze Dekoration zerstörte mitsamt allen Requisiten und vielen elektrischen Apparaten. Der Kameramann schaltete schnell und filmte das wütende Feuer und Chaplin, der ein entsetztes Gesicht machte. Diese „Einlage" wurde später zu Propaganda-Zwecken benutzt.

Noch während der Film im Entstehen begriffen war, verschwand Lita mit ihren Kindern und siedelte in das Haus ihrer Mutter über.

1930, drei Jahre nach der Scheidung, schrieb sie ein Buch über ihre Ehe mit Chaplin. Natürlich schrieb sie es nicht selbst, vielmehr engagierte sie als Ghostwriter Morton Cooper, aber die Fakten oder angeblichen Fakten stammten wohl von ihr, vielleicht auch von ihrer Mutter. Das Buch war voller Verleumdungen und Anklagen. Wenn man nichts von Chaplin wußte und dieses Buch las, mußte man annehmen, daß er ein Ungeheuer war, das nichts anderes im Sinn hatte, als die Menschen um sich herum zu quälen. Er habe sie in seiner Sauna verführt und ihr danach eine Abfindung von 20 000 Dollar geboten. Er sei eine Sexmaschine (sechsmal pro Nacht!). Er habe sie aufgefordert, aus einem fahrenden Zug zu springen, „um dem Elend ein Ende zu bereiten".

Diejenigen, die es besser wußten, waren empört. Die Kritiker begriffen, daß das Buch nichts anderes war als die Rache einer verlassenen Frau. Dennoch wurde es ein gutes Geschäft für Lita. Neutraler über diese Ehe berichtete später Chaplins Sohn Charles. Der konnte das meiste freilich auch nur aus dritter Hand haben, denn er war ja kaum ein Jahr alt, als er das Haus seines Vaters verließ. (Allerdings kehrten er und sein Bruder Sydney bald wieder zu Chaplin zurück: Der Mutter gingen die Kinder auf die Nerven.) Immerhin, seine Schilderungen waren relativ objektiv. Er stellte gleich zu Beginn fest, daß die Heirat seiner Eltern ein Fehler war:

„Wo immer man hinblickt, man könnte keine zwei Persönlichkeiten finden, die verschiedenartiger sind als meine Eltern!... Bald nach meiner Geburt hatte mein Vater das Gefühl, an eine Gemeinschaft gekettet zu sein, die ihm nichts sagte. Es war wie bei seiner erster Heirat mit Mildred Harris... ‚Ich bin nicht sicher, ob ich jemals heiraten soll!' sagte er einmal. ‚Ich liebe meine Freiheit, um zu reisen, um zu essen, wann immer ich will, um alles zu tun, was ich tun möchte. Wenn ich arbeite, ist die Welt für mich vergessen, und es ist schwierig, von einer Frau zu verlangen, daß sie glücklich ist, zu einer Zeit, in der ich gar nicht weiß, daß sie existiert.'

Meine Mutter war eben noch ein Teenager, sie hätte eigentlich noch in die Schule gehen müssen, sie wollte wie ein Teenager leben... Sie war meinem Vater gegenüber eher ehrfürchtig, er war ja mehr als doppelt so alt wie sie, er war zwar dem Gesetz nach ihr Mann, aber in Wirklichkeit war er der große Charlie Chaplin, umgeben von einer Aura von Geheimnis und Macht... Sie verstand ihn überhaupt nicht. Später beschwerte sich mein Vater bitterlich über meine Mutter, und sie weinte hysterisch, wenn sie an ihre Ehe dachte. Noch später versuchte sie, die Sache von der humoristischen Seite zu sehen... Aber damals war es alles andere als lustig...

Dann kam es zum Streit, als mein Vater nach New York mußte, um dort Geschäfte zu erledigen, und einfach nicht in der Lage war, am CIRCUS weiterzuarbeiten. Es sah so aus, als würde dieser Film nie zu Ende gedreht werden. Er sprach davon, Hollywood zu verlas-

Lilita McMurray,
Künstlername:
Lita Grey

sen, er haßte das Haus, das er einmal als seine endgültige Heimat bezeichnet hatte... Außerdem sollte er plötzlich eine Million Steuerschulden nachzahlen... Ein Schock für meinen Vater. Er befand sich damals wirklich in Schwierigkeiten, bis das alles erledigt war."

Jedenfalls: Als Chaplin in New York war, beschloß Lita, das Haus mit ihren Kindern zu verlassen.

Der Scheidungsrichter ließ Chaplin wissen, er habe monatlich 4000 Dollar an seine Frau zu zahlen, bevor die endgültige Scheidung ausgesprochen sei und die Bedingungen festgelegt würden. Nach der Scheidung mußte er dann 650000 Dollar an sie zahlen und 200000 Dollar für die beiden Kinder. Er mußte auch die Kosten der Scheidung tragen, die keineswegs gering waren (950000 Dollar), und natürlich die Kosten seines eigenen Anwalts.

Die Verkündung dieses Urteils am 22. August 1927 dauerte übrigens nur 45 Minuten. Chaplin war zur Verhandlung nicht erschienen.

Das Finanzielle war kein Problem für Chaplin, insbe-

sondere da der Staat seine Steuerforderungen wesentlich reduziert hatte. Was ihm viel mehr zu schaffen machte, waren die vielen Artikel, die in den Zeitungen über ihn und seine Ehe erschienen waren. Sie mögen mitverantwortlich dafür gewesen sein, daß es bei einer weiteren Reise nach New York, wo er immer wieder einmal Geschäftliches ordnen mußte – Sydney lebte in New York –, zu einem Nervenzusammenbruch kam. Nach zwei Wochen Bettruhe konnte er nach Hollywood zurückkehren und sich wieder der Arbeit zuwenden.

Lita war also bestens versorgt. Aber sie war, so wußte Sohn Charles später zu berichten, aufs tiefste verletzt. Das Hauptsympton: Sie konnte keine klassische Musik mehr hören, vor allem nicht Richard Wagner. Warum? Weil Richard Wagner der Lieblingskomponist Chaplins war und er oft Platten mit seiner Musik gehört hatte. Jedenfalls wurde in dem Haus der Großmutter keine Wagner-Musik mehr gespielt. Bald darauf begann Lita, fast täglich die Kirche aufzusuchen. Und fünf Monate nach der Scheidung ließ sie die Kinder katholisch taufen – wogegen Chaplin sich immer gewehrt hatte, da nach seiner Meinung die Kinder sich selbst für eine Religion entscheiden sollten, wenn sie alt genug dafür waren.

Überhaupt war er fest entschlossen, dafür zu kämpfen, daß die Kinder ihr Leben selbst bestimmen konnten. Als Lita, wohl aus materiellen Gründen, einige Jahre später einen Vertrag mit einer großen Filmgesellschaft abschloß, der die Kinder zu Filmauftritten verpflichtete – die Söhne von Charlie Chaplin, das mußte ja ein Geschäft werden! –, protestierte er. Als seine Proteste nichts halfen, zog er vor Gericht. Und diesen Prozeß gewann er. Der Richter folgte den Ausführungen Chaplins und seines Anwaltes, daß Kinder eine unbeschwerte Kindheit haben und nicht schon in früher Jugend dazu angehalten werden sollten, andere Leute zu amüsieren. Wenn sie Schauspieler werden wollten, sollten sie das später selbst entscheiden.

Übrigens bestand Chaplin darauf, daß Lita das Geld, das für seine Kinder bestimmt war – die Zinsen aus der Summe, die er bei der Scheidung gezahlt hatte – auch für sie verwendete. Er verlangte darüber einen monatlichen Bericht. Lita bekam solche Angst, in neue Schwierigkeiten zu geraten, daß sie dafür eine Buchhalterin engagierte. Das war im Jahr 1933.

Wenige Monate später wurde Lita ihrer Söhne müde. Sie war bereit, die weitere Erziehung deren Vater zu überlassen. Die beiden Jungen siedelten um. Das für die Kinder bestimmte Geld freilich heimste sie ein. Chaplins Anwalt wollte die regelmäßige Überweisung der Zinsen an den Vater erzwingen. Doch Chaplin hielt ihn davon ab. Er war nie kleinlich gewesen mit Frauen, egal, ob er nur ein paar Wochen mit ihnen zusammenlebte oder Jahre.

Er war auch sehr großzügig, was seine Mutter anging. Wie schon berichtet, lebte sie in einem Haus nahe dem Pazifischen Ozean und wurde bestens betreut. Sie war wunschlos glücklich, dämmerte aber nur vor sich hin.

Dies begann etwa zu der Zeit, da Chaplin im GOLD RUSH steckte. Also kam er nur selten, eigentlich wochenlang kaum dazu, seine Mutter zu besuchen. Das hatte wohl nicht nur mit seiner zeitlichen Belastung zu tun: Er wollte sich auch seine Laune nicht verderben lassen – und die war wichtig, um einen guten Film zu machen. Es ist unwahrscheinlich, daß Chaplins Mutter das auffiel. Sie freute sich, wenn er kam, und beklagte sich nie, wenn er nicht kam.

Eines Tages – es ist nicht mehr festzustellen, wann dies geschah, nicht einmal in welchem Jahr, die Daten in den Quellen sind widersprüchlich – erhielt Chaplin vom Arzt seiner Mutter die Nachricht, es gehe zu Ende mit ihr. Er ließ alles liegen und stehen und fuhr zu ihr. Sie war kaum noch bei Bewußtsein. Er küßte ihre Hand, sie streichelte ihn. Von nun an kam er jeden Tag, gleichgültig, ob er zu filmen hatte oder nicht, wenigstens auf eine Stunde.

Dann starb sie. Sie schlief ganz leise ein. Zu ihrem Begräbnis erschienen nur wenige Menschen. Sydney konnte nicht kommen, er war in Europa erkrankt und mußte die nächsten Wochen in einer Klinik verbringen.

Sydney schrieb übrigens damals an Chaplin, er werde sich, wenn er 250 000 Dollar gespart habe, von den Geschäften zurückziehen. Die Geschäfte – die Wahrung der Interessen seines Bruders – führte er vortrefflich. Und sie brachten ihm auch selbst viel Geld ein. Als er sich später zurückzog, besaß er weit mehr als 250 000 Dollar, zumindest war Chaplin davon überzeugt.

Außer Chaplin kamen also nur seine engsten Freunde zum Begräbnis: Douglas Fairbanks und die Pickford und natürlich seine Mitarbeiter und einige Schauspieler, mit denen er gearbeitet hatte – aber auch solche, mit denen er nicht gearbeitet hatte, kamen aus Respekt.

Als Lita auf Scheidung „wegen böswilligen Verlassens" klagte, erinnerte Chaplin sich daran, wie er seinerzeit die Negative zu THE KID vor seiner ersten Frau in Sicherheit gebracht hatte, und ließ alles, was bisher vom CIRCUS gedreht worden war, verpacken, um es an einem unbekannten Ort zu verstecken. Die Aufnahmen wurden unterbrochen, nur einige wenige Angestellte des Studios blieben auf ihren Posten.

Aber diesmal kam es nicht so schlimm, wie Chaplin befürchtet hatte. Die Gerüchte über ihn, die ihren Weg in die Presse fanden, schadeten ihm vorerst weniger, als Lita und ihre Anwälte geglaubt, wohl auch gehofft hatten. Er mußte zwar zahlen, aber nicht annähernd soviel, wie sie gefordert hatte.

Nach dem Scheidungsurteil waren nur noch wenige Szenen vom CIRCUS zu drehen. Der Film wurde dann als „preview" am 28. Oktober 1927 uraufgeführt und war ein spontaner Erfolg. Die eigentliche Premiere fand am 6. Januar 1928 in New York statt, Los Angeles folgte drei Wochen später. Und dann lief der Film überall in den Vereinigten Staaten, in England, in Frankreich und schließlich auch – man höre und staune! – in Deutschland. Überall war der Erfolg außerordentlich groß. Nicht nur der Film als solcher kam an, sondern auch die Zirkusnummern wie etwa die radfahrenden Clowns oder die Bären eines gewissen Pallenberg oder „Sonjas schauspielernde Hunde" machten Furore. Sogar die Presse war zufrieden.

„Circus"-Szene mit Henry Bergman

Und dann? Man erwartete wohl, daß Chaplin nach diesem großen Erfolg sofort den nächsten Film drehen würde. Vieles sprach dafür, vor allem seine Vergangenheit, in der er Filme am laufenden Band gemacht hatte. Man denke an die Zeiten bei Keystone, bei Essanay, bei Mutual oder auch bei der First National. Freilich empfand er es schon damals als ungeheuren Druck, daß er immer so schnell nacheinander neue Filme herausbringen mußte. Wenn auch dieser Druck vielleicht irgendwie seinem Wesen entsprach. Denn seine Arbeit war ja sein Leben, seit seiner Kindheit. Er mußte ganz einfach arbeiten – so schien es zumindest. Und so war es wohl auch bis zum Film THE CIRCUS, den er schon ein Jahr nach dem aufwendigen GOLDRUSH herausbrachte – trotz aller privaten Schwierigkeiten.

Der nächste Film jedoch sollte erst vier Jahre später herauskommen, und das hatte viele Gründe. Der wichtigste war wohl, daß er geradezu am Boden zerstört war, als er den CIRCUS fertigstellte. (Daß er trotzdem keine Mühen scheute, diesen Film „perfekt" zu machen, beweist seinen hohen künstlerischen Anspruch.)

Was aber tat er in den nun folgenden Jahren? Er machte unzählige Pläne und verwarf sie wieder. Er las. Er, der seit seinem zehnten Lebensjahr kaum noch eine Schule besucht hatte, der, als er seine ersten großen amerikanischen Erfolge hatte, noch nicht einmal fehlerlos Englisch schreiben konnte, wurde ein hochgebildeter Mann. Er spielte Geige und Cello. Und wenn man dem glauben darf, was gelegentlich über ihn geschrieben wurde, dann komponierte er sogar.

Ich fragte ihn einmal Jahre später bei einer Pressekonferenz in New York: Wie war das eigentlich mit dem Komponieren? Das hatte er doch nie gelernt?

Seine Antwort, die viele andere Journalisten hörten, aber die seltsamerweise nie an die Öffentlichkeit gelangte: „Jeder beim Varieté versucht, irgendein Instrument zu spielen, muß es wohl auch. Bei mir war es mit der Geige und natürlich auch mit dem Cello so eine Sache. Ich bin ja Linkshänder. Infolgedessen mußten die Saiten anders aufgezogen werden als bei normalen Instrumenten. Nun ja, und da gingen mir wohl Melodien durch den Kopf. Die eine oder andere notierte ich eben." Notierte? Wie hatte er das gelernt? „Mein Gott, das lernt man doch innerhalb von wenigen Tagen…!"

Als ein anderer Journalist ihn fragte, ob er denn auch seine Melodien instrumentiere, lächelte er vielsagend – und schwieg. Es war uns allen klar, zumindest damals, zu Beginn der dreißiger Jahre, daß er das nicht konnte und wohl auch nicht nötig hatte. (Vielleicht muß zum Verständnis hinzugefügt werden, daß in jener Zeit die meisten amerikanischen Komponisten, vor allem von Musicals, nur die Melodien schrieben und die Instrumentation anderen überließen. In manchen Fällen verlangte das eine Musiker-Gewerkschaft sogar. Dies war einer der vielen Unterschiede zwischen der alten europäischen Operette und dem damals aufkommenden Musical. Undenkbar, daß Komponisten wie Lehár, Fall, Straus ihre Operetten nicht selbst instrumentiert hätten; von Offenbach und Johann Strauß ganz zu schweigen. In Amerika taten es nur wenige, etwa Gershwin, nicht aber Loew, der Komponist von „My Fair Lady". Dies nebenbei.)

Zurück zu Chaplin: Er spielte auch viel Tennis. Das hatte ihm während der Dreharbeiten von GOLD RUSH Georgia Hale beigebracht – an Sonntagen, denn an denen durfte nicht gefilmt werden. Chaplin war ja immer äußerst gelenkig gewesen, er hatte auf der Varieté-Bühne und dann später in seinen Filmen viel getanzt. Dafür hatte er eine geradezu brillante Begabung. Ja, nun spielte er oft stundenlang Tennis.

Und dann machte er eine Bekanntschaft, die eine große Wirkung auf ihn haben sollte. Unter den berühmten Persönlichkeiten, die, wenn sie nach Kalifornien kamen, immer versuchten, Chaplin zu treffen, und wohl auch meist von ihm empfangen und in seinem Studio herumgeführt wurden, befand sich auch Albert Einstein. Dieser war – übrigens noch vor der CIRCUS-Premiere – nach Amerika gekommen um einige Vorlesungen zu halten (aus Deutschland emigrieren sollte er erst kurz vor der Machtübernahme Hitlers, die er vorausahnte und auch voraussagte). Das war im Jahr 1926, also kurz nachdem THE CIRCUS herausgekommen war.

Der kleine, liebenswürdige Mann, vermutlich das Genie unseres Jahrhunderts, wurde von Carl Laemmle, dem Gründer der Universal, aufgesucht, der ja ebenfalls ein deutscher Jude war, und das Gespräch kam auf Chaplin. Den wolle er, Einstein, gerne kennenlernen. Erstaunlich für diejenigen, die nur Einsteins Ruf kannten, nicht verwunderlich für diejenigen, die ihn persönlich kannten. Er hatte immer Interesse für das Theater, mehr noch für Konzerte gezeigt, für Filme allerdings seltener.

Ein Mittagessen in den Universal-Ateliers wurde arrangiert. Chaplin war, nach seinen eigenen Angaben, „freudig erregt". Dem Mittagessen wohnten Einstein, seine Frau, seine Sekretärin und einige Assistenten bei. Und eben Chaplin. Frau Einstein, eine liebenswür-

dige, etwas übergewichtige Dame, sprach im Gegensatz zu ihrem Mann vorzüglich Englisch. Sie ließ nur selten ihren Mann aus den Augen, den sie abgöttisch liebte.

Nach dem Essen, als die Gesellschaft von Laemmle durch die Ateliers geführt wurde, flüsterte Frau Einstein Chaplin zu: „Laden Sie doch den Professor zu sich nach Hause ein. Er würde sich sehr darüber freuen!"

Das verwunderte Chaplin, der nur wenig von Einstein wußte. Aber die Einladung erfolgte. Einstein erzählte viel aus seinem Leben, unter anderem, wie es zu der Relativitätstheorie gekommen war. Auch andere Themen wurden diskutiert. Ein Gast wollte wissen, ob Einstein an Geister glaube, worüber dieser lächelte. Die Frage war nicht ganz zufällig gestellt worden, denn um diese Zeit war laut Chaplin halb Hollywood mit „übersinnlichen Phänomenen" beschäftigt. Es gab unzählige spiritistische Sitzungen, viele Teilnehmer schworen Stein und Bein, daß sich bei solchen Zusammenkünften ein Tisch in die Luft erhoben habe und dergleichen mehr.

Chaplin, der sich, wie gesagt, selbst gebildet hatte und vielleicht auch von Newton wußte, wollte von Einstein wissen, ob die Relativitätstheorie Newtons Erkenntnisse über den Haufen werfe. Die Antwort: „Nein, ganz und gar nicht. Sie ist eine Erweiterung der Gesetze von Newton."

Bei einer späteren Zusammenkunft, wohl in New York, sagte Chaplin zu Frau Einstein, er werde nach seiner nächsten Premiere nach Europa kommen. „Nach Berlin?" „Sicher…" „Da müssen Sie uns unbedingt besuchen…"

Chaplin nahm die Einladung an. Er erinnerte sich später, die Wohnung Einsteins sei erstaunlich klein und bescheiden gewesen. In jedem anderen Land, so meinte er, würde ein Gelehrter von solcher Bedeutung in einem großen Haus oder einem Palast wohnen, den man ihm zur Verfügung gestellt hätte.

Entsprechende Absichten waren damals schon im Berliner Stadtparlament lautgeworden. Aber eifrige Nationalsozialisten, die schon an Bedeutung gewannen, empörten sich, daß die Stadt für diesen Juden Geld ausgeben sollte. Einstein bekam kein Haus – zumindest nicht von der Stadt. Er ließ sich später selbst ein kleines Haus bauen, in dem er freilich nicht sehr lange leben sollte: 1933, kurz vor der „Machtergreifung", folgte er einer Einladung an die Universität Princeton. Als er das Haus verließ, sagte er zu seiner Frau: „Sieh dir das alles noch einmal genau an. Du wirst es nie wieder zu sehen bekommen!" Er sollte recht behalten: Deutschland sah einen seiner größten Bürger nie wieder.

Der ersten Begegnung mit Chaplin folgten viele weitere Treffen. Einstein hatte Chaplin ins Herz geschlossen. Und Chaplin wäre kein Mensch gewesen, hätte er darüber nicht einen gewissen Stolz empfunden. Gewiß, er wurde damals schon von vielen bedeutenden Persönlichkeiten sehr geschätzt. Aber Einstein – das war eine besondere Sache.

Während des Aufenthalts in Kalifornien kam er oft zu Chaplin. Und um ihn zu bewundern, kamen Mary

Pickford und Douglas Fairbanks und Marion Davies. Sogar W.R. Hearst kam – und das war erstaunlich. Denn Einstein hatte eine Einladung des Zeitungszaren abgelehnt: Er habe keine Zeit an dem betreffenden Abend. Der wahre Grund: Einstein mochte die Art nicht, wie Hearst seine sensationellen Zeitungen machte. Umgekehrt war auch Hearst dieser Einstein nicht ganz geheuer. Er glaubte wohl fälschlicherweise, der Wissenschaftler sei Kommunist. Die beiden waren sehr höflich zueinander, aber sie sprachen kaum ein Wort miteinander.

Ein anderer, den Chaplin um diese Zeit kennenlernte, war der russische Regisseur Sergej Eisenstein, der *Panzerkreuzer Potemkin* gedreht hatte, den ersten weltweit erfolgreichen russischen Film. Die Paramount hatte Eisenstein geholt, um in Hollywood einen Film zu machen, und er genoß laut Vertrag für Hollywood ungewöhnlich große Freiheiten. Er durfte sogar sein eigenes Drehbuch schreiben, was bei anderen Regisseuren, die für große Filmgesellschaften arbeiteten, gar nicht in Frage kam. Chaplin fand „Suters Gold" gut; es ging darin um die Entdeckung Kaliforniens. Aber das Buch wurde nicht verfilmt, weil die Paramount meinte, es enthalte kommunistische Propaganda. Chaplin war der Ansicht, daß dies nicht der Fall war. Wobei hinzugefügt sei, daß er sich sehr empfänglich für Eisensteins Versuche zeigte, ihn weltanschaulich zu beeinflussen. Das sollte ihm später noch sehr schaden.

Wie dem auch sei: Chaplin dehnte seine Interessen aus. Er beschäftigte sich beispielsweise auch mit Volkswirtschaft. Und da er intelligent war und, wie auch seine künstlerische Laufbahn immer wieder bewies, sehr schnell zu lernen vermochte, wußte er bald manches, was andere, die es viel eher hätten wissen müssen, nicht begriffen.

Zum Beispiel, daß es mit der Wirtschaft in den Vereinigten Staaten, die zu blühen schien, in Wahrheit nicht zum besten stand. Die Aktien an der Börse stiegen ständig. Selbst kleine Leute besaßen Aktien. Der Grund: Man mußte nur zehn Prozent des Preises anzahlen, um sie zu erwerben.

Der Musical-Komponist Irving Berlin erzählte Chaplin von einer Kellnerin, die durch solche Aktienkäufe bereits eine reiche Frau geworden sei. Es gehe dem Land so gut wie noch nie! Chaplin erwiderte, er habe alle seine Aktien verkauft, weil sie bald sehr stark an Wert verlieren würden. Irving Berlin war empört. Er meinte, diese Einstellung sei „unamerikanisch"; verkaufen hieße, daß man nicht an Amerika glaube.

Wenige Wochen später kam der berühmte Schwarze Freitag: Die Aktien fielen ins Bodenlose. Halb Amerika war ruiniert.

Auch Irving Berlin war ruiniert, sollte allerdings in der nächsten Zeit wegen seiner hohen Einnahmen als Komponist nicht gerade Hunger leiden. Er kam verstört zu Chaplin und fragte ihn, wie er die Katastrophe habe vorausahnen können.

Chaplin erwiderte, er habe ein Buch oder einen Aufsatz von Major H. Douglas – „Social credit" – gelesen. Douglas habe darin erklärt, daß der Wert einer Ware im wesentlichen durch Arbeit entstehe. Und da es so viele Arbeitslose in Amerika gebe, habe er vermutet, daß weniger Werte produziert würden, was in seinen Augen bedeutete, daß die Gesellschaften, von denen er Aktien besaß, an Wert verlieren müßten. Also verkaufte er diese Aktien. Übrigens hatte auch die „New York Times" ihren Lesern einen entsprechenden Tip gegeben – den freilich nur wenige befolgten.

So einfach war das.

Nicht so einfach war die Sache mit dem Tonfilm. Eine Zeitlang schien es, als sei dessen Aufkommen eine Katastrophe – auch für Chaplin.

Tonfilm

Und dann kam also der Tonfilm.

Er kam überraschend und doch wiederum nicht. Nicht überraschend, weil entsprechende Erfindungen schon seit Jahren vorlagen. Die großen amerikanischen Filmgesellschaften kauften, was immer an entsprechenden Patenten zu haben war. Nicht etwa, um Tonfilme zu machen, sondern um sie zu verhindern. Denn Tonfilme waren weit komplizierter, aufwendiger, kostenintensiver und zumindest anfangs schwieriger abzusetzen. Ein weiteres Problem: Würden die Drehbuchschreiber, die den Stummfilm so lange versorgt hatten, ausreichen? Man mußte Stoffe aufkaufen, Buchautoren nach Hollywood engagieren oder zumindest die Rechte für die Verfilmung ihrer Bücher erwerben, und man mußte Dramatiker holen, die bisher nur für das Theater geschrieben hatten, denn wer sonst konnte Dialoge schreiben?

Außerdem mußte man komplizierte Tonapparate bauen oder kaufen, und man mußte dafür sorgen, daß die Kinopaläste, die ja im wesentlichen in den Händen der großen Produktionsgesellschaften waren, für Tonfilme ausgerüstet wurden. Das kostete unzählige Millionen und brachte Hollywood völlig in die Hand der Wall Street.

Noch tiefgreifender war das Problem der Schauspieler. Die meisten, die in Hollywood zu Ruhm gekommen waren, hatten nie auf einer Bühne gestanden, hatten also auch nie gelernt zu sprechen. In dieser Hinsicht unterschied sich Hollywood völlig von den großen Film-Metropolen Europas. Filmschauspieler in Berlin oder München, in Paris oder London hatten auch Bühnenerfahrung. Aber Hollywood? Man mußte jeden einzelnen testen. Konnte die Garbo sprechen? Ja. Konnte Clark Gable sprechen? Ja. Konnte Mae Murray sprechen? Kein Wort – und sie war immerhin damals einer der großen Stars. Konnte der absolute Männerstar John Gilbert sprechen? Seine Stimme klang unnatürlich hoch, völlig unmännlich, zumindest über das Mikrofon. Er war nicht zu halten.

Andere wollten gar nicht bleiben. Etwa Emil Jannings, der deutsche Schauspieler, der als erster einen „Oscar" bekommen hatte. Er wußte, man würde für ihn Dialekt-Rollen schreiben. Aber das wollte er nicht. Er fuhr zurück nach Deutschland.

Die meisten der Filmgrößen glaubten nicht, daß der Tonfilm sich lange halten würde. Er sei eine vorübergehende Mode, meinten die meisten. Mary Pickford, die von Anfang an dabei war und sprechen konnte – sie hatte ebenso wie ihr Mann jahrelang auf New Yorker Bühnen gestanden –, meinte: „Diese Entwicklung ist völlig unnatürlich. Ich hätte mir denken können, daß man mit dem Tonfilm beginnt und dann zu dem künstlerisch viel ergiebigeren Stummfilm kommt. Aber umgekehrt?"

Die Pickford glaubte nicht, daß der Tonfilm sich halten würde, Ernst Lubitsch glaubte es nicht, Fritz Lang in Deutschland glaubte es nicht, und Henny Porten in Berlin glaubte es nicht.

Viele glaubten es nicht. Das hatte damit zu tun, daß der Tonfilm sozusagen durch die Hintertür gekommen war. Wie schon erwähnt: Viele Filmgesellschaften hätten theoretisch schon lange Tonfilme machen können. Auch Warner Bros. hatten ein Patent erworben – aber so gut wie kein Geld mehr. Die Gesellschaft stand vor der Pleite. Und so machte man schnell einen Film, der teilweise vertont wurde. Ein zweiter, ähnlicher folgte, dann drehte man richtige Tonfilme – wegen ihrer Neuartigkeit eine Sensation, auch wenn sie entsetzlich waren: Sie bestanden im wesentlichen aus Nebengeräuschen. Wenn einer durchs Zimmer ging, hatte man den Eindruck, es donnerte. Wenn er einen Brief in die Hand nahm, hörte es sich an wie ein Wasserfall. Um Chaplin zu zitieren: „Ein Ritter in voller Rüstung machte einen Krach wie die Maschinenhalle eines Stahlwerks, und ein einfaches Mittagessen im Kreise der Familie hörte sich an wie ein Riesenspeiselokal zur Zeit des Hochbetriebs. Goß jemand Wasser in ein Glas, so gab das eine ganz eigenartige Tonfolge bis hinauf zum hohen C."

Das Schlimmste überhaupt: Die Kamera, die so beweglich geworden war, einem Menschen folgen oder sich von ihm abwenden konnte, war nun wie eingemauert – mußte starr bleiben, weil sie ja mit dem Tonapparat verbunden war. Dieser wiederum steckte in einer Art Gehäuse, in dem sich natürlich auch der Regisseur aufhalten mußte. Ihn durfte ja niemand wie beim Stummfilm hören. Er konnte also keine lauten Anweisungen mehr geben, er konnte nicht einmal von einem Fuß auf den anderen treten, ohne daß er hörbare Geräusche verursachte.

Aber Chaplin war überzeugt, daß alle diese Handicaps früher oder später überwunden werden könnten. Seine dringlichste Frage war nun: *Wie* sollte sein Tramp sprechen? Er, Chaplin, konnte selbstverständlich sprechen. Er kam schließlich vom Varieté, von der Bühne. Chaplin selbst sprach ein eher gepflegtes Englisch. Es verriet durchaus nicht, daß er in ärmsten Verhältnissen aufgewachsen war. Aber so konnte der Tramp nicht sprechen. Doch wie zum Teufel sollte er dann sprechen? Sollte er überhaupt sprechen? Chaplin kam zu der Überzeugung: Nein, der Tramp konnte nicht sprechen, also durfte er nicht sprechen. Seine Filme mußten stumm bleiben – das hatte Chaplin schnell begriffen.

Man konnte sich später kaum noch vorstellen, wieviel Mut dazu gehörte, einen solchen Entschluß zu fassen. Es wurden bald kaum noch Stummfilme gedreht. In vielen Studios wurde überhaupt nicht gedreht, man wollte abwarten. Das galt auch für viele Regisseure und Stars. Dies galt für Ernst Lubitsch, dies galt auch für die Garbo, genauer die M.G.M., bei der die Garbo unter Vertrag war. Man hoffte, sie retten zu können – Millionen und Abermillionen hatte man zu dieser Zeit bereits in sie investiert. Man hätte das Geld abschreiben müssen, wäre die Garbo nicht imstande gewesen zu sprechen.

Und so ging es vielen. Sie warteten ab. Aber Stummfilme zu drehen, wagte eigentlich niemand mehr. Bis auf Charlie Chaplin.

Er wurde von vielen seiner Freunde und auch anderen aus der Filmbranche angesprochen: Wie konnte er es wagen, gegen den Strom zu schwimmen? Sein Argument: Das Verständigungsmittel seines Tramps war stets die Pantomime gewesen. Nicht nur in Amerika, in England, in Frankreich, in Deutschland, nein, auch in Japan, in China, in Afrika, in Tibet und am Nordpol hatte man ihn verstanden. Warum sollte man ihn nun nicht mehr verstehen?

Chaplin hatte auch schon eine Idee für seinen neuen Stummfilm. Genaugenommen waren es zwei Ideen.

Zum einen war es die Geschichte eines Clowns, der durch einen Unglücksfall blind wird. Seine kleine Tochter ahnt nichts davon. Und der Arzt, der weiß, daß dieses Mädchen recht labil ist, beschwört ihn, seine Blindheit zu verbergen, bis das Kind stark genug ist, die Wahrheit zu ertragen. Und der Clown bemüht sich, aber er stolpert natürlich, fällt auch gelegentlich hin, was das Mädchen amüsiert.

Das war die eine Idee. Aber nach einiger Zeit gab er es auf, sie weiterzuverfolgen. Aus dem blinden Clown wurde ein blindes Blumenmädchen, das seine Blindheit verbirgt, um die Kunden nicht abzuschrecken. Sie mußte natürlich wieder gesund werden – mit Hilfe des Tramps. Wie, wußte Chaplin noch nicht.

Und es gab eine zweite Geschichte. Die handelte von zwei sehr wohlhabenden Männern, die sich den Spaß machen, einen Tramp, natürlich *den* Tramp, den sie irgendwo am Hafen schlafend finden, zu sich nach Hause zu nehmen, ihm zu essen und zu trinken zu geben. Lustige Mädchen müssen ihm die Zeit vertreiben, bis er so viel getrunken hat, daß er einschläft. Und dann bringen sie ihn wieder zum Hafen zurück und warten auf seine Reaktionen.

Erstaunlich, daß dem so gebildeten Chaplin offenbar nicht auffiel, daß diese Geschichte dem Vor- und Nachspiel zu Shakespeares „Der Widerspenstigen Zähmung" sehr ähnlich war. Wie dem auch sei: Chaplin machte daraus die Geschichte eines Millionärs, der den Tramp – von dem er übrigens glauben soll, daß er ihm das Leben gerettet hat – in jeder Beziehung verwöhnt, mit Geld, Essen, Trinken, Kleidung. Aber nur, wenn er betrunken ist. Nüchtern ist er einfach ekelhaft und scheut sich nicht, seinen „Freund" ins Gefängnis sperren zu lassen.

Die Idee wurde später von Bert Brecht geklaut – ein anderer Ausdruck ist wohl kaum möglich –, für sein Stück „Herr Puntila und sein Knecht Matti", in dem Herr Puntila betrunken reizend, nüchtern höchst unangenehm ist. Brecht behauptete zwar, die Idee zu seinem Stück einem finnischen Volksmärchen entnommen zu haben. Dieses hat allerdings niemand zu lesen bekommen, während Chaplins Film ja für viele zu sehen war, auch für Bert Brecht.

Diese beide Geschichten verband Chaplin zu einer.

Mit Virginia Cherrill als Blumenmädchen in „City Lights"

Der Tramp sieht ein bildschönes Blumenmädchen, entdeckt, daß sie blind ist und nicht das Geld hat, sich operieren zu lassen. In der Zeit, in der ihn der betrunkene Millionär mit Geld verwöhnt, läßt er es ihr zukommen. Sie kann sich operieren lassen und wird wieder gesund. Er ist inzwischen im Gefängnis gewesen, denn sein „Wohltäter" hat sich nicht gescheut, ihn des Diebstahls zu bezichtigen. Wieder entlassen, geht er zu der Stelle, wo das Blumenmädchen immer stand, und findet dort ein hübsches Geschäft, in dem sie arbeitet. Sie macht sich mit ihren Kolleginnen lustig über den komischen Kauz, der vor dem Geschäft steht. Als sich ihre Hände berühren, weil sie ihm eine Blume schenken will, spürt sie, daß es ihr Wohltäter sein muß. Damit endet der Film. Ein glückliches Ende? Ein unglückliches Ende?

Nie arbeitete Chaplin so hart an einem Drehbuch. Und dies in einer Zeit, in der seine Produktivität scheinbar nachgelassen hatte. Er fühlte sich in dem Hollywood jener Tage nicht mehr zu Hause. Es hatte sich verändert. Viele, die man gekannt hatte, waren verschwunden, viele, die man nicht kannte, waren gekommen. Die alte Intimität war passé. Und dann die sich ankündigende Depression. Überall gab es Arbeitslose, überall Bettler. Das Arbeitsklima wurde schlecht. Später gestand Chaplin, er habe manchmal gar nicht schreiben können und sei auf Mitarbeiter angewiesen gewesen, die seine Ideen in Worte faßten.

Die Besetzung stand bis auf die Rolle des Blumenmädchens. Chaplin war sich klar darüber, daß keine seiner bisherigen Hauptdarstellerinnen in Frage kam. Aber wo konnte er eine Schauspielerin finden, die die sehr schnell aus der Mode kommende Fähigkeit, etwas durch Blicke oder Gesten auszudrücken, noch besaß?

Bei einem Spaziergang am Strand von Santa Monica traf er auf eine kleine Filmgesellschaft, die dort Aufnahmen machen wollte. Und da standen ein paar reizende Mädchen in Badeanzügen, unter ihnen Virginia Cherrill, eine wirkliche Schönheit, die Chaplin schon flüchtig kannte. Sie sprach ihn an und wollte wissen: „Wann darf ich endlich mal bei Ihnen arbeiten?" Das war wohl nur so eine Redensart, aber er dachte plötzlich an das Blumenmädchen. Er forderte sie auf, in den nächsten Tagen ins Atelier zu kommen, und machte Probeaufnahmen. Er bat sie, und das ist typisch für Chaplin: „Sehen Sie mich an, aber sehen Sie nicht mich, sehen Sie in sich hinein…" Und in der Tat, Virginia Cherrill bewältigte die Szene ohne Schwierigkeiten. Chaplin engagierte sie – eine keineswegs erfahrene Schauspielerin –, nachdem ihm alle, die er vorher ausprobiert hatte, nicht geeignet schienen.

Vielleicht war es gut, mit einer Schauspielerin, die eigentlich noch keine war, zu arbeiten. Er arbeitete manchmal vorzüglich mit ihr. Dann aber, wenn er wieder wochenlange Pausen einlegte, wie das so seine Art war – ganz besonders bei diesem Film, bei dem er sich unsicher fühlte –, verlor sie die Geduld und weigerte sich wiederzukommen. Die Spannungen zwischen den beiden wuchsen.

Und die Rolle war ja auch ungeheuer problematisch. Nur eines von vielen Problemen: Wie erfährt der Tramp, daß das Mädchen, das auf der Straße steht und Blumen verkauft, blind ist? Und wichtiger noch: Wieso denkt sie, daß es sich um einen reichen Mann handelt?

Das zweite Problem war relativ leicht zu lösen: Der Tramp gerät in ein Verkehrschaos. Um sich daraus zu befreien und um sich wohl seinem Verfolger, einem Polizisten, zu entziehen, öffnet er kurz entschlossen die Tür eines im Stau stehenden Autos, dessen Besitzer ihn fassungslos anstarrt, öffnet die Gegentür und schlägt sie wieder zu. Das Mädchen hört das Geräusch und vermutet, daß der Mann, der ihr gleich darauf – übrigens mit seinem letzten Geld – eine Blume abkauft, der Autobesitzer, also ein reicher Mann sein muß.

Und wie erfährt er, daß sie blind ist? Er kauft besagte Blume für sein Knopfloch, aber als er ihr das Geld reicht, schlägt er ihr versehentlich die Blume aus der Hand. Sie bückt sich schnell, um sie aufzuheben, aber sie findet sie nicht. Er deutet zwar auf die Blume, aber vergebens. Sie sucht auf der falschen Seite. Er hebt die Blume auf, bewegt sie kurz vor ihren Augen hin und her und weiß nun, daß sie blind ist.

Diese Szene dauerte siebzig Sekunden. Chaplin drehte fünf Tage lang an ihr. So lange dauerte es, bis das Mädchen seinen Vorstellungen entsprach. Die Cherrill wurde schließlich hysterisch und drohte auszusteigen.

Auch mit dem „Millionär" gab es Schwierigkeiten: Er sollte an einem ziemlich kühlen Tag ins Wasser fallen, in das Hafenbecken. Aber der Darsteller war erkältet und bat, diese Szene doch zu verschieben, bis er wieder gesund sei. Dies ärgerte Chaplin so, daß er ihn hinauswarf und alle Szenen, die er bereits gedreht hatte, mit einem anderen Komiker nachdrehte.

Es war die schwerste Aufgabe, die Chaplin je bewältigt hatte. Insgesamt dauerte sie wohl fast drei Jahre, inklusive der Niederschrift des Drehbuches. THE CIRCUS war 1926 herausgekommen, mit CITY LIGHTS – *Lichter*

Chaplin und Virginia Cherrill in „City Lights"

Als Straßenkehrer in „City Lights"

der Großstadt begann Chaplin am 31. 1. 1928. Übrigens wurde daraus dann doch ein Tonfilm im weitesten Sinn: mit Musik von Charlie Chaplin. Jedenfalls wurde im Vorspann behauptet, daß er sie geschrieben habe – was allerdings ein bißchen übertrieben war: Es handelte sich überwiegend um alte Melodien aus seiner Kindheit. Und die Instrumentation stammte natürlich von anderen.

Als der Film wie üblich als „preview" in einer kleinen Stadt in der Nähe von Los Angeles gezeigt wurde, waren die Leute enttäuscht. Sie hatten einen spannenden Western erwartet und sollten nun ein Lustspiel sehen. Sie lachten nicht einmal über den Beginn, der später überall bejubelt wurde: Feierliche Denkmalsenthüllung durch einen aufgeplusterten Bürgermeister, umgeben von lauter aufgeplusterten höheren Beamten. Das Tuch fällt – und alle erblicken den ungestört schlafenden Tramp am Fuße des Denkmals. Kaum eine Reaktion im Publikum. Zu seinem Entsetzen bemerkte Chaplin, daß immer mehr Leute hinausgingen. Sein Assistent versuchte ihn mit der Bemerkung zu beruhigen, sie gingen vielleicht auf die Toilette. Von diesem Augenblick an konnte sich Chaplin überhaupt nicht mehr auf den Film konzentrieren, sondern nur noch darauf, ob die Leute zurückkommen würden. Sie kamen nicht zurück. Er flüsterte seinem Assistenten zu: „Sie sind also nicht auf die Toilette gegangen!" Und der Assistent: „Vielleicht mußten sie einen Zug erreichen!"

Anders war die Wirkung, als der Film dann offiziell herauskam: Er wurde ein Bombenerfolg. Die Kritiker wußten ihre Begeisterung kaum in Worte zu fassen. Nach ihrer Ansicht war es der beste Film, den Chaplin je gemacht hatte. Die Tatsache, daß es sich essentiell um einen Stummfilm handelte, zu einer Zeit, zu der in aller Regel nur noch Tonfilme gespielt wurden – ausgenommen die kleinen Kinos in der Provinz –, wurde von niemandem auch nur erwähnt.

Bei der Hollywood-Premiere waren übrigens auch Albert Einstein und seine Frau anwesend. In der letzten Szene sah Chaplin, daß Einstein sich die Augen wischte. Als er später darüber sprach, versuchte er, seine Befriedigung darüber zu ironisieren, indem er diese geheimen Tränen Einsteins als „einen wahren Beweis" dafür wertete, daß „Wissenschaftler unheilbare Gefühlsmenschen sind".

Auch viele Rezensenten und bekannte englische Schriftsteller, die sich bei dieser Gelegenheit zu einer Filmkritik herabließen, meinten, diese letzten Sekunden des Films seien das größte, was man je in einem Kino gesehen habe. Und das immerhin in einer Zeit, in der alle großen New Yorker Kinos Tonfilme spielten: BROADWAY MELODIES, IM WESTEN NICHTS NEUES, SUR LES TOITS DE PARIS, ja sogar DER BLAUE ENGEL. Sie alle hatten Erfolg, aber keiner war so erfolgreich wie *Lichter der Großstadt.* Und das war nicht zuletzt auf die einmalige, unvergeßliche Schlußszene zurückzuführen.

Worum handelte es sich? Chaplin kommt aus dem Gefängnis. Hat der Tramp, wie Sergej Eisenstein später behauptete, begriffen, was die Sowjetunion will: nämlich Gerechtigkeit, wenn nicht Gleichheit für alle – daß es dem Tramp so gut gehe wie dem reichen Herrn? Nein, Chaplin hat an dergleichen nie gedacht, hat auch später, als man ihn als Kommunisten beschimpfte, nichts dergleichen künstlerisch zu gestalten versucht. Er sah lediglich eine allgemeine menschliche Tragödie – oder vielleicht war es gar keine Tragödie? –, die sich hier abspielte. Wo? In einem Gesicht.

Noch einmal: Der Tramp kommt aus dem Gefängnis, und er geht nicht zu seinem reichen Freund, den er wohl abgeschrieben hat, sondern zu der Straßenecke, an der das blinde Mädchen stand. Sie steht nicht mehr da, statt dessen gibt es da einen Laden. Durch Glasscheiben sieht er das Mädchen vergnügt herumwandeln und mit zwei anderen Mädchen sprechen. Und dann sieht sie ihn. Sie macht offensichtlich eine lustige Bemerkung, denn die anderen Mädchen lachen, sie selbst auch. Und dann, in einem Anfall von Nettigkeit, nimmt sie eine Blume und tritt hinaus, um sie ihm zu schenken. Ihre Hände berühren sich. Das Erkennen zeichnet sich auf ihrem Gesicht ab.

Zwischentitel: „Sie?" „Sie können sehen?" „Ja, ich sehe!"

Und der Tramp sagt nichts. Es scheint, als wage er nicht einmal zu atmen. Wir sehen nur sein Gesicht – in Großaufnahme. Und dieses Gesicht sagt alles: Freude, daß sie wieder sehen kann; Angst, daß sie ihn nie mehr wiedersehen möchte – denn sie hatte sich den reichen Wohltäter wohl anders vorgestellt –; und die Qualen, die er um sie ausgestanden hat. In diesem Augenblick scheint es, daß er für die ganze Menschheit leidet. Weint er? Nein! Lächelt er? Kaum.

Einstein griff zum Taschentuch. Und wer wischt sich nicht die Augen beim Anblick dieses Gesichts? Es sagt in seiner Stummheit mehr, als jedes sprechende Gesicht sagen könnte. Es sagt mehr als alle Tonfilme, die in den Nachbarhäusern überall am Broadway liefen. Denn sie sagten nichts, weil sie alles sagten.

Die Schlußszene von CITY LIGHTS war ein einmaliges Ereignis. Des Films – der Menschendarstellung.

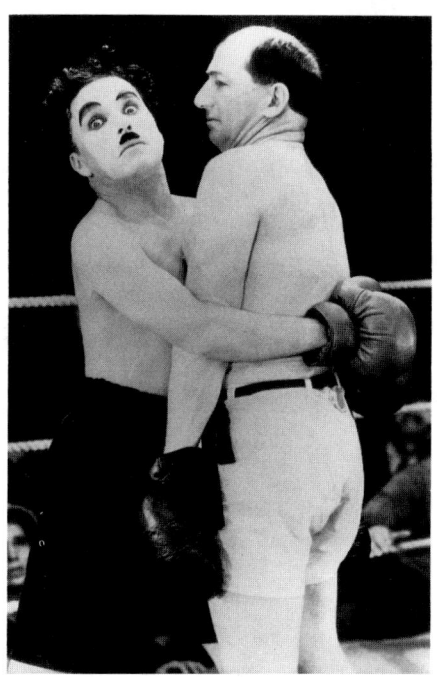

Chaplin mit Hank Mann in „City Lights"

Parodie der herrschenden Klasse

Am Tag nach der Premiere von CITY LIGHTS verließ Chaplin Hollywood. Seine Ziele: New York, London und Paris, wo er ebenfalls dabeisein wollte, wenn sein neuer Film herauskam. Er wollte ursprünglich in ein paar Wochen, allenfalls zwei Monaten zurückkehren. Es sollten fast anderthalb Jahre werden.

Dies war damals völlig untypisch für einen Filmstar. Es war fast ein eisernes Gesetz, daß man, wenn ein Film Erfolg hatte, sich sofort an den nächsten machte. Die Stars, die fest bei irgendwelchen Studios angestellt waren, hatten auch selten eine andere Wahl. Es sei denn, sie hatten, wie etwa die Garbo oder die Dietrich oder Clark Gable, einen Vertrag abgeschlossen, der die Zahl ihrer jährlichen Filme begrenzte. Andere Stars, wie etwa James Cagney, der bei Warner arbeitete, oder später Betty Grable oder Robinson oder Bogart, mußten von einem Film in den anderen hetzen, nur selten wurde ihnen ein freies Wochenende gewährt.

Die meisten Filmleute fühlten sich in Hollywood oder den anderen Vororten von Los Angeles sehr wohl. Sie bewohnten ja luxuriöse Villen, verfügten über geschultes Personal. Es machte ihnen eigentlich gar nichts aus, daß sie letztlich immer wieder die gleichen Leute trafen, Stars, Starregisseure oder Produzenten. Sie befanden sich in einem Ghetto, auch wenn es ein luxuriöses Ghetto war.

Genau das ertrug Chaplin auf Dauer nicht. Er war sich im Gegensatz zu fast allen anderen darüber klar, daß es außerhalb von Hollywood und den Vereinigten Staaten auch noch eine Welt gab. Die interessierte die meisten Kollegen nur insofern, als sie zahlendes Publikum war.

Auch Chaplin hatte bisher nicht viel von der Welt gesehen. Die Armenviertel von London, allenfalls noch die Prachtpaläste – aber bis zu seiner ersten Europareise immer nur von außen. Er hatte auf dieser ersten Reise nur einige wenige Städte besucht und war jeweils nur dorthin gekommen, wohin man ihn führte: nach London und Paris. Er hatte eigentlich niemanden kennengelernt außer den Personen, die sein Presseagent Carlyle Robinson ihm zuführte, und den Berühmtheiten, die sich für ihn interessierten.

Aber nun hatte Chaplin das dringende Bedürfnis, die ihm unbekannte Welt kennenzulernen und auch die ihm unbekannten Menschen. Es ist übrigens kein Zufall, daß er sich auf dieser Reise von seinem Presseagenten trennte – nach vierzehn Jahren.

Seine neuen Intentionen wurden schon vor Beginn der Europareise deutlich: als er darauf bestand, das Zuchthaus Sing-Sing zu besuchen, wo einige seiner Filme den Sträflingen vorgeführt wurden und sie zumindest für ein paar Stunden ihren Spaß hatten. Genügend Einfluß, um solche Ideen zu verwirklichen, hatte er schon.

In London suchte er die Schule auf, die er in den unglücklichsten Jahren seines Lebens besucht hatte, und machte die Kinder, denen er den Tramp vorspielte, unendlich glücklich. Er sagte später immer wieder, er hätte dieses Erlebnis nicht um alles in der Welt missen wollen.

Er verbrachte viele Stunden mit dem großen Dramatiker George Bernard Shaw, der nun wirklich nicht für jedermann zu sprechen war. Er unterhielt sich auch mit dem damals sehr erfolgreichen Dramatiker und Erzähler J.M. Barrie, dem Schöpfer des „Peter Pan", den der junge Chaplin schon geliebt hatte, als er kaum lesen konnte.

Man wollte ihn auch adeln, aber das verhinderte Königin Mary, angeblich weil sie verhindern wollte, daß ein Filmstar den Adelstitel für Publicity-Zwecke einsetzte. In Wahrheit war sie entrüstet über den „unsittlichen Lebenswandel" Chaplins.

Überhaupt war das offizielle England ihm gegenüber nicht allzu zuvorkommend. Man hatte ihn in das Parlament eingeladen, aber er hatte nicht kommen können, weil er bereits anderweitige Verpflichtungen hatte. Das verzieh man ihm nicht.

Er reiste bald darauf auf den Kontinent, besuchte Paris für wenige Tage und fuhr weiter nach Berlin, wo er die Einsteins treffen wollte.

Berlin... als er zum ersten Mal hinkam, war er dort, wie bereits erwähnt – völlig unbekannt. Jetzt war er dort genauso berühmt wie überall auf der Welt. Als er ankam, war immerhin Marlene Dietrich – um diese Zeit auch schon ein Star, sowohl in Deutschland als auch in Amerika – auf dem Bahnsteig, um ihn willkommen zu heißen – ungewöhnlich für Marlene, ein Beweis ihrer Wertschätzung.

Er wurde überall herumgereicht, aber am meisten interessierten ihn eben doch die Einsteins. Er unterhielt sich lange mit dem Physiker über die Weltwirtschaft, bis Einstein schließlich sagte: „Sie sind gar kein Komödiant, Charlie. Sie sind ein Ökonom!" – was ja schon vor ihm der Komponist Irving Berlin hatte erfahren müssen.

Schon damals wurde er angegriffen, zumindest in Zeitungen, die den Nationalsozialisten gehörten oder ihnen nahestanden. Sie waren empört über die Ehrungen, die man dem „jüdischen Komödianten aus Amerika" erwies. Woher wußten sie eigentlich, daß er Jude war? Er wußte es zu dieser Zeit selbst noch nicht!

Die Reise ging weiter nach Venedig, anschließend nach Paris, wo er mit Aristide Briand, einst französischer Außenminister, zu Mittag aß und wo er das Abzeichen der Ehrenlegion empfing.

Kurz vor Paris ließ die Polizei den Zug anhalten, weil sich vor dem Bahnhof Tausende von Menschen drängten. Die Polizei hatte auch seine Reservierung im Ritz storniert und im Hotel Grillon gebucht, das auf der Place de la Concorde lag und leichter zu überwachen war. Chaplin war empört über diesen „Eingriff", verließ das Grillon wieder und ging in das Ritz zurück, Polizei hin oder her.

Auf dieser Europareise fand Chaplin immer wieder Gelegenheit, mit irgendwelchen hübschen, blonden jungen Damen zu flirten. Und von jeder glaubte man, sie würde seine Partnerin im nächsten Film werden, obwohl man noch keine Ahnung hatte – er selbst auch nicht –, wie der nächste Film aussehen würde.

Ernsthafter war der Flirt mit einer gewissen Mary Reeves, die in Wirklichkeit Mizzi Müller hieß. Mit der Tschechin, die irgendeine Schönheitskonkurrenz in ihrem Land gewonnen hatte und nach Frankreich gekommen war, um dort ihr Glück zu machen, verbrachte er einige Monate an der Riviera. Aber es war klar, daß sie als Partnerin nicht in Frage kam. Seine Umgebung machte sich diesbezüglich unnötig Sorgen.

Wie sehr Chaplin auch geehrt wurde, wie gut er sich gelegentlich amüsierte – der Aufenthalt in Europa machte ihm klar: Die Welt war in heillose Unordnung geraten. Das war nach seiner Ansicht vor allem die Schuld der Herrschenden – nicht nur der Politiker, sondern vor allem der Wirtschaftsbosse, der Großindustriellen. So mußte der Wunsch, nein die Notwendigkeit, seinen nächsten Film gesellschaftskritisch zu gestalten, in ihm heranreifen, vielleicht ohne daß es ihm von Anfang an bewußt war.

Wann, wie und wo die Idee entstand, darüber hat Chaplin später nie ein Wort verloren. Wohl aber stand der ironische Titel sehr früh fest: MODERN TIMES.

Als Chaplin vorübergehend nach Kalifornien zurückkehrte, lud ihn Joseph Schenck, der Präsident der United Artists, für ein Wochenende auf seine Yacht ein. Das war im Juli 1932. Unter den anwesenden Mädchen fiel ihm eines besonders auf: Paulette Goddard.

Wie sich herausstellte, war sie in New York geboren. Über ihr Geburtsjahr gibt es bis heute noch keine absolute Klarheit. Vielleicht war sie wirklich schon 21, wie später behauptet wurde, vielleicht doch ein wenig jünger. Ihr ursprünglicher Name war Paula Levy. Schon mit vierzehn Jahren hatte sie die Mutter ernähren müssen, die früh vom Vater verlassen worden war. Sie war zunächst bei der Ziegfeld-Truppe gewesen, später Chorus-Girl in zwei Revuen, und dann spielte sie eine Nebenrolle in einem Lustspiel am Broadway. Mit sechzehn hatte sie einen sehr reichen Playboy geheiratet, einen gewissen Edgar James, ließ sich aber im gleichen Jahr wieder von ihm scheiden. Das hatte James 100 000 Dollar gekostet, nicht viel für ihn, aber viel für Paulette – die auch später immer gut für sich selbst und ihre Mutter sorgen konnte.

Chaplin war begeistert von ihr. Sie war ja auch entzückend: lustig, lebhaft, gescheit, witzig, kameradschaftlich. Sie wollte natürlich zum Film. Und hatte sich deshalb ihr pechschwarzes Haar blond färben lassen.

Der erste Rat, den Chaplin ihr gab, war, sich von der Blondine wieder in die junge Dame mit den schwarzen Haaren zurückzuverwandeln. Was in den nächsten Wochen auch geschah. Der zweite Rat war, ihre Absicht aufzugeben, das Geld, das ihr geblieben war (50 000 Dollar), in eine obskure Filmgesellschaft zu stecken; sie würde es mit Gewißheit verlieren. Es handelte sich um eine Firma, von der Chaplin, der immerhin fast zwanzig Jahre in Hollywood verbracht hatte, nie gehört

hatte und von der er vermutetete, sie bestehe nur aus einer Telefonnummer – was übrigens stimmte.

Da sie keine Chance sah, im Filmgeschäft zu reüssieren, wollte sie wieder zurück nach New York. Chaplin brachte sie zum Flughafen und küßte sie zum Abschied – was am nächsten Tag in mehreren Zeitungen zu lesen war. Auch daß sie miteinander verlobt seien, was sowohl er als auch sie abstritten. Aber Paulette fügte hinzu, sie würde seine nächste Partnerin sein!

Chaplin war das unbekannt. Doch anders als in früheren vergleichbaren Situationen war er diesmal nicht verärgert. Er dementierte auch nicht. Er lachte nur, als er die Nachricht las.

In jenen Tagen unterhielt er sich auch gelegentlich mit Journalisten über die weltpolitische Lage. Er hatte ganz bestimmte, unverrückbare Ansichten. Als man ihn fragte, wie er sich denn die Zukunft vorstelle, meinte er, die Arbeitszeiten seien zu lang für die Arbeiter

Chaplin mit Paulette Goddard

und die Löhne nicht ausreichend. Es müßten Minimallöhne eingeführt werden, sowohl für gelernte als auch für ungelernte Arbeiter. Jeder Arbeiter über 21 Jahren müßte so viel verdienen, daß er davon leben, ja eine Familie ernähren könnte.

Er hatte sich, obwohl die Zeiten schlecht waren und auch seine eigene Gesellschaft nicht gerade florierte – wie konnte sie, da er ja in dieser Zeit keine Filme machte? –, eine eigene Yacht zugelegt.

Paulette hatte gemeint, es wäre nett, kleine Ausflüge zu machen, etwa nach Catilina Island. Jetzt schlug Chaplin ihr vor, mit ihm zu verreisen. – „Wohin?" – „Nach China!"

Sie segelten mit seiner Yacht tatsächlich los: zuerst nach San Francisco, dann nach Honolulu und dann wirklich in den Fernen Osten. Die Reise dauerte, so

Rechte Seite: Filmszenen aus „Modern Times"

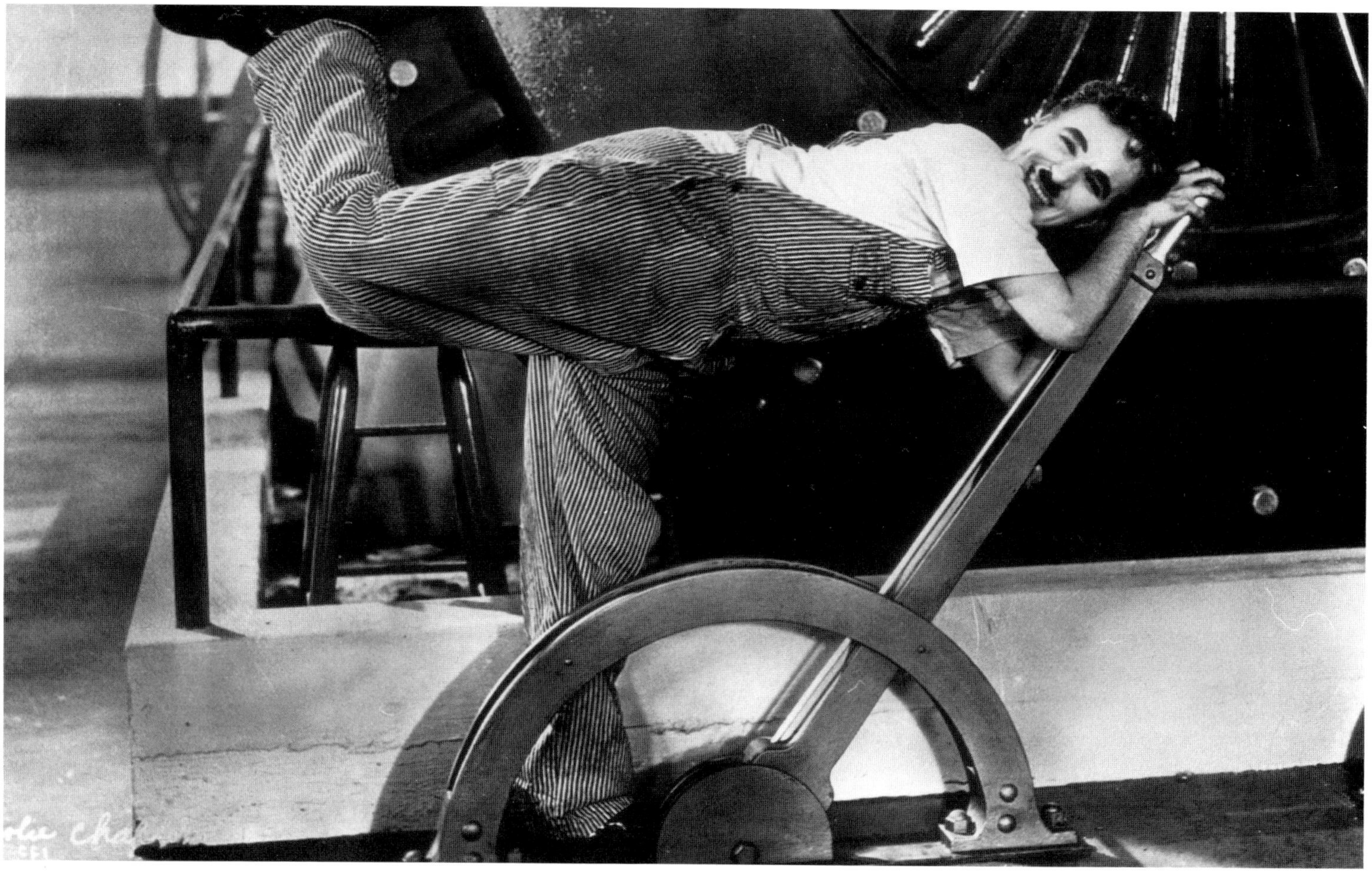

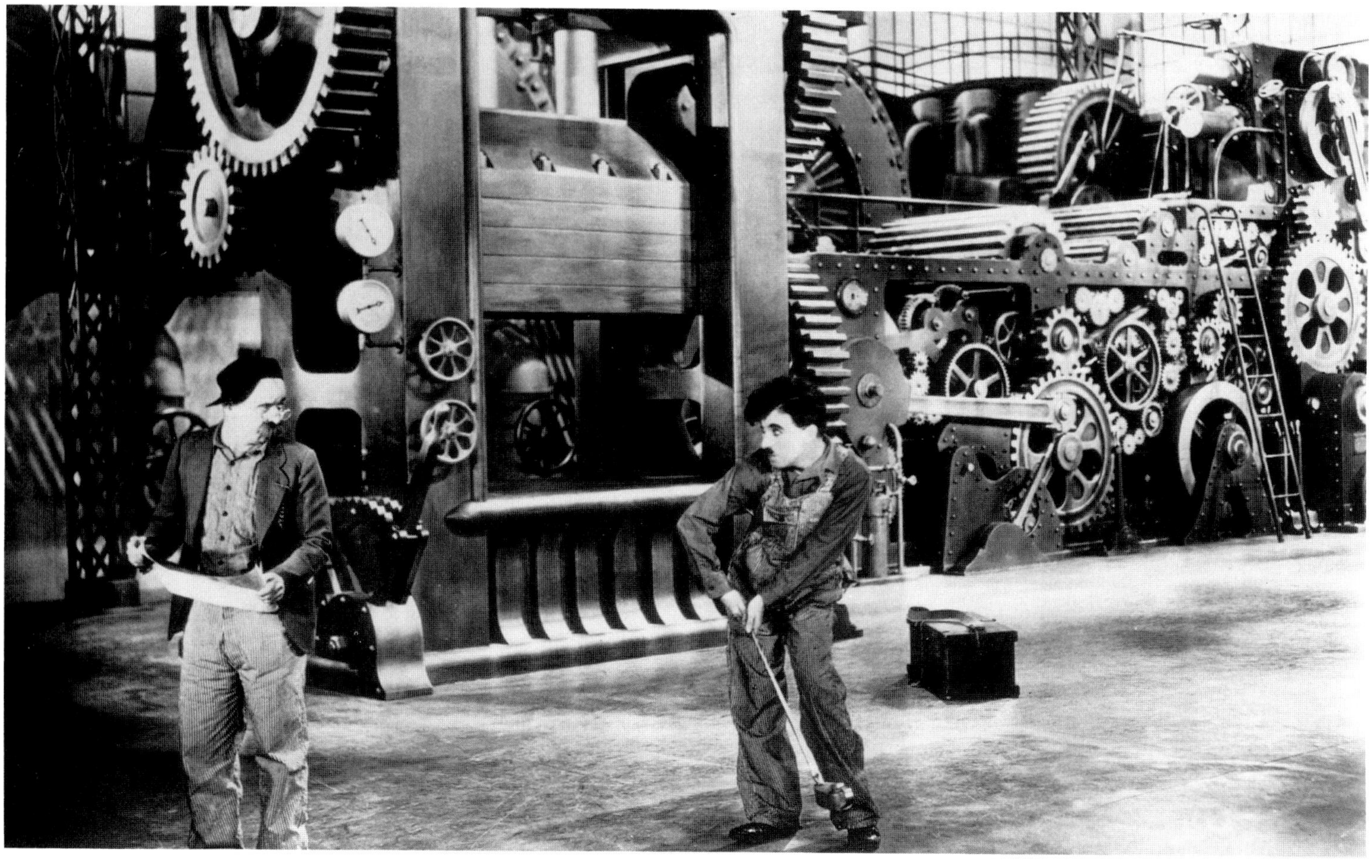

Chaplin, fünf Monate. Und unterwegs – in Kanton – heirateten die beiden. Das war im Jahre 1933.

Später wurde das übrigens von einigen Journalisten bezweifelt. Sie behaupteten, die beiden seien nie verheiratet gewesen. Unsinn! Sie hätten im Hollywood der damaligen Zeit nicht in einem Haus leben können, mit den Kindern Charlies aus zweiter Ehe, wenn sie nicht verheiratet gewesen wären.

Und warum auch nicht? Paulette war die erste Frau, mit der Chaplin zusammenlebte, die ihm nicht auf die Nerven ging. Sie hatte das Talent, ihn aus seinen Depressionen zu holen. Mit ihr war er immer guter Laune und sollte es auch bleiben.

Übrigens war Chaplin sehr bald davon überzeugt, daß Paulette eine gute Schauspielerin sei oder sein könnte. Und es amüsierte ihn, daß sie irgendwie etwas „Gaminhaftes" an sich hatte. Sie würde als junges Mädchen sehr gut zu dem Tramp passen.

Aber nein, er würde ja den Tramp nicht noch einmal spielen! Er wußte, daß er in seinem nächsten Film würde sprechen müssen – der Stummfilm war endgültig tot –, und er hatte keine Vorstellung, wie der Tramp sprechen könnte.

Wie sollte der nächste Film überhaupt aussehen? Er hatte den Wunsch, einen gesellschaftskritischen Film zu drehen. Verstärkt wurde dieser Wunsch allmählich durch Berichte beispielsweise über das Fließband-System in der Automobilindustrie in Detroit. Die Großindustrie heuerte für diese Arbeit gesunde junge Männer vom Lande an, die nach fünf Jahren am Fließband Wracks waren.

So entstand die Idee zu MODERN TIMES.

Später hat ein sehr bekannter Kritiker geschrieben, es handle sich gar nicht um eine Story, sondern um zahlreiche Episoden, die nur durch die beiden Hauptfiguren, den Tramp und das Mädchen, zu einem Ganzen zusammengeschweißt würden. Das stimmte bis zu einem gewissen Grad. Die Geschichte – wenn sie denn eine war – besaß keine Geradlinigkeit. Chaplin fielen immer nur Einzelheiten ein, die er zusammenfügen mußte. Was aber entstand daraus!

Paulette war also bei Chaplin eingezogen. Das hatte eine für Chaplin schmerzliche Folge: Kono, der langjährige Butler, kündigte und war nicht zu überreden, die Kündigung zurückzunehmen. Chaplin mußte ihn schließlich mit seiner Frau nach Tokio ziehen lassen, nicht ohne ihm eine Geldprämie zuzustecken und ihm eine Empfehlung für die Filiale der United Artists in Tokio mitzugeben. Kono hatte kein Glück in Tokio. Er kehrte schließlich wieder in die Vereinigten Staaten zurück und wurde von Chaplin prompt angestellt – allerdings in der Firma, nicht in seinem Haus.

Warum war Kono gegangen? Wegen Paulette natürlich. Denn sie begnügte sich nicht damit, sich bedienen zu lassen. Sie führte den Haushalt und führte ihn kompetent. Das heißt, sie griff, ob beabsichtigt oder nicht, in die „Rechte" Konos ein. Sie war übrigens – wer hätte das gedacht – eine vorzügliche Hausfrau. Und – obwohl sie selbst nie Kinder gehabt hat – eine wundervolle Mutter für Chaplins Kinder, eine viel bessere, als Lita es je hätte sein können.

Sie war zu Hause all das, was sie später in ihrer Filmrolle sein sollte; vielleicht übernahm Chaplin einiges, was er zu Hause mitbekommen hatte, in den Film. Paulette richtete sein Haus ein, ließ Möbel abholen, kaufte schöne und nützliche Dinge, hörte ihn beim Textlernen ab, war bei ihm, wenn er sie brauchte, und ließ ihn in Ruhe, wenn er allein sein wollte. Chaplin war mit ihr glücklich, so glücklich, wie ein so schwieriger, ein so depressiver Mensch wie er damals sein konnte.

Die Filmhandlung hatte er nur grob skizziert, jetzt fuhr er mit seiner Sekretärin in die Umgebung, um das Drehbuch zu erstellen. Er lud Paulette ein mitzukommen, aber sie spürte genau, daß er das im Grunde gar nicht wollte, und blieb zu Hause.

Worum ging es bei diesem Film? Eben um die „moderne" Zeit. Eine Zeit, die es nach Chaplin einem kleinen Mann unmöglich machte zu existieren, ohne mit der Justiz in Konflikt zu geraten oder zu verhungern.

Der kleine Mann – das war Chaplin. Er sah zwar immer noch dem Tramp ähnlich, aber er war nicht mehr der Tramp, er war ein kleiner Arbeiter, der in die unmöglichsten Situationen gerät.

Etwa: Er geht eine Straße hinunter, sieht, daß von einem Lastwagen eine Fahne herunterfällt, läuft mit ihr dem Lastwagen nach und merkt nicht, daß hinter ihm streikende Arbeiter marschieren. Die Polizei hält ihn für deren Anführer, und er muß – beinahe – die Folgen tragen.

Oder: Der Direktor oder Besitzer einer Fabrik ist darauf versessen, maximale Leistung aus den Arbeitern herauszuholen. Was ihn besonders schmerzt, ist die Tatsache, daß die Arbeiter Mittagspause machen. Aber irgendwann müssen sie ja essen. Da taucht ein Erfinder auf. Er behauptet, eine Eßmaschine erfunden zu haben, eine Maschine, die einen Menschen füttert, und zwar schneller, als er selbst essen könnte. Die Maschine wird ausprobiert – natürlich an Chaplin. Und

Mit Paulette Goddard in „Modern Times"

nun sehen wir ihn hilflos dieser Maschine ausgeliefert, die ihm in immer schnellerem Tempo etwas Breiähnliches in den Mund stopft. Zuerst hält er mit, aber es wird immer schwieriger: Er kann nicht so schnell schlucken, wie die Maschine es von ihm fordert. Schließlich landet das, was als Nahrung gedacht war, gar nicht mehr in seinem Mund, sondern auf seinem Gesicht, seinem Anzug. Der Unternehmer winkt angewidert ab. So geht es also nicht!

Auch anderes zeigt Chaplin. Beispiel: Er steht an einem Fließband. Er hat immer nur, Minute für Minute, Stunde für Stunde, Tag für Tag, mit einem Schraubenzieher an Knöpfen zu drehen. Und diese Knöpfe erscheinen auf dem Fließband in ziemlich schneller Folge. Schließlich kommt er nicht mehr mit, ein Knopf geht unberührt an ihm vorbei, er eilt ihm nach, versäumt dadurch die folgenden Knöpfe, seine Situation wird immer kritischer. Schließlich wird er entlassen. Aber er

hat sich so sehr an diese Bewegung, das Drehen des Schraubenziehers um den Knopf, gewöhnt, daß er nun, wo immer er Knöpfe sieht – in der Fabrik, aber auch auf der Straße –, sie zu drehen versucht, sogar die Knöpfe am Kleid einer Passantin. Er ist verrückt geworden – oder kurz davor.

Schließlich findet er einen Job als Kellner. Aber nicht als normaler Kellner, sondern als einer jener singenden Kellner, wie sie zu Anfang des Jahrhunderts in den Vereinigten Staaten und in Osteuropa Mode waren. (Übrigens: Irving Berlin begann als singender Kellner im Osten New Yorks und komponierte dort seinen ersten Schlager, „Alexander's Ragtime Band".).

Das Mädchen, das er kennengelernt hat und das eigentlich seine Schwester sein könnte, aber wohl seine Freundin wird – ganz deutlich wird das nicht, es ist aber anzunehmen –, ist immer hilfreich. Sie wartet auf ihn, wenn er arbeitet. Sie wartet auf ihn vor dem Gefängnis, in das er gerät. Sie hört ihm den Text ab für den Song, den er als Kellner vortragen muß, sich aber einfach nicht merken kann.

Dann sehen und hören wir ihn – eine der unvergeßlichsten Szenen Chaplins – diesen Song vor den Gästen vortragen. Es handelt sich übrigens um den alten französischen Schlager „Je cherche ma Titine", den viele, viele Jahre zuvor Mistinguett im Casino de Paris berühmt gemacht hatte. Da er den Text einfach nicht behalten kann, improvisiert er. Und zwar in einer nicht existierenden Sprache. Der Witz der Geschichte: Die Gäste, eher einfache Leute natürlich, protestieren nicht etwa, sondern lauschen andächtig und spenden begeistert Beifall. Denn obwohl sie nichts verstanden haben, glauben sie vorgeben zu müssen, alles verstanden zu haben.

Ähnliche Episoden gibt es schon vorher: Chaplin ist als Nachtwächter in einem Warenhaus tätig, wo er dauernd bekleidete Schaufensterpuppen für Einbrecher hält und Einbrecher, in der Annahme, es seien Puppen, ungeschoren läßt. Dort lernt er übrigens das junge Mädchen kennen, das ihn von nun an durch den ganzen Film begleiten wird: Paulette Goddard.

Das Ende: Nachdem Chaplin überall Schiffbruch erlitten hat, sehen wir ihn wieder aus der Stadt wandern. Aber diesmal nicht allein: Das Mädchen ist bei ihm.

Anfang November 1934 wurde mit den Dreharbeiten begonnen, am 30. August 1935, also zehneinhalb Monate später, war der Film fertig – für eine Produktion eines der großen Studios eine ungewöhnlich lange Zeit, für Chaplin eine relativ kurze, seit A WOMAN OF PARIS die kürzeste.

Aber dann kam ja noch das Schneiden, eine bei Chaplin ungewöhnlich langwierige Arbeit. Und dann die musikalische Untermalung. Aus dem Film wurde jetzt ein Tonfilm mit Musik. Er hatte sie selbst komponiert, wenn man dem Vorspann glauben darf. In Wirklichkeit hatte er sie wohl einem Musiker oder, wie man das damals nannte, einem Arrangeur vorgesummt oder auf der Geige vorgespielt, und der hatte dann die Begleitmusik erweitert und instrumentiert.

„Modern Times"

Rechte Seite: Filmszenen aus „Modern Times"

Und Chaplin sprach nun auch, aber recht wenig. Nur mit besagtem Lied war er längere Zeit zu hören.

Es dauerte bis ins nächste Jahr hinein, bis der Film herauskam. Und Chaplin war besorgt. Irgendein Journalist hatte geschrieben, es handele sich um einen „kommunistischen Film". Anlaß war wohl, daß irgendwo eine stark verkürzte Inhaltsangabe erschienen war, in der betont wurde, daß es sich um einen Film gegen die Unternehmer handele. Unwahrscheinlich, daß viele das lasen, und noch unwahrscheinlicher, daß irgend jemand das glaubte. Chaplin ein Kommunist? Undenkbar! Zu dieser Zeit jedenfalls noch.

Als der Film schon im Atelier war und es aus irgendwelchen Gründen zu einer Verzögerung kam, gab Chaplin eine Pressekonferenz. Da ich zufällig in Hollywood war, ging ich hin. Ich war damals Korrespondent des „Paris soir" in den Vereinigten Staaten. Und da Chaplin daran lag, die Verbindungen zu seinem geliebten Europa aufrechtzuerhalten, wäre er auch zu einem ausführlichen Gespräch bereit gewesen. Aber ich hatte das Gefühl, er habe den Kopf voll mit dem Film, und so beließ ich es bei einigen belanglosen privaten Worten.

Wenige Tage später – ich hatte eine Geschichte über Chaplin an den „Paris soir" gekabelt – lag in meinem Hotel ein Telegramm für mich. Der ungefähre Wortlaut: „Was macht eigentlich die hübsche Blondine, die früher immer bei Chaplin mitgespielt hat?"

Ich ärgerte mich. Ich hätte Chaplin ja fragen können. Aber ich wollte ihn jetzt nicht mehr belästigen. Also erkundigte ich mich nach Edna Purviance: bei der Presseabteilung der M.G.M., die eigentlich über alles Bescheid wußte, bei der Presseabteilung der Universal, bei der Presseabteilung der Paramount. Ich erhielt immer die gleiche Antwort: Niemand wußte, wo Edna Purviance abgeblieben war.

Das wollte ich eigentlich dem „Paris soir" kabeln, aber dann kam mir ein Gedanke, und ich nahm mir das Telefonbuch vor. Richtig, da stand es: „Purviance, Edna, actress" – und die Nummer.

Ich rief an. Eine Frauenstimme meldete sich. Ich erkundigte mich nach Miß Purviance. Ja, das sei sie selbst. Ich stellte mich vor als Korrespondent des „Paris soir". Ich würde sie gern interviewen. Ob ich zu ihr kommen dürfe? Sie fragte mich, wo ich wohne. Ich nannte ihr das Hotel. Sie bot sich an, zu mir zu kommen, wir sollten uns in der Halle treffen.

Ich setzte mich in die Halle, und wenige Minuten später erschien sie – unverkennbar. Sie war natürlich älter geworden, auch ein bißchen dicker. Ich fand, sie war zwar nicht mehr das lustige kleine Mädchen von damals, aber eine sehr schöne Frau.

Sie dachte natürlich, ich wolle etwas über Chaplin erfahren. Sie begann: „Wir sind ja immer noch gut miteinander befreundet, wenn wir uns auch nur noch in großen Abständen sehen..." Und dann erzählte sie mir eine Unmenge über Chaplin, wovon ich vieles wußte, manches nicht.

Ich fragte sie erstaunt, woher sie das alles wisse. Sie antwortete ruhig: „Ich besitze ein Archiv! Ich sammle alles über ihn. Ich habe Zeitungsausschnitte über Er-

eignisse, die er längst vergessen hat oder von denen er vielleicht überhaupt nie etwas wußte. Oder" – sie lächelte, und dann war sie noch hübscher – „über Ereignisse, die nie stattgefunden haben."

Wir lachten. Ich sagte, ich hätte sie eigentlich nicht um ein Interview gebeten, um über Chaplin zu sprechen, sondern über sie. Es gab, wie sich herausstellte, eine Menge zu sagen. Dinge, die kaum jemand wußte.

Zum Beispiel, daß, als Chaplin mit der Idee geliebäugelt hatte, den Napoleon zu spielen, sie die Rolle der Joséphine übernehmen sollte. Dann erzählte sie von allen möglichen anderen Rollen, die sie spielen sollte. „Ich stehe ja noch immer unter Vertrag!" Das wußte ich allerdings. Chaplin entließ nie jemanden, der ihm nahegestanden hatte.

„Aber Sie haben nie wieder gefilmt?" „O doch, ich habe einen Film gemacht, THE SEA GULL – vor einiger Zeit schon." Ein Chaplin-Film mit dem Titel *Die Möwe*? „Ich habe den Film nie gesehen! Er wurde nie aufgeführt. Chaplin hat ihn nicht freigegeben."

Die Sache war die: Chaplin hatte ein lebhaftes Interesse an dem jungen Regisseur Josef von Sternberg entwickelt, als er dessen Erstlingsfilm gesehen und die Hauptdarstellerin Georgia Hale für GOLD RUSH engagiert hatte. Er glaubte, dieser Sternberg könne vielleicht einen Film mit Edna Purviance machen, und stellte die Mittel zur Verfügung. Der Film handelte von Fischern, die unter schwersten Arbeitsbedingungen ihr Dasein fristen. Chaplin hatte das Drehbuch gelesen und für gut befunden. Josef von Sternberg setzte es dann anders in Szene, als Chaplin es erwartet hatte. Edna Purviance versuchte mir zu erklären, daß es etwas mit Symbolik zu tun gehabt hätte – ganz genau verstand ich nicht, was sie sagen wollte.

Sternbergs Film war, wenn man den wenigen glaubte, die ihn zu sehen bekamen, recht gut. Der junge Regisseur beging allerdings einen entscheidenden psychologischen Fehler: Er führte ihn ohne Chaplins Erlaubnis einigen Leuten vor. Darüber war Chaplin empört. Schließlich war es „sein" Film. Der Kameramann meinte später, Chaplins Zorn sei vor allem dadurch hervorgerufen worden, daß die Purviance besser aussah als in A WOMAN OF PARIS.

„Jedenfalls wurde der Film nie öffentlich vorgeführt. Er ruht irgendwo in einem Safe von Charlie", erläuterte Edna Purviance. Ich fragte: „Sind Sie ihm böse?" „Ich könnte Charlie nie böse sein! Aber natürlich tut es mir leid, daß der Film nicht in die Kinos kam. Er hätte mir vielleicht genützt..." „Würden Sie gerne wieder filmen?" fragte ich. „Aber natürlich", erwiderte sie.

Ich hatte allerdings den Eindruck, daß dies nicht der Fall war. Sie war wohl mit ihrem Leben ganz zufrieden, sie hatte ja, dank Chaplin, keine Sorgen.

Ich sagte ihr, gewissermaßen zum Trost: „In Frankreich jedenfalls hat man Sie nicht vergessen!" „Ach!" Das war ungefähr das letzte, was ich von ihr hörte. Chaplin sollte später, viel später, wieder von ihr hören.

Etwa ein Jahr später war die Premiere von MODERN TIMES, und Chaplin war wieder einmal des Filmens und, mehr noch, der Filmstadt müde. Er schlug Paulette vor, mit ihm zu verreisen.

Der große Diktator und der kleine Schneider

Nach MODERN TIMES dachte Chaplin viel nach. Dieser Film war seine Kritik an der Wirtschaftsordnung gewesen. Inzwischen war nicht nur die Wirtschaftsordnung nicht in Ordnung: Die ganze Welt war in Unordnung geraten. Da genügte nicht Kritik. Da war ein massiver Angriff vonnöten.

Für Chaplin war unerträglich, daß Hitler an die Macht gelangt war. Später versuchte man die Faschisierung Deutschlands durch die hohe Arbeitslosigkeit zu erklären. Nun, in den USA war die Arbeitslosigkeit und mithin die Not der kleinen Leute wohl noch schlimmer. Aber dort holte man keinen Schwerverbrecher, sondern ein Genie: Franklin D. Roosevelt, von dem Chaplin später behauptete, er sei der größte Präsident der USA gewesen, den es je gegeben habe.

Im Jahre 1935, als er seinen letzten Film herausgebracht hatte, war Hitler bereits drei Jahre an der Macht. Und es war für jeden klar: Deutschland rüstete auf. Es trieb alles auf einen neuen Krieg zu. Chaplin war Pazifist und haßte nichts so sehr wie Kriege. Also mußte er gegen Hitler sein.

Aber es gab noch Unerträglicheres für Chaplin: den Judenhaß des sogenannten Führers. Chaplin hatte die Juden stets gemocht. Ihre Komik war der seinen sehr verwandt. In London damals hatte er sich ja mit jüdischen Komikern befreundet. Aber seine Liebe zu den Juden ging tiefer und weiter.

Die Juden hatten in Anbetracht des geringen Prozentsatzes, den sie an der Weltbevölkerung ausmachten, erstaunlich viele Schauspieler – und große Schauspieler! – hervorgebracht. Der Grund war Chaplin klar: Um überleben zu können, hatten sie sich Tausende von Jahren hindurch immer wieder in verschiedene Rollen pressen lassen müssen. Das war ihnen in Fleisch und Blut übergegangen. In England waren viele der großen Schauspieler Juden gewesen, auch in Frankreich, in Deutschland mehr als in allen anderen Ländern, und Hollywood verdankte seine Existenz vor allem Juden, wie Chaplin wußte. Der Gedanke, daß er selbst Jude sein könnte, kam ihm nicht. Noch nicht.

Chaplin entschloß sich, gegen Hitler zu kämpfen. Es gab nicht viele Künstler, die sich so dezidiert wie er gegen den nationalsozialistischen „Führer" wandten. Dies gilt nicht zuletzt für die Künstler in Deutschland selbst – auch wenn viele das Land verließen, Albert Bassermann etwa, der vielleicht größte deutsche Schauspieler, und die Brüder Thomas und Heinrich Mann. Auch die ausländischen Künstler schwiegen, beispielsweise die großen amerikanischen Schriftsteller, mit Ausnahme von Sinclair Lewis und Ernest Hemingway. Die Filmschauspieler mußten schweigen, denn ihre Produzenten fürchteten um ihre Einnahmen in Deutschland und Österreich.

Ein Beispiel, typisch für viele: Fritzi Massary, die ungekrönte Königin des europäischen Theaters – wenn sie in einer Operette oder Revue auftrat, war das ein künstlerisches Ereignis –, war Jüdin. Sie verließ Deutschland wenige Wochen nachdem Hitler an die Macht gekommen war. Sie war nicht nur beim Publikum, sondern auch bei ihren Kollegen äußerst beliebt. Aber es gab nur einen, so erzählte sie mir später, der sich von ihr verabschiedete: Hans Albers – blond, blauäugig, eine Heldenfigur, wie die Nationalsozialisten sie sich wünschten. Aber er hatte für den Faschismus nichts übrig. Freilich erschöpfte sich sein antifaschistischer Kampf darin, sich Propaganda-Filmen zu verweigern.

Aber Charlie Chaplin kämpfte. Seine Waffe war das Lachen. Er wollte alles dazutun, damit man über Hitler lachte, besser noch: damit man ihn auslachte. Das war sein Ziel, und es war gar nicht so abwegig.

Ich erinnere mich, daß ich mir noch ein Jahr lang – ich hatte Deutschland zwei Wochen nach Hitlers Machtergreifung verlassen – in Paris und London Wochenschauen, in denen Hitler immer wieder vorkam, ansah, in der Hoffnung zu ergründen, was die Leute eigentlich so faszinierend an diesem Kerl fanden. Ich teilte die Meinung des großen jüdischen Komikers Max Pallenberg, dem Mann der Massary, der meinte, Hitler sehe wie ein Heiratsschwindler aus.

Meine Wochenschau-Erfahrungen teilte ich vielen mit. Ich erzählte auch Chaplin einmal davon, und der nickte.

Einem amerikanischen Journalisten gegenüber äußerte sich Chaplin damals: „Ich werde ihn spielen, und man wird ihn nicht fürchten, sondern über ihn lachen. Und Lachen tötet!" Ach. wenn er doch recht gehabt hätte!

„The Great Dictator"

Der Tramp war also tot. Oder war er es doch nicht? In MODERN TIMES war er zum Arbeiter geworden, aber immer noch unverkennbar der Tramp. Aber wie konnte man die Hauptrolle in *Der Große Diktator* spielen – diesen Diktator, Hitler, dem Chaplin ja irgendwie ähnlich sah, wenn seine Züge auch viel feiner waren als die des „Führers" – und doch noch ein Tramp sein?

Chaplin gelang das Unmögliche dann doch. Ermöglicht wurde es ihm vielleicht nicht zuletzt dadurch, daß er unerwartet erfuhr, daß er Jude war.

Seine Meinung zu den Juden hatte er freimütig geäußert, wo immer sich eine Gelegenheit dazu bot. Als er hörte, daß die Juden unter Hitler sukzessive ihre Rechte verloren – von ihrer Ermordung war noch keine Rede –, schäumte er vor Empörung. Als ein Journalist ihn fragte, ob er denn selbst Jude sei, antwortete er barsch: „Man braucht kein Jude zu sein, um die Vernichtung von jüdischen Existenzen zu verurteilen!" Später sagte er auf die Frage des berühmten jüdischen Komikers Groucho Marx von den Marx Brothers: Er sei kein Jude – leider; er bedaure dies.

Später, als er von Auschwitz erfuhr, reagierte er entsetzt: Wenn er das gewußt hätte, hätte er THE GREAT DICTATOR nicht gemacht. „Das ist nicht mehr zum Lachen!" Das äußerte er in einem Gespräch mit Thomas Mann, bei dem viele andere anwesend waren, unter anderem auch ich. Chaplin wiederholte immer wieder: „I could not have made fun of such a criminal…!"

Chaplins Komik war – typisch jüdisch. Die Philosophin Hannah Arendt, die sehr früh aus Deutschland geflüchtet war und sich in Amerika einen großen Namen machte, hielt Chaplin für einen jüdischen Künstler. Sie verglich ihn mit Heinrich Heine und auch mit Franz Kafka, dessen Judentum ja unbestritten war, deklarierte ihn zur „jüdischen Volksfigur" und schrieb unter anderem: „Die Filme Charlie Chaplins… In ihnen schuf das unpopulärste Volk der Welt die populärste Figur der Zeit, deren Volkstümlichkeit nicht auf zeitgemäße Abwandlung uraltfröhlicher Hanswurstiaden beruht, sondern mehr noch auf der Wiedererweckung einer Qualität, die man schon fast tot geglaubt hatte, nach einem Jahrhundert von Klassen- und Interessenkämpfen auf dem bezwingenden Charme des kleinen Mannes aus dem Volk."

Für die Arendt zeigte Chaplin „die ängstliche Frechheit, wie sie uns aus unzähligen jüdischen Volksgeschichten so gut bekannt ist, die Frechheit des armen, kleinen Juden, der die Rangordnung der Welt nicht anerkennt, weil er in ihr weder Ordnung noch Gerechtigkeit für sich zu erblicken vermag. In diesem kleinen erfinderischen, verlassenen Juden, der aller Welt suspekt ist, begriff sich der kleine Mann aller Länder."

Hannah Arendt schrieb oder veröffentlichte dies erst drei Jahre nach Kriegsende, aber sie hielt schon vor Kriegsbeginn einen Vortrag darüber. Ich fragte sie damals, wieso sie so überzeugt sei, daß Chaplin Jude sei. Sie zuckte die Achseln: „Das sieht man doch!" Und als ich das nicht gelten lassen wollte, fügte sie hinzu: „Es gibt Beweise!"

Wie ihre Beweise aussahen, habe ich nie erfahren. Wohl aber habe ich durch Paulette Goddard einiges

Mit Paulette Goddard in „The Great Dictator"

erfahren. Sie war nach Beendigung ihres ersten Films mit Chaplin etwas ungeduldig geworden, weil er, wie das ja seine Art war, keine Anstalten machte, seinen nächsten Film in Angriff zu nehmen. Sie drängte ihn, wie sie mir später erzählte: Früher habe er doch fast jede Woche, dann fast jeden Monat einen neuen Film gemacht; und jetzt – wozu die Pause? Paulette Goddard war ja Profi. Im Gegensatz zu den Frauen, mit denen Chaplin bisher gefilmt hatte, vielleicht mit Ausnahme von Mabel Normand, war sie nicht nur ein Typ, sondern eine ausgezeichnete Schauspielerin, die alle erdenklichen Rollen und Charaktere spielen konnte.

Er sah auch ein, daß sie spielen mußte, und ließ ihr freie Hand, anderswo Filme zu machen. Und sie hatte bei der Paramount durchweg Erfolge.

Aber dann rief Chaplin sie zurück. Er brauchte sie für THE GREAT DICTATOR. Paulette war erstaunt: Für einen Militärfilm? Er: Sie solle ein kleines jüdisches Mädchen spielen! „In dem Film über den Diktator?" Und Chaplin: „Ich spiele nicht nur den Diktator, ich spiele auch einen kleinen jüdischen Schneider, der ihm zum Verwechseln ähnlich sieht."

Paulette erzählte mir später, als sie schon die Frau des Schriftstellers Erich Maria Remarque war: „Ich hatte immer geglaubt, Charlie sei Jude, was mir gar nichts ausmachte, ich bin ja selbst Jüdin. Aber nun hatten er und ich es schwarz auf weiß: Ein Brief war aus England gekommen; wenn ich mich recht entsinne, etwa ein halbes Jahr vor Ausbruch des Zweiten Weltkriegs. Er stammte von einem englischen jüdischen Schriftgelehrten, der sich mit Ahnenforschung beschäftigte. Ich dachte bis dahin, das täten nur die Nazis. Nun, dieser gute Mann hatte in der Ahnengalerie von Schauspielern, unter anderen auch in der von Charlie, geforscht und festgestellt, daß fast alles, was er von seinen Eltern über deren Herkunft gehört hatte, Unsinn war. Nichts von Zigeunerinnen, die in der Geschichte der Mutter und auch des Vaters auftauchten. Charlies Vater war, genau wie der Vater von Sydney, Jude gewesen. Er hatte nur nie darüber gesprochen, weil Mutter Hannah ihn gebeten hatte, es nicht zu tun. Sie wollte unbedingt verhindern, daß die Kinder das erfuhren. Und sie hatte auch nie davon gesprochen, daß ihre Mutter jüdisch gewesen war – über ihren Vater hatte der Schriftgelehrte nichts in Erfahrung bringen können. Sie hatte geglaubt, Charlie einen Gefallen zu tun, wenn sie ihn glauben ließ, daß er Christ sei. Ihr zuliebe hatte Vater Chaplin nie über sein Judentum gesprochen, und sie natürlich schon gar nicht darüber, daß sie zumindest Halbjüdin war.

Erstaunlich freilich, wie Chaplin auf diese Neuigkeit reagierte – er sagte zu Paulette: „Wir wollen das vorläufig für uns behalten. Sonst sieht es so aus, als ob ich den Anti-Hitler-Film nur mache, weil ich Jude bin."

Und diesen Film hatte er nun wirklich zu einer Zeit

Chaplin war – Ende der dreißiger Jahre, als noch keiner der politisch Verantwortlichen an Krieg glaubte.

Chaplin erinnerte sich später, daß Washington, wo man von seinem Vorhaben erfahren hatte, ernste Bedenken äußerte. Man könne Hitler nicht kränken. Schließlich sei er Oberhaupt einer „befreundeten" Nation. Aus England kamen ähnliche Warnungen.

Schließlich schaltete sich noch das berüchtigte Hays-Office ein, die Selbstzensurbehörde des amerikanischen Films: Ein Anti-Hitler-Film könne nicht genehmigt werden. Doch Chaplin störte das nicht. Er wußte, daß das Hays-Office in der Lage war, den Film zu verbieten – aber er glaubte nicht, daß man es wagen würde. Er setzte auf seine Popularität – zu Recht.

Dann marschierte Hitler in Polen ein, und der Zweite Weltkrieg war da. Und sofort fragte London bei Chaplin nach, wann denn – endlich! – der Film abgedreht sei und gezeigt werden könne. Und im gleichen Sinne

Pause während der Dreharbeiten zu „The Great Dictator"

geplant, als er von seiner jüdischen Abstammung nichts ahnte. Dennoch wollte er einen Juden spielen. Und so entstand neben der Figur des verrückten Diktators die des bescheidenen, kleinen jüdischen Schneiders. Auch er war eine Art Tramp, wenn auch seßhaft – im Ghetto.

Der Witz für Chaplin war und mußte es eigentlich für jeden Zuschauer sein, daß sich der große Diktator und der kleine Jude so ähnlich sahen. Und diese Ähnlichkeit gab Chaplin nun die Möglichkeit zu einer Verwechslungskomödie. Am Ende landete der Diktator im KZ, wohin der Schneider gebracht werden sollte. Der kleine Schneider indes trat an die Spitze einer zu allem bereiten Armee und forderte sie auf – die Kämpfe einzustellen.

Das war die Entstehungsgeschichte des Films *Der Große Diktator*. Auch dieses Mal – wie schon in *Moderne Zeiten* – versuchte Chaplin, nicht mehr zu improvisieren. Alles war vorher in einem Drehbuch festgelegt. Und dieses Drehbuch zeigte, wie hellsichtig

ließ Roosevelt, allerdings äußerst diskret, bei Chaplin anfragen.

Als er – gegen offizielle Bedenken – an dem Film weitergearbeitet hatte, wußte Chaplin, daß er seine finanzielle Existenz damit aufs Spiel setzte. Er hatte ja seit Beendigung des First-National-Vertrages seine eigene Firma, arbeitete mit eigenem Geld. Hinzu kam, daß er schließlich als Komiker festgelegt war. Würde man ihn als blutrünstigen Diktator hinnehmen?

Der Film wurde fertig, noch ehe Hitler in Frankreich einmarschierte, aber die New Yorker Premiere fand erst am 15. Oktober 1940 – also ein Vierteljahr nach der Einnahme von Paris – statt. Chaplin hatte an dem Film insgesamt zwei Jahre gearbeitet, das Verfassen des Drehbuchs eingerechnet. Er hatte mit den Dreharbeiten im Oktober 1938 begonnen, also etwa zu der Zeit, als die Westalliierten die Tschechoslowakei verrieten und die Engländer und Franzosen noch glaubten, Hitler werde sich damit zufriedengeben. Chaplin wußte es besser.

„Hynkel" und Paulette Goddard

Der Film hatte, wie alle Chaplin-Filme, unbeschreiblich originelle Momente.

Zum Beispiel: Wie konnte Chaplin zeigen, daß Hitler, der im Film Hynkel hieß – Goebbels hieß Garbitsch, (Garbage ist Unrat!), Mussolini hieß Napaloni, Göring Herring, das Hakenkreuz war das Doppelkreuz und so weiter –, wie konnte er also zeigen, daß Hitler-Hynkel der Herrscher der Welt werden wollte, den Erdball zu dominieren beabsichtigte? Durch eine Ansprache? Nein, das wäre zu einfach gewesen! Durch eine entsprechende Mitteilung über eine Konferenz? Das wäre farblos gewesen! Nein, Hynkel tanzt in dem Film – mit einem Riesenballon, der ein Globus ist und den er von

Der „Große Diktator" in Pose

allen Seiten teils liebevoll, teils herrschsüchtig nach oben oder unten stößt.

Oder der Schluß: Der kleine Schneider steht also in der Uniform des Großen Diktators vor „seinen" Truppen und muß eine Rede halten – eine Rede, die zu weiteren Kriegstaten hetzt. Er hält aber eine Rede für den Frieden:

„So leid es mir tut, ich will nicht Kaiser werden. Dies ist nicht meine Sache. Ich will über niemanden herrschen und niemanden niederringen. Es ist mein Wunsch, jedem zu helfen – soweit es möglich ist –, sei er Jude oder Nichtjude, weiß oder schwarz. Wir alle haben den dringlichen Wunsch, einander zu helfen. Das liegt in der Natur des Menschen. Wir wollen vom Glück unseres Nächsten leben, nicht von seinem Elend. Wir wollen nicht hassen und Verachtung gegen unsere Nächsten zeigen oder spüren. In dieser Welt gibt es Raum für uns alle! Die gute Erde ist reich und vermag jedem von uns das zu geben, was er braucht. Wir könnten frei und mit einer gewissen Freude durchs Leben gehen, doch wir haben diesen Weg verloren. Die Habgier hat die menschliche Seele vergiftet, sie hat uns mit einer Mauer aus Haß umgeben. Sie hat uns in Stechschritt und elendem Blutvergießen marschieren lassen. Wir haben es möglich gemacht, uns mit höchster Geschwindigkeit fortzubewegen, doch wir haben uns selbst in Fesseln gelegt. Die Maschinen, die uns alles im Überfluß beschaffen sollten, haben uns die Not gebracht. Unser Wissen hat uns zynisch, unser Verstand hat uns kalt und lieblos werden lassen. Wir denken zuviel und fühlen zuwenig. Dringender als der Technik bedürfen wir der Menschlichkeit. Größe und Sanftmut sind von größerer Bedeutung für uns als Intelligenz. Mit dem Verlust der erwähnten Eigenschaften wird unser Leben immer mehr von Gewalt beherrscht, und so wird alles verloren werden.

Das Flugzeug und das Radio haben uns einander näher gebracht. Das Wesen dieser Dinge ruft nach den guten Eigenschaften im Menschen, ruft nach Brüderlichkeit überall auf der Welt, fordert uns zur Vereinigung auf. In diesem Augenblick erreicht meine Stimme Millionen Menschen überall auf der Welt, Millionen verzweifelter Männer und Frauen und kleiner Kinder, die Opfer eines Systems sind, das Menschen dazu bringt, Unschuldige zu quälen und in Gefängnisse zu werfen. Allen denen, die mich hören können, rufe ich zu: Verzweifelt nicht! Das Elend, das über uns gekommen ist, ist nichts als die Habgier, die vorübergehen wird, die Bitterkeit derer, die den Fortschritt der Menschheit fürchten. Der Haß der Menschen wird aufhören, Diktatoren werden sterben, und die Macht, die sie vom Volk übernommen haben, wird an das Volk zurückgegeben werden. Solange Menschen leben, wird die Freiheit nie untergehen…

Soldaten! Unterwerft euch nicht den Gewalttätigen, die euch verachten und zu Sklaven machen, die euer Leben in starre Regeln zwingen, die euch befehlen, was ihr tun, was ihr denken, was ihr fühlen sollt! Sie päppeln euch auf und behandeln euch wie das Vieh,

Nächste Seite: Szenen aus „Der Große Diktator"

um euch schließlich als Kanonenfutter zu verbrauchen! Unterwerft euch nicht diesen Unmenschen – diesen Maschinenmenschen mit Maschinengehirnen, mit Maschinenherzen. Ihr seid keine Maschinen! Ihr seid Menschen! In euren Herzen lebt die Liebe zur Menschheit! Haßt nicht! Nur der Ungeliebte kann hassen...

Soldaten! Kämpft nicht für die Sklaverei! Kämpft für die Freiheit! Im 17. Kapitel des Lukas-Evangeliums steht geschrieben, das Reich Gottes sei in dem Menschen – nicht in einer besonderen Gruppe von Menschen, sondern in allen! In euch! Ihr, das Volk, habt die Macht – die Macht, Maschinen zu erschaffen, die Macht, Glück zu erschaffen! Ihr, das Volk, habt die Macht, das Leben frei und schön einzurichten! Aus diesem Leben ein wunderbares Abenteuer werden zu lassen. Laßt uns also – im Namen der Demokratie – diese Macht anwenden. Vereinigt euch! Laßt uns kämpfen für eine neue Welt, für eine gesittete Welt! In der jeder die Möglichkeit haben soll zu arbeiten, die der Jugend eine Zukunft, die dem Alter Sicherheit geben wird!

Die Gewalttäter sind zur Macht gekommen, weil sie euch gewisse Dinge versprochen haben. Aber sie lügen! Sie halten ihre Versprechen nicht! Sie werden es nie tun! Diktatoren befreien sich selbst, aber sie versklaven das Volk. Laßt uns dafür kämpfen, die Welt zu befreien – die nationalen Schranken sollen niedergerissen werden, die Habgier, der Haß, die Intoleranz müssen beseitigt werden. Laßt uns kämpfen für eine Welt der Vernunft – eine Welt, in der Wissenschaft und Fortschritt zu aller Glück führen soll.

Soldaten! Im Namen der Demokratie, laßt uns zusammenstehen!"

Und dann kommt etwas, was wohl kein Diktator sagen würde: Der kleine Schneider als Großer Diktator wendet sich an das kleine Mädchen, das verschleppt worden ist, das aber möglicherweise noch lebt und ihn hören kann: „Hannah, kannst du mich hören? Wo auch immer du bist, blicke hinauf, Hannah! Die Wolken zerschmelzen, die Sonne bricht durch. Wir kommen aus der Finsternis ins Licht. Wir kommen in eine neue Welt – in eine freundlichere Welt, in der die Menschen sich über ihren Haß und ihre Gewalttätigkeit erheben werden. Blicke empor, Hannah! Die Seele des Menschen hat Flügel bekommen! Und nun, endlich, endlich, beginnt der Mensch zu fliegen. Er fliegt in den Regenbogen, in das Licht der Hoffnung. Blicke empor, Hannah! Blicke empor, Hannah!" – Ende des Films.

Nach der New Yorker Premiere sagte ein Freund zu Chaplin: „Du hast einen herrlichen Film gemacht, aber du wirst dein Geld verlieren!"

Immerhin ging es um zwei Millionen. Und zwei Jahre Arbeit. Aber Chaplin sollte sie nicht verlieren. Der Film wurde ein fast unbegreiflicher Erfolg – doch ein verdienter.

Freilich regte sich schon die Opposition. Verbände von Kriegsveteranen, die durchaus nicht gegen Hitler waren, äußerten, dieser Film führe ja mit Sicherheit zu einem Krieg mit Deutschland. (Und nach Gallup waren 97 Prozent der amerikanischen Bevölkerung damals gegen den Eintritt in den Krieg gegen Hitler.)

Die Nazis hatten ihre Propagandisten auch in die Vereinigten Staaten geschickt – oder sie dort gefunden. Sie standen an Straßenecken und versuchten die Bevölkerung zu überzeugen, daß Hitler gar nicht so schlimm sei; die Amerikaner sollten sich von der Anti-Nazi-Propaganda nicht irremachen lassen.

Einmal widersprach Chaplin auf offener Straße. Am nächsten Tag las er in der Zeitung, er sei kein Patriot. Warum? Weil er gegen die Vernichtung von Juden war?

Ich sprach damals mit ihm über die Situation. Er war pessimistisch, so wie Sinclair Lewis, der einen Roman geschrieben hatte mit dem ironischen Titel „It can't happen here". Sinclair Lewis glaubte, das, was in Deutschland geschah, könne überall geschehen. Auch Chaplin hielt dies für möglich: Der Faschismus mit seiner ungeheuren Menschenverachtung könne in jedem Land ausbrechen.

Damals wußte er bereits, daß er Jude war. Er sagte über *Der Große Diktator:* „Ich machte diesen Film für alle Juden der Welt!"

Nach dem Krieg kam ich nach Berlin, an der Seite von General Clay. Dieser legte damals großen Wert darauf, den Deutschen die jüngste Vergangenheit vor Augen zu führen. Eine der ersten Maßnahmen, die er in dieser Richtung anordnete, war, daß die Bewohner verschiedener Städte in der amerikanischen Zone Deutschlands und Österreichs Bilder aus den Konzentrationslagern zu sehen bekamen. Später hatte Clay die Idee, den Deutschen den *Diktator* zu zeigen. Ich holte damals die Genehmigung Chaplins ein. Der war sofort bereit, den Film zur Vorführung in Deutschland freizugeben. Dazu kam es am 9. August 1946, also fünfzehn Monate nach Kriegsende und nach Ende des deutschen Diktators. Die erste Aufführung fand vor geladenem Publikum statt. Etwa fünfhundert Personen waren anwesend, darunter einige Film- und Bühnenschauspieler, vor allem aber Filmproduzenten und Verleiher.

Es war damals meine Aufgabe herauszufinden, wie der Film gewirkt hatte. Ich stellte fest: Er hatte überhaupt nicht gewirkt – und wenn, dann sicher nicht im Sinne von Chaplin. An den komischen Stellen lachten die Zuschauer nicht, an den tragischen Stellen zeigten sie keine Bewegung, am Schluß nicht die geringste Wirkung.

Ich fragte einige nach ihrer Ansicht. Sie waren einer Meinung: Der Film sei nichts für Deutschland, jedenfalls im Augenblick noch nicht. Die Bevölkerung würde ihn nicht verstehen. Trotzreaktionen wären zu erwarten – im schlimmsten Fall sogar Kundgebungen für Hitler!

Sie selbst waren es wohl, die nicht reif waren. Diese Verleiher und Produzenten versuchten, die Filmbranche in Goebbels' Sinne zu dirigieren. Skrupellos ließen sie Filme laufen, die unter den Nazis gemacht worden waren, sofern die Besatzungsbehörden nicht Einhalt geboten. Wenn man es ihnen erlaubt hätte, hätten sie auch nationalsozialistische Propagandafilme gezeigt.

An deren Stelle aber setzten sie „Heimatfilme", die Krieg und Faschismus vergessen machen sollten. Und ruinierten damit den deutschen Film. Für sie hätte es Chaplin nie zu geben brauchen, schon gar nicht den *Diktator.*

Unordnung und spätes Leid

Nach dem Anlaufen des Films *Der Große Diktator* wußte Chaplin nicht recht, was er mit sich anfangen sollte. Er hatte wie fast immer bis zum letzten Augenblick an dem Film gearbeitet, das heißt geschnitten, und nun war er im wahrsten Sinne arbeitslos. Neue Pläne hatte er nicht. Hätte er eine Idee gehabt, wäre er wahrscheinlich nicht in Depressionen verfallen.

Der Grund dafür, daß es ihm psychisch so schlecht ging, war, so erzählte mir Paulette, der Verlauf des Krieges und das Wissen, daß er nichts tun konnte, um ihn zu stoppen, um Hitler aufzuhalten. Der ihm so verhaßte Hitler hatte nun auch Frankreich erobert. Und dann fiel er Mitte des Jahres 1941, also gut ein halbes Jahr nachdem Chaplin seine Arbeit beendet hatte, in die Sowjetunion ein und schien auch sie zu überrollen. Gab es denn nichts, das ihm Einhalt gebieten konnte?

Die Vereinigten Staaten hätten es vermocht. Aber es sah gar nicht so aus, als ob sie in diesen Krieg eingreifen könnten. Auch wenn Präsident Roosevelt es wollte und auch viel tat, um die Engländer, die sich in einem fast hoffnungslosen Kampf gegen Hitler befanden, zu unterstützen. Denn er erkannte wie nur wenige in den USA die ungeheure Gefahr, die Hitler für die gesamte Welt bedeutete.

Chaplins Depressionen waren nicht gerade Depressionen im medizinischen Sinne. Aber er war meist schlecht gelaunt, er war mißmutig, er wußte nicht, was er mit sich anfangen sollte. Das hatte nicht nur mit der weltpolitischen Lage zu tun. Er hatte schon oft nach Beendigung eines Filmes nicht gewußt, wie der nächste aussehen würde. Aber jetzt zweifelte er, ob es überhaupt noch Sinn hatte, Filme zu machen.

In Deutschland durften seine Filme seit langem nicht mehr gezeigt werden. Als Hitler an die Macht kam, waren seine Filme die ersten, die verboten wurden. Chaplin durfte von sich behaupten, daß er bei Hitler eine Ausnahmestellung hatte: Der Österreicher mochte ihn offenbar ebensowenig wie er ihn.

Und dann kam Pearl Harbour, der Überfall der Japaner auf den wichtigsten Marinestützpunkt Amerikas. Japan war Verbündeter Deutschlands. So kam es, daß Hitler wenige Tage später den Vereinigten Staaten den Krieg erklärte.

Chaplin haßte den Krieg. Er sagte später einmal, als man ihn wegen seiner pazifistischen Einstellung der Feigheit bezichtigte: „Ich habe Blut in meinen Adern, aber ich kann Blut nicht sehen!"

Doch Amerikas Eintritt in den Krieg hatte natürlich zur Folge, daß der *Diktator* in den USA schlagartig ungeheuer populär wurde. Fast alle Kinos der Vereinigten Staaten holten ihn wieder hervor. Jetzt gab es niemanden mehr im Lande, der es gewagt hätte, für Hitler zu sein oder gegen einen, der gegen Hitler war.

Was dies betraf, war Chaplin befriedigt.

Doch etwas anderes befriedigte ihn keineswegs: Paulette Goddard wollte sich von ihm trennen. Sie war vielleicht nicht seine große Liebe, aber er mochte Paulette sehr. Er konnte gut mit ihr leben. Sie verstand sich, wie schon erwähnt, gut mit seinen beiden Kindern, sie führte ihm das Haus, und sie hatte ihn immer gern begleitet, wenn er reiste. Aber sie war in erster Linie Filmschauspielerin.

Alle anderen Partnerinnen von Chaplin, ob er nun mit ihnen geschlafen hatte oder nicht, waren nur durch ihn, eben als seine Partnerinnen, bekannt geworden, und als sie nicht mehr mit ihm zusammenarbeiteten, waren sie schnell in Vergessenheit geraten. Paulette Goddard hatte zwischen den beiden Chaplin-Filmen, in denen sie großartig gewesen war, bei der Paramount

Paulette Goddard

einige Filme gemacht. Sie wollte – nur zu verständlich – weitere Filme machen, solange sie so jung war und noch gut aussah. Ihr war es nicht genug, Hausfrau zu spielen.

1942 kam es zur Scheidung. Paulette fuhr nach Mexiko, wo dies nur eine Frage von Tagen war und wo keine schmutzige Wäsche gewaschen werden mußte. Allerdings wollte sie nicht leer ausgehen. Sie schlug Charlie vor, ihr eine Million zu zahlen. Eine Million Dollar! Bei seinen früheren Scheidungen hatte er stets versucht, Zahlungen zu umgehen oder doch mit relativ geringen Summen davonzukommen. Bei Paulette indes lachte er nur und erklärte sich einverstanden.

Er wurde später oft nach dem Grund dafür gefragt. Hatte sie etwas gegen ihn in der Hand? Chaplin antwortete: „Natürlich nicht. Und Paulette hätte auch nie Geschichten gemacht. Aber ich fand, daß sie eine Abfindung verdiente. Ich bewunderte Paulette insgeheim, daß sie den Mut hatte, eine solche Summe zu fordern."

Verständlich, daß die Klatschtanten in Hollywood

diese Scheidung mit großem Interesse registrierten und ihre eigenen Schlüsse daraus zogen: Sie deuteten mehr oder weniger versteckt an, daß es für eine Frau offenbar unmöglich sei, mit Charlie Chaplin auszukommen. Sie wiesen diskret oder vielleicht auch nicht so diskret auf die früheren Frauengeschichten Chaplins hin. Kolumnisten aus ganz Amerika übernahmen diese Einschätzung, und auch in vielen amerikanischen Frauenclubs machte sich diese Meinung breit. Viel gab es in dieser Hinsicht zwar gar nicht zu sagen – aber man redete über ihn. Hier bahnte sich eine Entwicklung an, die Chaplin später noch zu schaffen machen sollte. Bislang konnte er nur lächeln über die Geschichten, die man sich über seine Frauenaffären erzählte.

Aber er lächelte immer seltener. Er fühlte sich ohne Paulette doch sehr allein in seinem Haus. Es kam immer öfter vor, daß er das Abendessen in letzter Minute absagte und in irgendein Restaurant fuhr. Er mußte Menschen sehen, mußte Menschen um sich haben.

Und dann geschah etwas, das für seine Zukunft viel entscheidender sein sollte als die Scheidung von Paulette. Im Mai 1942 – die Vereinigten Staaten befanden sich ein knappes halbes Jahr im Krieg, die Russen standen inzwischen auf der Seite der Amerikaner – rief der Präsident der San Franciscoer Filiale des amerikanischen Komitees für Hilfe für Rußland (den offiziellen Namen habe ich längst vergessen) bei Chaplin an. Joseph L. Davis, der amerikanische Botschafter in Rußland, hatte versprochen, in San Francisco eine Rede über die sowjetischen Kriegsanstrengungen zu halten. Doch er war im letzten Moment erkrankt – Halsentzündung. Würde Chaplin an seiner Stelle sprechen?

Bis dahin hatte Chaplin so gut wie nie eine öffentliche Rede gehalten. Er wollte wissen, wann. „Morgen!" Chaplin überlegte. Zu dieser Zeit war es sehr schwierig für einen Privatmann, einen Platz in einem Flugzeug zu bekommen. Er mußte die Bahn nehmen. Wenn er den Abendzug nahm, würde er früh um acht Uhr in San Francisco sein. Er sagte zu.

Er hatte nicht viel Zeit, eine Rede auszuarbeiten. Denn der Vorsitzende des Komitees hatte Chaplins Zeit in San Francisco schon verplant: Er mußte mit irgendwelchen Persönlichkeiten lunchen, mit anderen Cocktails trinken, mit wieder anderen zu Abend essen.

Es war eine riesige Halle, in der er sprechen sollte. Er schätzte, daß etwa zehntausend Besucher gekommen waren. Auf dem Podium saßen mit ihm einige Admiräle und Generäle, außerdem der Bürgermeister von San Francisco. Sie waren durchaus nicht entzückt darüber, Propaganda für die Russen machen zu müssen. Der Bürgermeister sagte wörtlich: „Wir sind gezwungen, mit der Tatsache zu leben, daß die Russen unsere Verbündeten sind!" Er war also keineswegs pro-russisch eingestellt.

War Chaplin es? Er stand wohl auf dem Standpunkt, den Churchill verkündet hatte, als Hitler in die Sowjetunion einfiel und diese sich zur Wehr setzen mußte: „Mir ist jeder recht, der gegen Hitler kämpft!" Und Hitler, das wußte die Welt, war ein erbitterter Gegner des Kommunismus.

Von Chaplin kann das nicht behauptet werden. Er war eigentlich überhaupt nicht politisch. Gewiß, er war von ganz unten gekommen, er konnte die kleinen Leute verstehen, wie seine Filme deutlich zeigten, und er war um diese Zeit auch beeinflußt von kommunistisch ausgerichteten Emigranten; wir kommen noch darauf zurück.

Die Russen hatten seit Juni 1941 der ungeheuren Macht der deutschen Kriegsmaschine zu widerstehen. Sie verloren Millionen ihrer Soldaten. Stalin forderte von den westlichen Alliierten, also von England und später den Vereinigten Staaten – Frankreich war ja am Boden –, eine „zweite Front", um die Sowjetunion militärisch zu entlasten. Und viele Sympathisanten in aller Welt unterstützten diese Forderung – nicht zuletzt amerikanische Intellektuelle und Schauspieler, vor allem Filmschauspieler in Hollywood. Einer von ihnen war Chaplin.

Ihm hatte man, kurz bevor er auf der Tribüne des Saales erschien, gesagt, man rechne mit einer einstündigen Rede. Das versetzte ihn in Schrecken. Eine Stunde! Er wußte, wie unendlich schwer es war, ein Publikum eine Stunde lang mittels Film zu unterhalten. Und vom Filmen verstand er etwas – von politischen Reden nicht das geringste. Er machte sich beim Essen noch einige Notizen, denn eines war sicher: Er wollte nicht wiederholen, was der Bürgermeister bereits gesagt hatte.

Tosender Beifall empfing ihn, als er an das Rednerpult trat. Und dann begann er zu sprechen – und machte einen entscheidenden Fehler: Er begrüßte die Versammlung mit den Worten „Comrades!", was soviel bedeutet wie Genossen. Man bedenke: Da stand der eher kleine, zierliche Mann im Smoking und sprach die Zuhörer, in erster Linie wohlhabende Bürger San Franciscos, als „Genossen" an! Das war natürlich als Scherz gemeint und sollte, wie er dann ausführte, nur deutlich machen, daß alle Gegner Hitlers in einem Boot saßen.

Chaplin betonte in der folgenden Stunde sehr oft, daß er kein Kommunist sei: „Ich bin nur ein Mensch, und ich denke, ich weiß, wie menschliche Wesen fühlen oder denken, und ich weiß auch, daß Kommunisten nicht anders sind als andere Menschen." Chaplin variierte dieses Thema der Gleichheit aller Menschen immer wieder. Es war ja genau diese Gleichheit, die Hitler und seine Schergen leugneten und bis zu ihrem letzten Atemzug leugnen würden. Und dann erzählte er, was ihm gerade einfiel: von seinem Werben für die Kriegsanleihen während des Ersten Weltkriegs, von seinen Gesprächen mit Präsident Roosevelt.

Die Zuhörer unterbrachen ihn immer wieder mit Applaus, und sie applaudierten auch, als er von der „zweiten Front" sprach und die Zuhörer aufforderte, noch in der Nacht Telegramme an den amerikanischen Präsidenten zu schicken und diese „zweite Front" zu fordern. Die Rede schien ein großer Erfolg zu sein.

Chaplin ging mit einigen Bekannten essen, darunter der damals sehr beliebte Filmschauspieler John Garfield, der aus seiner kommunistischen Gesinnung nie einen Hehl gemacht hatte. Der sagte nur: „Sie haben viel Mut!" Er wußte, wovon er sprach – die anderen nicht.

Die anderen... Chaplin wurde nun immer häufiger zu politischen Kundgebungen eingeladen und meist stürmisch gefeiert. Dennoch ist eines gewiß: Er schuf sich auch nie so viele Feinde wie in jenen Tagen. Diejenigen, die seine Forderung nach der „zweiten Front" mißbilligten, ignorierten, daß er eigentlich nur von etwas sprach, das in Washington längst konkrete Formen angenommen hatte. Sie sahen nicht ein, warum Amerikaner ihr Leben aufs Spiel setzen sollten, um das Leben von Russen zu retten. Sie sahen schon gar nicht ein, warum ein Mann, der in den Vereinigten Staaten Millionen verdient hatte und, wie sie glaubten, in Saus und Braus lebte, Kommunist sein sollte! Daß er das nicht war, daß er nie in Saus und Braus gelebt hatte, wollten sie nicht zur Kenntnis nehmen.

Es wurde viel davon gesprochen, daß Chaplin durch Emigranten aus Hitler-Deutschland beeinflußt wurde. Das ist ohne Zweifel wahr. Viele ließen sich in der Umgebung von Los Angeles in irgendeinem Villen-Vorort nieder. Thomas Mann und Frau, sein weniger erfolgreicher Bruder Heinrich Mann, der sehr gefragte Romancier Lion Feuchtwanger, Franz Werfel, ebenfalls berühmt als Dichter und Romancier, der Komponist Schönberg, der Dramatiker Bertolt Brecht, Hanns Eisler, der Komponist zahlreicher Brecht-Chansons. Solche Persönlichkeiten waren Chaplin natürlich außerordentlich sympathisch. Nicht nur, weil ihre Werke Weltgeltung hatten und noch lange haben sollten, sondern auch, weil sie Gegner Hitlers waren. Sie hatten diese Einstellung nur durch Emigration, manchmal auch Flucht, unter Beweis stellen können. Und sie konnten den Faschismus natürlich nur durch ihre Werke, meist also: ihre Worte, bekämpfen.

Viele von ihnen, nicht alle – nicht Thomas Mann, nicht Franz Werfel, nicht Vicki Baum – standen politisch links. Sie hatten teils der Kommunistischen Partei Deutschlands angehört oder ihr nahegestanden. Die Slogans, die aus Moskau kamen, wurden von ihnen eifrig weitergegeben.

Und nicht nur von ihnen. Viele in Hollywood, die damals an der Spitze standen und viele tausend Dollar pro Woche verdienten, fühlten sich als Kommunisten, was sie ja jede Woche oder jeden Monat nur ein bißchen Geld oder allenfalls die Unterstützung von Emigranten, die in Not geraten waren, kostete. Damals gab es viele in Hollywood, die sich nicht vorstellen konnten, in einem Haus zu leben, das nicht über einen Swimming-pool oder einen Tennis-Court verfügte, und sich trotzdem als Kommunisten fühlten. Es war fast eine Mode. Und diejenigen, die sich gegen diese Mode stemmten, wie etwa Marlene Dietrich, wie Ernst Lubitsch, wie Vicki Baum, machten sich dadurch nicht gerade Freunde.

Sie alle sprachen von der Notwendigkeit einer „zweiten Front", obwohl sie von den militärischen Gegebenheiten, Möglichkeiten, Notwendigkeiten keine realistische Vorstellung hatten. Zu diesem „linken" Kreis gehörten auch der Komponist Schönberg und die ehemalige Schauspielerin und Lieblingsdrehbuchautorin der Garbo, Salka Viertel, die schon vor Hitlers Machtergreifung nach Hollywood gekommen war.

Unter den Emigranten wurde Hanns Eisler der Liebling Chaplins – ein kleiner, rundlicher Mann mit einer Glatze und einem freundlichen Gesicht. Er schien die Gutmütigkeit in Person. Sein Englisch war erbärmlich, aber er muß offenbar Eindruck auf Chaplin gemacht haben. Denn Hanns Eisler, dem ja nur selten die Musik für einen Film übertragen wurde, war ständig in Geldnöten, und immer half Chaplin aus. Mag sein, daß Eisler Gefallen fand an den musikalischen Einfällen, auf die Chaplin so stolz war, sie vielleicht gar instrumentierte und etwas Akzeptables daraus machte.

Um vorzugreifen: Hanns Eisler, der sich mit einem Besuchervisum, also genaugenommen illegal, in den Vereinigten Staaten aufhielt, wurde nach dem Krieg ausgewiesen. Ich traf ihn in dieser Zeit. Er war bestürzt und ratlos und wußte nicht, wohin er mit seiner Frau gehen sollte. Ich schlug ihm vor, er solle doch in die Sowjetunion gehen. Und ich werde nie vergessen, wie bleich er wurde – er, der Kommunist. Es war, als hätte ich ihm vorgeschlagen, vom obersten Stock des Empire State Building in die Tiefe zu springen.

Chaplin immerhin war so empört über die Ausweisung Eislers, daß er Picasso ein Telegramm schickte, die Weltöffentlichkeit solle doch gegen die Ausweisung Eislers protestieren. Ein Telegramm, das ihm später sehr schaden sollte.

Bert Brecht, ein Kommunist, der so klug gewesen war, niemals in die Partei einzutreten, fühlte sich nach seiner Emigration aus Deutschland in Finnland nicht mehr sicher, weil er es für möglich hielt, daß Hitlers Armee dort einmarschieren würde. Er war in die Sowjetunion geflüchtet, aber nur, um von dort so schnell wie möglich das kapitalistische Amerika zu erreichen.

Ich erinnere mich noch sehr gut daran, daß Eisler und Brecht – sie zählten in jenen Tagen zu meinen Freunden, obwohl ich für Kommunismus nie viel Verständnis hatte – für alle, die nicht zum kommunistischen Lager gehörten, aber jetzt doch Sympathien für die Kommunisten hegten, weil diese eben Hitler bekämpften, nur Hohn und Spott hatten. Das schloß auch diejenigen ein, die etwas für sie getan hatten, zum Beispiel den Filmregisseur Fritz Lang. Und ich erinnere mich noch deutlich, wie sie Chaplin verhöhnten. Vor allem Brecht. Sie hielten ihn für einen Kapitalisten, einen Ausbeuter, einen Pseudo-Progressiven. Sicher war Chaplin damals sehr reich, aber ein Ausbeuter war er nicht. Denn er sorgte für seine Angestellten ja auch, wenn es keine Arbeit gab.

1943 geschahen zahlreiche Dinge im Leben Chaplins, die ihn – obwohl sie nichts miteinander zu tun hatten – sehr verunsicherten. Und da er ein Künstler war, versuchte er, die persönlichen Konflikte dadurch zu lösen, daß er sich in die künstlerische Arbeit flüchtete: Ein neuer Film entstand.

Nach seinen Reden über die „zweite Front" hatte Chaplin deutlich zu spüren bekommen, daß die sogenannten feinen Leute nicht mehr so begierig darauf waren, ihn einzuladen. Es konnte keinen Zweifel geben: Die „Gesellschaft" zog sich von ihm zurück. Man wollte mit ihm nicht unbedingt mehr gesehen werden. Kurz: Er war, zumindest in gewissen Kreisen, nicht mehr beliebt, geschweige denn, wie noch vor kurzem, geliebt, vergöttert.

Er fragte sich, und das mit steigender Verbitterung, nach dem Grund. Er hatte für einen Verbündeten gesprochen. Er hatte etwas gefordert, was sehr vernünftig schien. Aber das entsprach eben nicht den Vorstellungen gewisser Kreise, die in den USA gewaltigen Einfluß hatten. Sie konnten Chaplin natürlich nicht vernichten, sie konnten ihm nicht einmal schaden, vorläufig nicht – aber sie konnten ihn verärgern.

Um diese Zeit begann er also wieder zu arbeiten, wenn auch keineswegs auf Hochtouren. Er wollte ein ungemein populäres Theaterstück des irischen Dichters Paul Vincent Carroll aus dem Jahr 1937, „Shadow and Substance", verfilmen. Eine Aufgabe, die ihn schon früher interessiert hatte und die er jetzt ernsthaft in Angriff nahm. Er begann also, ein Drehbuch zu entwerfen und dann zu schreiben. Und schon beschäftigte ihn die Frage, wer die Hauptrolle, ein Mädchen namens Bridget, eine Jungfrau von Orléans unserer Tage, spielen könnte. Er ließ alle Frauen, mit denen er gearbeitet hatte, Revue passieren. Edna Purviance war doch wohl ein bißchen zu alt dafür. Seine Partnerin aus GOLDRUSH, Paulette Goddard, war an Paramount gebunden, stand also gar nicht zur Verfügung.

Da trat, nein, stürmte eine junge Frau, eigentlich noch ein Mädchen – es waren ja immer Mädchen –, in sein Leben, die von ihrem Typ her für die Rolle in Frage gekommen wäre, aber von der kein Mensch wußte, ob sie überhaupt spielen konnte. Sie hatte es noch nie getan. Ihr Name: Joan Barry.

Chaplin hatte an einem Sonntag einen Freund und Mitarbeiter, Tim Durant, eingeladen, mit ihm Tennis zu spielen. Der erzählte dann, er sei am Abend verabredet mit einem jungen Mädchen, eben dieser Barry, die eine Bekannte von Paul Getty war, damals berühmt als Exzentriker und einer der reichsten Männer der Welt. Sie sei soeben aus Mexiko City zurückgekommen – übrigens mit zahlreichen Empfehlungsschreiben. Tim würde mit ihr zu Abend essen. Ein zweites Mädchen sei auch dabei, ob er nicht mitkommen wolle. Die Barry habe gesagt, sie würde Chaplin furchtbar gern kennenlernen.

Man traf sich also zum Abendessen. Chaplin fand Joan Barry lustig und angenehm, man amüsierte sich. Und am folgenden Sonntag erschien Tim mit ihr zum Tennis. Sie blieben den ganzen Tag, zum Abschluß lud Chaplin, dessen Personal am Sonntagabend immer frei hatte, sie zum Abendessen in das damals eleganteste Restaurant Hollywoods, Romanoff's, ein. Danach brachte Tim das Mädchen nach Hause.

Aber schon am nächsten Morgen rief sie Chaplin an und fragte ihn ganz unverblümt, ob er nicht Lust hätte, sie zum Lunch einzuladen. Irgendwohin. Er sagte ihr, er müsse zu einer Auktion in das nahegelegene Santa Barbara; ob sie nicht Lust hätte mitzukommen. Man könne ja vor der Auktion in Santa Barbara zu Mittag essen. So geschah es denn auch. Am Abend brachte er sie nach Hause zurück.

Sie war ein schönes Mädchen, aber doch trotz ihrer Jugend bereits eine Frau, groß, irgendwie stattlich,

sehr gut gebaut. Dies sei erwähnt, denn sie war so gar nicht der Typ, den Chaplin eigentlich bevorzugte. Chaplin erfuhr von ihr, sie habe sich mit ihrem Freund Paul Getty zerstritten und werde nach New York zurückfahren, wo sie, so mußte Chaplin damals glauben, wohnte. Aber sie würde natürlich in Kalifornien bleiben, falls Chaplin das wünsche. Warum sollte er das wünschen? Ihre Bemerkung hätte ihn, wie er später immer wieder sagte, stutzig machen müssen. Auch ihre anschließende Bemerkung, sie würde alles, alles aufgeben, wenn er es wolle.

Ob die beiden in dieser Zeit miteinander geschlafen haben oder nicht, wurde nie geklärt. Joan Barry behauptete ja, Chaplin verneinte es. Jedenfalls verabschiedete er sich vor ihrer Haustür, der Chauffeur war Zeuge.

Aber sie fuhr nicht nach New York, sondern rief ihn ein oder zwei Tage später wieder an und fragte, ob sie sich abends nicht zum Essen treffen könnten? Von nun an sahen sie sich öfter. Ohne Zweifel fühlte sich Chaplin von ihr angezogen, aber – auch das sagte er später – irgend etwas schien ihm nicht geheuer.

Joan Barry war auch eine sehr seltsame Frau. Es konnte eine Woche vergehen, ohne daß sie von sich hören ließ, und dann saß sie ihm wieder im Nacken und wollte ihn tagtäglich sehen.

Eines Abends erzählte Chaplin ihr von seiner Idee, „Shadow and Substance" zu verfilmen. Sie erklärte spontan, sie würde nur zu gerne die weibliche Hauptrolle spielen. Er war mehr als skeptisch, gab ihr aber das Manuskript. Und zu seinem Erstaunen las sie recht

Joan Barry

gut vor. Er fragte sich, ob er nicht vielleicht eine Entdeckung gemacht hatte.

In jenen Tagen hatte der berühmte Max Reinhardt in der Nähe eine Schauspielschule eröffnet, einen Workshop, wie er es nannte, wo er junge Schauspieler ausbildete. Chaplin, der ihn sehr schätzte, obwohl er ihn in seinen großen Zeiten nie gekannt und kaum eine seiner Inszenierungen gesehen haben dürfte, telefonierte mit dem großen alten Mann des Theaters und verwendete sich für Joan Barry.

Doch die Sache mit ihr wurde Chaplin langsam immer weniger geheuer. Sie machte es sich zur Angewohnheit, mitten in der Nacht in ihrem Cadillac – offenbar ein Geschenk von Getty – vorzufahren, und zwar meist schon leicht angetrunken. Einmal war es so schlimm, daß sie die Gewalt über den Wagen verlor und gegen die Hausmauer raste. Chaplin mußte mitten in der Nacht seinen Chauffeur wecken, um sie nach Hause fahren zu lassen.

Um diese Zeit hatten die Klatschtanten schon längst von dieser neuen Beziehung erfahren und berichteten fast täglich darüber. Chaplin hatte – mit Recht – Befürchtungen, daß es zum Skandal kommen könnte. Und daß nicht die junge Dame das Opfer sein würde, obwohl ihr bisheriges Leben nicht gerade als makellos bezeichnet werden konnte, sondern er selbst, das schien gewiß.

Er hatte recht. Nicht nur in Klatschspalten wurde er angegriffen, auch von Frauenvereinen. Das erbitterte ihn. Er wollte die Barry nicht mehr sehen – nicht zuletzt aus Selbstschutz. Doch das nahm sie nicht hin. Immer mal wieder tauchte sie mitten in der Nacht bei ihm auf, klingelte, klopfte, warf Fensterscheiben ein, lag in seinem Bett, als er sein Schlafzimmer betrat.

Sie verlangte zu wissen, wann sie mit Chaplin filmen würde. Dabei hatte Reinhardt Chaplin persönlich informiert, daß sie schon seit Wochen nicht mehr in die Schule gekommen war. Als Chaplin ihr das auf den Kopf zusagte, lächelte sie und meinte, sie wolle keine Schauspielerin mehr werden. Und überhaupt habe sie genug von Hollywood. Wenn er fünftausend Dollar spendiere und die Fahrt für sie und ihre Mutter nach New York bezahle, würde sie sogleich abreisen.

Chaplin war nur zu froh, sie loszuwerden. Was weder ihm noch seinen Anwälten und Freunden bewußt war: Dieses „Lösegeld" kam einem Schuldbekenntnis gleich – so interpretierten es die Frauenvereine, für die er langsam zum meistgehaßten Mann des Landes wurde.

Eine andere unerquickliche Sache kam hinzu. Der bekannte Schauspieler und Regisseur Orson Welles, der in New York Furore gemacht hatte mit der modernen, stark gekürzten Aufführung des „Julius Cäsar" in dem von ihm gegründeten Mercury-Theater und mit einer Radiosendung, die mit einer fiktiven Landung von Marsbewohnern auf der Erde unbeschreibliche Panik verursachte, weil unzählige Zuhörer glaubten, es handele sich um einen authentischen Bericht, war nach Hollywood gekommen und hatte dort einen aufsehenerregenden Film, CITIZEN KANE, gedreht. Ein wirklich bedeutendes Werk, dessen Riesenerfolg aber vor allen Dingen daraus resultierte, daß man zu Recht glaub-

Chaplin als „Monsieur Verdoux"

te, dieser CITIZEN KANE sei in Wahrheit der berühmte William Hearst. Dieser Orson Welles kam zu Chaplin und erzählte ihm von einer Idee: Er wollte eine Reihe von Dokumentarfilmen machen, unter anderem einen über den französischen vielfachen Frauenmörder Landru. Ob Chaplin ihn spielen wolle?

Chaplin war nicht interessiert. Doch dann geriet er ins Grübeln. Landru, der Frauenmörder. Ihm war die Geschichte dieses schrecklichen Verbrechers nicht mehr präsent, er wußte nur, daß Landru nach außen hin wie ein biederer Kleinbürger wirkte und Frauen prinzipiell haßte. Ganz genau kannte er die Geschichte nicht, aber das war auch gar nicht nötig, denn es kam ihm nie in den Sinn, die Geschichte Landrus zu verfilmen. Wohl aber interessierte ihn der Biedermann in Landru – ein Mann, der die Frauen so haßte, daß er sich immer wieder gezwungen sah, sie zu töten. Es entstand die Idee zu einem Film, der den Titel MONSIEUR VERDOUX tragen sollte.

Als gebranntes Kind wollte er sich absichern. Seit seinen großen Erfolgen war immer mal wieder irgend jemand aufgetaucht und hatte ihm einen Plagiatsprozeß angehängt mit der Behauptung, die Idee des jeweiligen Erfolgsfilmes stamme von ihm. Zwar hatte Chaplin alle diese Prozesse gewonnen, aber sie waren ihm lästig. Er ließ also Orson Welles wissen, er beabsichtige nicht, das Leben von Landru zu verfilmen, wohl aber habe ihn die Unterhaltung mit ihm auf die Idee gebracht, die Geschichte eines Frauenmörders zu verfilmen. Und da Welles der indirekte Anlaß zu diesem Entschluß gewesen sei, würde er ihn gerne bezahlen. Er dachte an eine Abfindung in Höhe von fünftausend Dollar.

Orson Welles war einverstanden. Freilich behielt er sich vor, im Vorspann als Ideengeber genannt zu werden. Darauf ging Chaplin ein, obwohl eigentlich nicht die Rede davon sein konnte, daß der Schauspieler die Idee zu MONSIEUR VERDOUX geliefert hatte.

Später tat Welles so, als habe er weit mehr als die Idee geliefert. Wenn man ihm glauben durfte – zu später Stunde, wenn er nicht mehr nüchtern war –, hatte eigentlich er den ganzen Film gemacht. Chaplin ärgerte das furchtbar. Denn abgesehen davon, daß es nicht stimmte: Chaplin war ja fanatisch versessen darauf, seine Filme in jeder Beziehung selbst zu machen. Er hatte die Idee, er schrieb seine Drehbücher selbst, er führte Regie, er spielte die Hauptrolle, er komponierte die Musik.

Wenn der Film denn tatsächlich einen anderen Vater als Chaplin hatte, dann gebührte die Ehre der Vaterschaft eher als Orson Welles den amerikanischen Frauenverbänden, die sich immer feindlicher verhielten. Und gewiß spielte auch der Prozeß, den Joan Barry gegen ihn anstrengte, eine Rolle. Denn dieser Prozeß wurde eine so schmutzige und ekelhafte Sache, daß verständlich wird, warum Chaplin zum Frauenmörder wurde – wenn auch nur im Film.

Die Barry war vor ihrer Abreise nach New York von der Polizei informiert worden, daß sie, falls sie sich noch einmal in der Umgebung des Hauses von Chaplin sehen lassen würde, wegen Landstreicherei vor Gericht käme. Trotzdem erschien sie eines Tages wieder in Los Angeles, wählte die Nummer Chaplins und erzählte dem Butler, als sei nie etwas geschehen, sie sei völlig verarmt und überdies seit drei Monaten schwanger. Sie sagte nicht, wen sie als Vater beschuldigen würde. Und der Butler hütete sich, sie zu fragen.

Als Chaplin davon hörte, zuckte er nur die Schultern, wies aber den Butler an, er solle, falls die Barry in der Nähe des Hauses auftauche, sofort die Polizei benachrichtigen. Ihm war es gleichgültig, ob es nun zu einem Skandal kam oder nicht.

Schon am nächsten Tag tauchte Joan Barry wieder in ihrem Auto vor dem Anwesen auf und fuhr immerfort um das Grundstück herum. Wie sich später herausstellte, war das gar nicht einmal ihre Idee: Ein Journalist hatte ihr gesagt, sie solle es ruhig auf eine Verhaftung ankommen lassen, das sei eine gute Reklame.

Chaplin selbst ging vor das Haus, sprach mit ihr. Auf seine Drohung, die Polizei zu benachrichtigen, lachte sie nur. Darauf ließ Chaplin die Polizei tatsächlich rufen.

Der Reklamegag funktionierte. Die Festnahme war ein gefundenes Fressen für die Zeitungen. Hatte Joan Barry Landstreicherei begangen? Hatte sie überhaupt irgendein Unrecht begangen? Nein, Chaplin war es, der Vater ihres ungeborenen Kindes, der so unmenschlich war, sie festnehmen zu lassen, und bereit, sie nebst ungeborenem Kind verhungern zu lassen.

Eine Woche später flatterte ihm die Vaterschaftsklage ins Haus. Es kam zum Prozeß. Chaplins Anwalt schlug Chaplin vor, einen Blutgruppen-Test machen zu lassen: Nur dadurch ließe sich beweisen, daß er nicht der Vater des ungeborenen Kindes sein konnte. Freilich standen die Chancen 14:1 gegen ihn: Nur wenn seine Blutgruppe oder die der Mutter eine andere war als die des Kindes, war bewiesen, daß er nicht der Vater sein konnte.

Nachdem das Baby geboren war, mußte Chaplin hören, daß es keineswegs mit der Privatklage der Barry getan sein würde. Der Justizminister wollte etwas gegen ihn unternehmen. Ein ihm freundlich gesinnter Bundesrichter namens Murphy riet ihm, keinen prominenten Anwalt zu nehmen. Das würde aussehen, als glaube er, Chaplin, sich in ernsthaften Schwierigkeiten zu befinden. Chaplin folgte diesem guten Rat nicht, was er später bereute. Denn durch die Prominenz seiner Anwälte, vor allem des in Filmskandal-Affären sehr bewanderten Jerry Giesler, gewann der nun folgende Prozeß in den Augen der Öffentlichkeit an Brisanz.

Was konnte die Bundesregierung gegen Chaplin vorbringen? Es gab die sogenannte Man-Act. Der Sinn dieses – übrigens selten in Anwendung gebrachten – uralten Gesetzes war, die Verschleppung von Frauen aus einem Staat in einen anderen zum Zwecke der Prostitution unmöglich zu machen. Dieses Gesetz hatte vielleicht noch einen Sinn gehabt, als die Polizei eines Staates in dem Nachbarstaat keine Aktionsmöglichkeiten hatte. Das war längst nicht mehr der Fall, schon gar nicht seit Roosevelt. Jetzt gab es das FBI. Aber die Man-Act existierte noch, und wer des Verbrechens der Verschleppung für schuldig befunden wurde, konnte für fünf Jahre ins Gefängnis wandern.

Der Justizminister der Vereinigten Staaten schämte sich nicht, Chaplin einer solchen Verschleppung zum Zwecke der Prostitution anzuklagen, obwohl nicht die geringsten Beweise dafür vorlagen. Zwar hatte Chaplin die Fahrkarte der Barry von Los Angeles nach New York bezahlt, aber auch die ihrer Mutter, es konnte also wohl kaum von einer „Verschleppung" die Rede sein – schon gar nicht zum Zwecke der Prostitution.

Inzwischen hatte Joan Barry eingewilligt, sich selbst und das Kind einem Bluttest zu unterziehen. Sie wußte von ihrem Anwalt: In den meisten Staaten der Vereinigten Staaten war der Bluttest anerkannt, in Kalifornien jedoch noch nicht.

Als das Ergebnis vorlag, wurde Chaplin von seinem Anwalt angerufen: „Sie sind entlastet! Der Bluttest hat ergeben, daß Sie gar nicht der Vater sein können!" Selbst die Chaplin feindlich gesonnene Presse mußte dieses Ergebnis veröffentlichen. Aber das hinderte das Gericht nicht daran, die Vaterschaftsklage weiterhin zu verfolgen.

Doch vorerst kam die Anklage der Regierung. Man hätte annehmen sollen, daß die Anwälte Chaplins die Vergangenheit der Barry beleuchtet hätten. Aber sie hielten das für überflüssig. Man würde den Fall auch so gewinnen. Freilich ist unsicher, ob das Gericht, das zweifellos voreingenommen war, solche Enthüllungen überhaupt zugelassen hätte. Denn es ließ auch die

Briefe der Barry nicht als Beweismaterial gelten, in denen sie Chaplin für alles dankte, was er für sie getan hatte, und versprach, seine Freundlichkeit und Großzügigkeit nie zu vergessen. Diese Briefe hätten die Verleumdungen Chaplins in der Presse widerlegt.

Es war völlig klar: Das Gericht war gegen Chaplin eingestellt. Aber es kam letzten Endes nicht auf das Gericht an, sondern auf die zwölf Geschworenen: Wie würden sie stimmen?

Die Geschworenen tagten nicht, wie Chaplins Anwalt erwartet hatte, nur einige Minuten. Sie blieben verdächtig lange im Beratungsraum, über zweieinhalb Stunden. Chaplins Anwalt Giesler war, als sie in den Saal zurückkehrten, nicht mehr so optimistisch wie nach den Plädoyers. Er flüsterte: „Wenn es ein Schuldspruch ist, dann ist es das schlimmste Fehlurteil, das ich je erlebt habe!" Wenig Trost für Chaplin.

Aber der Richter konnte verkünden, daß Chaplin in allen Punkten für nicht schuldig erklärt worden sei. Das Urteil löste im Publikum Begeisterungsstürme aus.

Später stellte sich heraus, daß elf der zwölf Geschworenen sofort für Freispruch waren. Nur eine Frau hatte sich nicht überzeugen lassen wollen. Nur eine Frau? Nein, unzählige Frauen in Amerika, in Frauenvereinen organisiert, die schon seit einiger Zeit gegen Chaplin Sturm gelaufen waren, wollten sich nicht überzeugen lassen. Sie waren der festen Ansicht, bei dem Freispruch in Los Angeles sei es nicht mit rechten Dingen zugegangen.

Aber das sollte Chaplin erst später erfahren. Zunächst einmal fuhr er nach Hause. Denn er hatte wieder ein Zuhause, in dem er sich wohl fühlte. Der Grund: die Seele des Hauses, Oona.

Oona war die Tochter des Dramatikers Eugene O'Neill, der als Mann ebenso deprimierend – und wohl auch deprimiert – war wie die meisten seiner Theaterstücke. Sie war noch ein Kind, als ihr Vater sich von seiner Frau oder sie sich von ihm trennte. Oona ging aufs College, machte ihre Examen, gewann Preise, auch den Schönheitspreis auf dem jährlichen Debütanten-Ball in New York. Ihre Bilder erschienen in allen Zeitungen. Sie war groß, sehr schlank, hatte dunkle Augen und dunkle Haare. Sie war von makelloser Schönheit. Nach der Preisverleihung auf dem Debütanten-Ball von Reportern befragt, was sie denn nun werden wolle, antwortete sie: „Schauspielerin." Für die Tochter des großen Dramatikers verständlich. Als ihr Vater das las, schickte er ihr sofort ein Telegramm, in dem er ihr verbot, Schauspielerin zu werden. Aber da er sich in den letzten Jahren nie um sie gekümmert hatte, kümmerte sie sich jetzt nicht um dieses Verbot. Ihr Vater hätte es ihr zwar gerichtlich verbieten lassen können, sie war noch minderjährig, aber sie war überzeugt, daß er das nicht tun würde. Sie blieb jedoch nicht in New York, um eine der zahlreichen Schauspielschulen zu besuchen oder ihr Glück am Broadway zu versuchen, obwohl sie zweifellos Rollen bekommen hätte, denn sie war nicht nur schön, sie war auch intelligent. Statt dessen fuhr sie zu ihrer Mutter, die wieder verheiratet war und in Hollywood lebte.

Man schrieb das Jahr 1942. Paulette Goddard hatte sich gerade von Chaplin scheiden lassen. Und er selbst schwankte, ob er zuerst den Film MONSIEUR VERDOUX oder das ältere Projekt „Shadow in Substance" in Angriff nehmen sollte.

Eines Tages rief ihn eine Agentin an, Miß Mina Wallace, sie habe eine Klientin, die die Idealbesetzung für die weibliche Hauptrolle in „Shadow and Substance" sei. Chaplin versprach, sich die Dame anzusehen, vergaß es dann aber wohl. Der tiefere Grund war, daß er sich wohl schon entschlossen hatte, „Shadow and Substance" gar nicht zu machen, sondern eben MONSIEUR VERDOUX.

Nach einiger Zeit rief ihn die Agentin noch einmal an: Die Fox Twentieth Century habe ihrer Klientin einen Vertrag angeboten. Ob Chaplin nicht mehr an ihr interessiert sei? Wohl mehr aus Höflichkeit antwortete er, doch, er sei interessiert, er wolle sich die Dame ansehen. Daraufhin lud ihn die Agentin zum Abendessen ein, die Klientin würde ebenfalls kommen.

Als Chaplin die junge Dame kennenlernte, war er sofort hingerissen. Und er war entschlossen, alles zu tun, um dieses Mädchen an sich zu binden. Es war wirklich die berühmte Liebe auf den ersten Blick. Ob freilich ein Mädchen in ihrem Alter schon eine so schwierige Rolle wie die Bridget spielen konnte? Wie auch immer: Er schloß noch an diesem Abend einen Vertrag mit Oona O'Neill.

Bald darauf gestand er ihr, er wolle sie gar nicht als Schauspielerin, er werde den betreffenden Film auch gar nicht machen, er wolle sie als Frau. Und sie gestand ihm, das mit der Film- oder Theaterkarriere sei ihr nie so ernst gewesen, wie ihre Agentin geglaubt haben mochte. Sie war bereit, ihn zu heiraten. Sie war achtzehn, er 54.

Und dann heirateten sie, heimlich, fern von allem Rummel. Während des ganzen Barry-Prozesses war sie an seiner Seite. Er sagte später, er hätte ihn vielleicht nicht so leicht überstanden, wäre Oona nicht gewesen, hätte er nicht gewußt, daß er abends in ihre Arme sinken könnte.

Die private Vaterschaftsklage der Barry gegen ihn hätte eigentlich entschieden sein sollen, bevor der Prozeß überhaupt begonnen hatte. Doch obwohl das Gericht wußte, wie die Bluttests ausgefallen waren, und Chaplin nicht der Vater des Kindes sein konnte, entschied es gegen ihn. Er wurde zur Unterhaltszahlung verpflichtet – auch wenn es keine große Summe war, die er monatlich zahlen sollte.

Rechtlich war das Urteil schwer anzugreifen, denn Kalifornien gehörte ja zu den Staaten, in denen der Bluttest noch nicht anerkannt war. Als sein Anwalt in die Berufung gehen wollte, winkte Chaplin ab. Er hatte genug.

Er ging nun ernsthaft an MONSIEUR VERDOUX. Viele Chaplin-Kenner haben sich später darüber gewundert, daß er sich zu einer Zeit, als er so glücklich mit Oona war – sie sollte ihm insgesamt acht Kinder gebären –, an die Produktion eines Filmes machte, dessen Held, eben Monsieur Verdoux, ein Frauenmörder ist. Und daß er diesen Frauenmörder selbst spielte! Man sollte glauben, das könne nur einer, der Frauen wirklich haßt.

*Mit Marilyn Nash in
„Monsieur Verdoux"*

In der Tat haßte er die Frauen – die in ihren Vereinen seit vielen Jahren gegen ihn hetzten und indirekt Schuld trugen an dem Urteil in der Barry-Vaterschaftsklage. Für ihn war der Film eine Antwort darauf.

Monsieur Verdoux ist ein Bankbeamter, der während der Wirtschaftskrise der dreißiger Jahre seine Stellung verloren hat. Um seine behinderte Frau und seine Kinder zu ernähren, sieht er nur eine Möglichkeit: reiche Frauen zu heiraten und sie, um ihr Geld zu erben, zu töten. Diese doch ziemlich gräßlichen Aktivitäten macht Chaplin für die Zuschauer dadurch erträglicher, daß es sich bei diesen reichen Frauen durchweg um häßliche und unsympathische Damen handelt. Ein nettes Mädchen, das dazu auch noch moralische Qualitäten hat, verschont Monsieur Verdoux. Als er schließlich vor Gericht steht, erklärt er: „Ja, ich bin ein Massenmörder. Aber ermutigt einen die Welt nicht zu morden? Als Massenmörder bin ich im Vergleich zu anderen ein Amateur. Ein einziger Mord macht einen zum Verbrecher, Millionen Morde machen einen zum Helden; Zahlen heiligen!"

Nein, da stimmte vieles nicht. Und der überwiegende Teil der Presse lehnte den Film ab. Man wollte Chaplin nicht als Frauenmörder sehen.

Der Film war kein Geschäft. Nach Europa – mit Ausnahme Englands – gelangte er erst gar nicht. Er spielte wohl die Produktionskosten ein, brachte aber längst nicht so hohe Einnahmen wie andere große Chaplin-Filme.

Es gab nur einen Kritiker, der sich für MONSIEUR VERDOUX einsetzte. Er behauptete, den Film zu „lieben": „Ich amüsiere mich gern im Kino, und bei diesem Film habe ich Tränen gelacht."

Freilich, dieser Kritiker war kein Kritiker. Es handelte sich um Jean Renoir, Sohn des großen Malers, einer der bedeutendsten und interessantesten Filmregisseure unserer Zeit, der sich für den Chaplin-Film einsetzte, gerade als ein großer Teil der amerikanischen Presse – vor allem die Zeitungen seines ehemaligen Freundes Hearst – gegen Chaplin mobil machte. Renoir meinte, Chaplin erginge es wie Molière. Der französische Dramatiker hatte Erfolg, solange er in altbewährten Formen blieb. Als er sich in „Schule der Frauen" um eine neue Form oder auch Aussage bemühte, wurde er von vielen Seiten bekämpft. Und Chaplins „Verbrechen" sei, daß er sich ebenfalls um eine neue Form und eine neue Aussage bemühte und sich der Realität gestellt habe.

Zu der Behauptung Renoirs, Chaplin habe sich erst mit MONSIEUR VERDOUX der Realität gestellt: CITY LIGHTS und insbesondere MODERN TIMES waren ja Filme, die auch bereits in der Realität angesiedelt waren. Renoir indes proklamierte, daß die Abenteuer des Tramps sich in einer Filmwelt abgespielt hatten, daß sie eine Art Märchen waren; in MONSIEUR VERDOUX erst stelle Chaplin die Wirklichkeit dar. Seine neue Waffe sei der Zynismus.

Renoir endet: „MONSIEUR VERDOUX wird in der Geschichte eines Tages unter den künstlerischen Schöpfungen erscheinen, die sich um unsere Kultur verdient gemacht haben. Der Film wird seinen Platz neben den Fayencen aus Urbino und den französischen Impressionisten, zwischen einer Erzählung von Mark Twain und einem Menuett von Lully einnehmen. Die Filme hingegen, an die so viel Geld, so viel Technik und so viel Reklame verschwendet worden ist und die Chap-

lins Verächter entzückten, werden sich weiß Gott wo...
in der Vergessenheit befinden."

Diese Zeilen wurden zitiert, weil sie von einem Mann stammen, der immerhin einige der schönsten und aufregendsten Filme unseres Jahrhunderts machte. Aber sie sind für viele Chaplin-Fans nicht nachvollziehbar. Auch ich gehöre zu den Chaplin-Fans, die mit MONSIEUR VERDOUX nicht viel anfangen können.

Was mich immer wieder erstaunt, um nicht zu sagen erschüttert hat: daß er diesen Film, der Morde an Frauen wenn nicht gerade glorifiziert, so doch rechtfertigt, machen konnte oder auch nur machen wollte zu einer Zeit, als er die Frau seines Lebens gefunden hatte. Denn er hat immer wieder betont, wie glücklich Oona ihn mache.

Dieser Widerspruch ist nur erklärbar aus seinem Haß auf die organisierten amerikanischen Frauen. Deren Angriffe gegen ihn waren ja während und nach dem Barry-Prozeß wieder in bisher nie gekannter Vehemenz ausgebrochen und sollten sich noch steigern. In einem Interview mit mir, das Jahre später stattfand, sagte Chaplin, er habe das Gefühl gehabt, sich wehren zu müssen. Er sah in diesem Film eine Waffe.

Aber natürlich konnte er keine Waffe sein. Der Film war allenfalls die Aussage, daß Chaplin von den meisten Frauen nichts hielt. Das konnte freilich die organisierten Frauen nur noch mehr gegen ihn aufbringen.

Auch andere wollten ihm Böses. Man hatte seine Reden während des Krieges mit der Forderung nach der „zweiten Front" nicht vergessen. Und man vergaß auch nicht, daß Chaplin wiederholt verkündet hatte: „I am not a nationalist of any country..." In einigen Zeitungen wurde gefordert, daß er, der nach so vielen Jahren in Amerika nicht Amerikaner geworden war und sich auch nicht als solcher fühlte, ausgewiesen werden sollte.

Das ging nicht, noch nicht, von Washington aus, aber Joseph Raymond McCarthy war bereits Senator und begann seine Hetzkampagne gegen die Kommunisten und deren Sympathisanten, die er drei Jahre später, also 1950, als Vorsitzender des „Untersuchungsausschusses für unamerikanische Umtriebe" mit furchtbaren und beschämenden Resultaten weitertreiben sollte – ein finsteres Kapitel in der Geschichte der Vereinigten Staaten.

Zuvor waren die Catholic War Veteranes bereits mit wachsender Härte dabei, Chaplin zu denunzieren, vor allem beim Justizminister, von dem sie verlangten, er solle Chaplins Aktivitäten untersuchen lassen. Als ob nicht alles, was Chaplin tat, sich im Scheinwerferlicht der Öffentlichkeit abgespielt hätte! Entweder er bereitete Filme vor, oder er inszenierte und spielte sie, oder er reiste, oder er hielt gelegentlich (seit Kriegsende kaum noch) Reden. Konnten vernünftige Menschen wirklich glauben, daß er noch in irgendwelche geheime Aktivitäten verwickelt gewesen wäre?

Der einzige Vorwurf, den man ihm hätte machen können, war, daß er, ein politischer Dilettant, überhaupt je politische Reden gehalten hatte. Aber er hatte ja immer wieder betont, er sei kein Politiker, er gehöre keiner Partei an, er äußere nur seine Meinung.

Trotz alledem machte er sich an einen neuen Film. Daß er die Ruhe dazu fand, war wohl Oonas Verdienst.

Der Film hieß LIMELIGHT – *Rampenlicht.* Auch in diesem Film – die Vorbereitungen dazu dauerten acht Monate, das Schreiben des Drehbuchs nicht mitgerechnet – war Chaplin nicht mehr der Tramp, der Film spielte nicht mehr – um Renoir zu zitieren – in dem „Märchenland", in dem der Tramp gelebt und sich betätigt hatte.

Er spielte in der Welt, aus der Chaplin gekommen war – in der Welt des englischen Varietés: das Leben eines alten Varieté-Komikers, der einmal berühmt war und viel Geld verdiente, aber inzwischen abgeschrieben ist. Dieser Mann erlebt das Schicksal, das vielleicht auch Chaplin selbst getroffen hätte, wäre er nicht dem Varieté entronnen und durch den Film zu Weltruhm gelangt.

Warum machte Chaplin diesen Film? Vielleicht wollte er seiner Frau die Welt zeigen, aus der er kam. Darin spielt auch eine junge Tänzerin mit, die nach einem Unfall größte Schwierigkeiten hat, ein Engagement zu finden, und die der alternde Komiker in jedem Sinne des Wortes am Leben erhält. Der Film endet damit, daß er nach Jahren noch einmal auftritt. Sein Comeback wird zu seinem größten Erfolg, doch er kann ihn nicht mehr genießen: Er erleidet einen Herzanfall und stirbt hinter den Kulissen. Auf der Bühne, im Rampenlicht, tanzt das junge Mädchen, von der blutjungen Claire Bloom gespielt, die mit dieser wirklich zauberhaften Darstellung sofort in die vorderste Reihe der

„Limelight" – *Chaplin in der Rolle des Calvero*

Filmstars rückte. Erwähnt sollte auch werden, daß sich Chaplin Buster Keaton, den berühmten Stummfilm-Komiker, für eine Szene holte. Dieser Buster Keaton war einst einer der großen Publikumslieblinge gewesen, fast so umjubelt wie Chaplin. Als der Tonfilm kam, verschwand er. Keatons Haupttrumpf war sein wie versteinert wirkendes Gesicht gewesen: Was auch immer passierte, nichts regte sich darin. Chaplin holte ihn einerseits, weil er ihn immer für einen vorzüglichen Schauspieler hielt, zum anderen, um ihm finanziell zu helfen. Die Szenen mit ihm und Buster Keaton waren denn auch Höhepunkte des Films.

Als der Film fertig war, führte er ihn einigen Freunden vor. Sie waren begeistert. In der Pressevorführung hatte Chaplin das Gefühl, das Publikum sei von Vorurteilen ihm gegenüber beherrscht. Er war erstaunt und erfreut, daß die großen Zeitungen dennoch sehr positiv über diesen Film schrieben.

Claire Bloom,
Hauptdarstellerin
in „Limelight"

LIMELIGHT wurde ein Publikumserfolg, der Chaplin viel Geld einbrachte.

Oona fand, die Kinder – es waren inzwischen vier: Geraldine, Michael, Josie und Vicki – sollten nicht in Hollywood zur Schule gehen, sie hielt nichts von den dortigen Schulen, vermutlich mit Recht. Sie meinte, es sei das beste, nach England zu reisen und die Kinder dort in die Schule zu schicken.

Der Kampf gegen Chaplin nahm unterdessen immer härtere Formen an. Er wurde in seinem Hause verhört: Drei Personen aus Washington tauchten auf, um ihn „zu befragen". Man fragte ihn unter anderem, ob Charlie Chaplin sein richtiger Name sei. Als er das bejahte, sagte man ihm, man habe gehört, er hieße ganz anders. Ein ihm fremder, polnisch oder russisch klingender Name wurde genannt. Chaplin versicherte, der Name, den er trage, sei sein richtiger Name, und er stamme nicht aus Galizien, sondern sei in London geboren.

Er sei auch kein Kommunist, sagte er, als man ihn danach fragte. Ob er, fände eine Invasion der Vereinten Staaten statt, für das Land kämpfen würde? „Natür-

lich, ich liebe dieses Land. Ich habe immerhin vierzig Jahre hier gelebt." „Aber Sie sind nie amerikanischer Bürger geworden!"

Dazu konnte Chaplin nur mit den Schultern zucken. Warum sollte er? Es lebten ja schließlich auch unzählige Amerikaner in England, ohne ihre amerikanische Staatsbürgerschaft aufgegeben zu haben.

Die „Vernehmung" führte zu nichts. Auch weitere nicht. Als Oona und Chaplin beschlossen, für einige Zeit nach Europa zu fahren, ersuchte er, wie auch schon zuvor, um ein „Reenter-Permit".

Tausende, Hunderttausende dürften ohne Probleme ein „Reenter-Permit" bekommen haben. Chaplin hatte einige Schwierigkeiten. Warum, konnte er nicht herausfinden. Der Leiter des Einwanderungsamtes in Los Angeles war selbst betroffen: „Es tut mir leid, daß wir Sie so lange aufgehalten haben, Mr. Chaplin!" Wie lange er fortzubleiben gedenke? „Nicht länger als sechs Monate."

Und er bekam endlich sein „Permit". Der Mann, der es ihm aushändigte, war sichtlich erstaunt, daß Washington Schwierigkeiten gemacht hatte.

Washington hatte noch anderes versucht: Senator McCarthy ließ ihn wissen, er werde demnächst vorgeladen. Chaplin antwortete, er sei bereit. Aber die Sache zögerte sich hinaus. Chaplin sandte ein Telegramm, in dem er mitteilte, er habe auch noch anderes zu tun, als darauf zu warten, in Washington vernommen zu werden. In diesem Telegramm unterstrich er nochmals, daß er zu keiner Zeit Mitglied irgendeiner Partei, auch nicht der kommunistischen gewesen sei. „I am a peace monger!" – eine Anspielung auf eine Beschimpfung, die in den Jahren zuvor allen gegolten hatte, die für einen Krieg gegen Hitler waren: „war monger" – Kriegstreiber.

Washington winkte ab, man brauche ihn doch nicht. Und dann kam der Tag, an dem sich die Familie Chaplins auf der „Queen Elizabeth", einem der schönsten und größten Ozeandampfer jener Zeit, einschiffte. Da Chaplin bis zum letzten Moment fürchtete, Washington werde versuchen, ihn zurückzuhalten, betrat er das Schiff um fünf Uhr morgens und schloß sich sofort in seine Kabine ein, um so lange dort zu bleiben, bis das Schiff sich auf hoher See, außerhalb amerikanischer Gewässer befand. Dort gab es keine Möglichkeit mehr für Senator McCarthy oder andere, ihm Schwierigkeiten zu bereiten.

Am nächsten Tag, beim Mittagessen mit dem Musiker Artur Rubinstein und dessen Frau, brachte ein Steward ein Telegramm. Es stammte von einem der Anwälte Chaplins: Die Rückkehr Chaplins in die Vereinigten Staaten sei nicht mehr ohne weiteres möglich. Das „Reenter-Permit", das er in der Tasche hatte, war für ungültig erklärt worden. Der Justizminister persönlich hatte die Einwanderungsbehörde angewiesen, Chaplin bei seiner eventuellen Rückkehr wie jeden beliebigen Einwanderer zu behandeln.

Ein Rechtsbruch, gelinde gesagt. Eine Ungeheuerlichkeit: Man sperrte den populärsten Mann des Landes, wenn nicht der Welt, ohne irgendeine juristische Begründung einfach aus. Amerika verbannte Chaplin.

Exil: Triumphe und stilles Ende

Die unglaubliche Tatsache, daß Charlie Chaplin vielleicht nie wieder amerikanischen Boden betreten durfte oder daß ihm das nur unter erniedrigenden Bedingungen möglich wäre, war vorläufig nur wenigen bekannt. Der amerikanische Justizminister hatte guten Grund, seine ungeheuerliche Entscheidung der Öffentlichkeit vorzuenthalten.

Auch Chaplin hielt vorläufig den Mund. Wie er später sagte, war ihm Amerika in diesem Augenblick nicht so wichtig wie etwa der Eindruck, den England auf seine Kinder machen würde, die ja auch Engländer waren und die, wie Oona und er beschlossen hatten, dort zur Schule gehen sollten.

Der Empfang in London war für die gesamte Familie Chaplin – Oona war auch nie in London gewesen – imponierend, geradezu umwerfend. Prinzessin Margaret Rose war persönlich am Bahnhof erschienen, um die Familie offiziell zu empfangen. Die Bevölkerung jubelte wie schon 1921 bei Charlies erster Rückkehr in sein Heimatland.

Oona gefiel ungemein, wie Chaplin nach den ersten offiziellen, offiziösen und privaten Parties mit Befriedigung feststellen konnte. Trotzdem war er ein wenig bedrückt, wie Freunde feststellen mußten. Sie glaubten, seine Nervosität sei die Folge der schmählichen Behandlung durch Washington. Sie hatte jedoch viel realere, man darf sagen materielle Gründe. Sein gesamtes Vermögen lagerte in einem Safe in einer Bank in Los Angeles. Wie sollte er es wiederbekommen?

Oona fand einen Ausweg. Sie war Amerikanerin. Ihr konnte man die Rückkehr in die Vereinigten Staaten auf keinen Fall verbieten. Sie flog wenige Tage später zurück, verschaffte sich mittels einer Vollmacht, die ihr Chaplin noch in den Staaten ausgestellt hatte und die von der betreffenden Bank anerkannt worden war, Zutritt zu dem Safe und räumte ihn. Sicher, die Direktoren der Bank waren verwundert, als sie auftauchte, aber sie konnten nichts unternehmen.

Als Oona nach London zurückkam und Chaplin das von ihm so schwer erarbeitete Vermögen in Sicherheit wußte, hielt ihn nichts mehr. Durch ihn erfuhr die Weltöffentlichkeit den Stand der Dinge und war empört.

Empört war man vor allem auch in Filmkreisen. Schließlich war Chaplin zwei Jahre zuvor von zweihundert Filmexperten in Hollywood zum größten Schauspieler der Jahrhunderthälfte gewählt worden (die Auszeichnung als größte Schauspielerin erhielt übrigens bei dieser Gelegenheit die Garbo).

Die „New York Times" lief Sturm. Als bedeutendste und sicher seriöseste Zeitung der Vereinigten Staaten, wenn nicht der Welt, gab sie mit ihrer Pro-Chaplin-Haltung nun den Ton an. Andere einflußreiche Zeitungen folgten ihr.

Auch in Washington selbst war die Empörung fast allgemein. Ein Senator namens Richard Nixon hatte, schon bevor die Affäre bekannt wurde, im Hinblick auf Chaplins Behandlung durch das Senatskomitee einer Journalistin geschrieben: „Ich bin ganz Ihrer Ansicht, daß die Art, wie der Fall Chaplin seit Jahren behandelt worden ist, eine Schmach ist. Leider sind wir [gemeint sind wohl die Senatoren] nicht in der Lage, viel gegen Entscheidungen von Acheson und McGranery zu unternehmen. Aber seien Sie versichert, ich behalte die Sache im Auge…" Dabei war er selbst Mitglied des bewußten Komitees.

Was übrigens Außenminister Acheson anging, so stritt er entschieden ab, in irgendeiner Weise mitgewirkt zu haben. Er war übergangen worden, wie auch Präsident Truman, der den Justizminister zu sich zitierte und ihm die Meinung sagte. Mehr wollte er nicht tun, konnte es wohl auch nicht, es waren ja nur noch wenige Wochen bis zur Präsidentenwahl, bei der er laut Verfassung nicht mehr kandidieren durfte. Immerhin mußte McGranery doch beeindruckt gewesen sein. Er trat die Flucht nach vorn an, erklärte in einem Communiqué, er stehe nach wie vor auf dem Standpunkt, nicht die Regierung habe zu beweisen, daß etwas gegen Chaplins Rückkehr einzuwenden sei, sondern Chaplin müsse beweisen, daß er kein „Verräter" sei. Bald darauf verschwand der Justizminister in der Versenkung.

Die Uraufführung von LIMELIGHT fand in London statt – am 23. Oktober 1952, in New York erst ein oder zwei Tage später. Kein einziger Vertreter seiner Firma war dort bei der Premiere anwesend, dafür hatte Chaplin gesorgt. Auch seine prominenten Freunde waren aus Protest gegen seine Verbannung der New Yorker Erstaufführung ferngeblieben.

In London war es ganz anders. Schon die Presseaufführung am Vormittag des Uraufführungsabends erregte Aufsehen. Chaplin hatte entschieden, daß alle Journalisten, die den Film zu sehen wünschten, ihn sehen durften – nur die Vertreter amerikanischer Zeitungen waren ausdrücklich ausgeschlossen. Das war natürlich eine Sensation innerhalb journalistischer Kreise und vielleicht nicht ganz gerecht, denn gerade unter diesen englischen Korrespondenten amerikanischer Zeitungen gab es viele Freunde Chaplins. Der Uraufführungsabend war dann sensationell. Das Königshaus ließ sich immerhin durch Prinzessin Margaret vertreten – wann hatte sich das Königshaus bei der Uraufführung eines Filmes je vertreten lassen? Die gesamte Society kam, wichtige Politiker erschienen, auch Botschafter anderer Länder.

Chaplin war bis zuletzt unsicher gewesen. Später sagte er, es sei schließlich die erste Chaplin-Komödie gewesen, in der er nicht den Tramp oder eine Art von Tramp spielte – auch der jüdische Schneider im *Diktator* war ja letzten Endes eine Variante des Tramps. In LIMELIGHT spielte er den alternden Varieté-Komiker, der er hätte werden können, hätte ihm nicht der Film einen Ausweg aus der fast zwangsläufigen Laufbahn geboten. Außerdem ähnelte das Schicksal des Calvero im Film dem Schicksal von Chaplins Vater. Würde das Chaplin-Publikum diese bittere Geschichte akzeptieren?

Die Kritiken waren nicht gerade überschwenglich. Aber laut Chaplin brachte dieser Film ihm mehr Geld ein als irgendein Film zuvor. Also muß das Publikum ihn geschätzt haben.

In New York waren die Kritiken besser, freilich dauerte es länger, bis annehmbare Besucherzahlen erreicht wurden. Das amerikanische Publikum brauchte mehr Zeit als die Engländer, sich an diesen „anderen" Chaplin zu gewöhnen. Immerhin, der Verband der ausländischen Filmkritiker in den Vereinigten Staaten erklärte LIMELIGHT zum besten Film des Jahres.

Auch in Paris war die Erstaufführung ein gesellschaftliches Ereignis. Sämtliche Botschafter nebst Frauen erschienen, nahmen auch an dem Gala-Diner nach der Aufführung teil. Nur einer fehlte: der amerikanische Botschafter. Der Grund: Auch hier hatte man die amerikanische Presse nicht eingeladen.

Und nach der Erstaufführung feierte Paris Chaplin in jeder nur denkbaren Weise. Charlie und Oona konnten nicht einmal die Hälfte der Einladungen annehmen, die sie erhielten.

Jean-Paul Sartre und Picasso wollten ihn unbedingt kennenlernen, und so lud er sie ein. Desgleichen den Dichter Louis Aragon. Alle drei hatten den Ruf, sehr weit links zu stehen. Als Chaplin von einem seiner Begleiter darauf aufmerksam gemacht wurde, daß ihm solche Besuche vielleicht schaden könnten, antwortete er scherzhaft, gegen Mitternacht würde wohl auch noch Stalin in seiner Hotelsuite erscheinen.

Die gleiche Begeisterung herrschte in Rom, wo man Chaplin verschiedentlich auszeichnete. Wo immer er hinfuhr, gab es Begeisterungsstürme. Als er sich freilich einmal gegen den Rat der Polizei einer, wie er glaubte, begeisterten Menge näherte, flogen Tomaten und Kohlköpfe auf ihn zu. Er mußte erst darauf hingewiesen werden, daß es sich hier um junge Neofaschisten handelte.

Chaplin selbst hätte sich liebend gern in London oder in der Umgebung niedergelassen. Doch Oona meinte, das englische Klima sei den in Kalifornien geborenen Kindern vielleicht nicht zuträglich. Und Chaplins Londoner Anwalt machte ihn darauf aufmerksam, daß er als Engländer in England unter gewisse Devisenbestimmungen falle, die es ihm unter anderem unmöglich machten, größere Beträge ohne weiteres aus dem Land zu ziehen. Dies war für Chaplin ein Problem, denn er hielt es durchaus für möglich, daß er seinen nächsten Film in Rom oder Paris machen würde, und dann würde er natürlich sein Geld dort brauchen.

Gehässige Kommentatoren behaupteten später, ihm seien die englischen Steuern zu hoch gewesen. Chaplin bestritt das immer wieder. Entscheidend war wohl die Stimme Oonas. Chaplin sagte nur eines, als sie in dem luxuriösen Hotel Beau Rivage in Lausanne abstiegen – zu einer Zeit, da Oona ihr fünftes Kind erwartete: Sie solle, wenn sie das Krankenhaus verlasse, nicht in ein Hotel, sondern in ein Zuhause zurückkehren.

Und dann fanden sie einen unbeschreiblich schönen

Chaplin und Frau Oona auf dem Genfer Flughafen

Besitz oberhalb von Vevey am Genfer See in dem Dorf Corsier – das „Manoir de Bar", ein Herrenhaus mit fünfzehn Zimmern, in einem riesigen Park gelegen, mit einem kleinen Haus für Bauern oder Pächter, die das Gut bewirtschafteten. Hier gab es Apfel- und Birnbäume, Kirsch- und Pflaumenbäume, alles erdenkliche Gemüse inklusive Spargel und eine fünf Morgen große Wiese. Zwölf Bedienstete waren nötig, um das Haus und den Park instand zu halten.

Chaplin sagte später, das Ganze habe ihn nur 100 000 Dollar gekostet. Gewiß, so ungemein weitläufige Anwesen, für die viele Bedienstete erforderlich sind – damals gab es sie noch in rauhen Mengen –, sind immer relativ billig. Aber „nur" 100 000 Dollar? Doch was immer Chaplin bezahlt haben mag: Er hatte ein Paradies gefunden.

Nur einen Schönheitsfehler gab es: In nicht allzu weiter Entfernung gab es einen Schießstand. Das konnte Chaplin vorher nicht wissen. Er wußte nicht, daß es in der Schweiz in der Umgegend jedes größeren Ortes – in diesem Falle war es Vevey – einen Schießstand gibt. Denn die Schweizer bleiben, wenn sie nicht wehruntauglich sind, lange Zeit Soldaten in Reserve mit der Verpflichtung, von Zeit zu Zeit ihre Schießkünste zu überprüfen.

Chaplin war empört, als er die ersten Schüsse hörte, und beschwerte sich bei den zuständigen Stellen. Er drohte sogar, das Gut wieder zu verkaufen und wegzuziehen – eine etwas übertriebene Drohung, denn schließlich wurde damals nur fünfzehnmal im Jahr jeweils drei Stunden lang geschossen. Natürlich wollten die Behörden einen so illustren Gast nicht verlieren, zumal einen, der viel Geld ins Land brachte. Auch wenn die Steuern nicht so hoch waren wie in England oder Amerika, im Falle Chaplin handelte es sich um einen nicht unerheblichen Betrag. Man kam schließlich zu einem Kompromiß: Es wurde zwar weiterhin geschossen, aber etwas weniger. Das jedenfalls ließ man Chaplin glauben. Er dürfte wohl kaum nachgezählt haben.

Als wir, seine Freunde, von der Geschichte erfuhren, mußten wir lachen. Ausgerechnet Chaplin, der sich so oft als Kriegsgegner erwiesen hatte, war in die Nähe eines Schießstandes gezogen!

Etwa ein Jahr nach dem Kauf des „Manoir de Bar" fuhr Chaplin nach Genf zum amerikanischen Konsulat und gab, zum Erstaunen des Konsuls, sein „Reenter-Permit" zurück. Das bedeutete nicht mehr und nicht weniger, als daß er nicht die Absicht hatte, je wieder in die Vereinigten Staaten zu fahren. Der Konsul versuchte ihm das auszureden – vergebens. Kurz darauf erschien auch Oona und gab ihren amerikanischen Paß zurück. Damit verzichtete sie auf ihre amerikanische Staatsbürgerschaft, natürlich aus Loyalität ihrem Mann gegenüber. Damit wurde sie automatisch Britin.

Um diese Zeit, 1954, war sich Chaplin nicht sicher, ob er je wieder einen Film machen würde. Er hoffte, die letzten Jahre seines Lebens – er war ja schließlich bereits 65 Jahre alt – in Ruhe genießen zu können. Nach

außen schien es auch so, als ob ihm das gelingen würde. Aber das Gefühl ließ ihn nicht los, er habe noch etwas zu tun. Er mußte noch abrechnen. Ihm war ohne Zweifel Unrecht geschehen – durch die Regierung des Landes, in dem er den größten Teil seines Lebens verbracht hatte. Natürlich war er diesem Land, das ihn zu einer weltberühmten Persönlichkeit und zu einem schwerreichen Mann gemacht hatte, einiges schuldig. Aber hatte er diese Schulden nicht durch seine Filme, die den Vereinigten Staaten Prestige und auch Geld eingebracht hatten, bezahlt? Und nun diese schmähliche Behandlung!

Er mußte abrechnen! Aber wie? Er hatte nur eines gelernt: Filme machen. Also mußte er in einem Film mit den USA abrechnen. Und schon wenige Wochen, nachdem Oona auf ihren amerikanischen Paß verzichtet hatte, entstand die Idee zu einem Film, der alles sagen sollte, was er vom heutigen Amerika hielt. Der Titel: A King In New York – *Ein König in New York.*

Der Inhalt: In Estrovia, einem erfundenen Balkanland, bricht eine Revolution aus. König Shahdov muß fliehen. Schlimmer noch, er kann seine Pläne, die friedliche Nutzung der Atomenergie betreffend, nicht mehr realisieren. Oder doch? Denn er hat einen Minister mit dem gesamten Staatsschatz nach Amerika geschickt. Er selbst folgt ihm per Flugzeug. Was er nicht weiß, ist,

Szene aus „A King in New York"

daß der Minister mit diesem Geld ein Konto auf seinen eigenen Namen eröffnet hat. Nach Eintreffen des Königs hebt er das gesamte Geld ab und verschwindet in unbekannte Ferne. Der König steht somit mittellos da und muß froh sein, daß sich die Society, die sich glücklich schätzt, einen veritablen König zu feiern, seiner annimmt.

Der König hat inzwischen den Jungen Rupert kennengelernt – gespielt von Chaplins Sohn Michael –, der in einem Heim lebt. Ruperts Eltern sind verhaftet worden, weil sie vor dem Komitee des Senators McCarthy die Namen ihrer kommunistischen oder angeblich kommunistischen Freunde nicht preisgeben wollen. Der Sohn ist ganz durcheinander, nennt dann einige Namen und fühlt sich schuldig. Der Ex-König möchte sich seiner annehmen, aber aus irgendwelchen Gründen gelingt das nicht.

Dies ist das Handlungsskelett. Aber die Handlung ist nur Vorwand für eine geharnischte Kritik an den Vereinigten Staaten – an den Praktiken gegen Kommunisten und ehemalige Kommunisten, gegen alle nur denkbaren Unsitten, gegen die Unsitten im Fernsehen zum Beispiel, besonders im Werbefernsehen. (Der Ex-König selbst muß schließlich Werbefilme machen, um leben zu können.)

Zu den komischsten Szenen gehört die, in der er selbst vor dem Komitee erscheinen muß: Er verwickelt sich so unglücklich in einen Schlauch, der an einem Löschapparat hängt, daß das Komitee durch Wasserkaskaden völlig durchnäßt wird und unfähig ist weiterzuarbeiten. Selten ist der McCarthy-Ausschuß so lächerlich gemacht worden.

Chaplin hatte Schwierigkeiten mit dem Drehen des Films. Seit langer Zeit drehte er zum ersten Mal wieder in einem Atelier, das ihm nicht gehörte, für eine Firma, die ihm nicht gehörte. Das bedeutete, daß er keineswegs in der Lage war, so lange an dem Film zu arbeiten, wie er es in den letzten Jahren gewohnt gewesen war. Er konnte Szenen natürlich nochmals drehen, aber nicht tage- oder gar wochenlang an einer Einstellung arbeiten. Die Aufnahmen dauerten nur vom 7. Mai bis zum 28. Juli 1956 – eine lächerlich kurze Zeit für Chaplin.

Es gab andere Schwierigkeiten. Der Film konnte schließlich nicht in New York gedreht werden: New York oder wenigstens ein kleiner Teil der Stadt mußte also in England aufgebaut werden. Chaplins Wunsch, bestimmte amerikanische Schauspieler, die für ihn gearbeitet hatten, einzufliegen, stieß auf Ablehnung: Das war nicht mit dem englischen Arbeitsrecht zu vereinbaren. Nach dem Darsteller des unglücklichen Jungen, der schließlich seine Eltern und deren Freunde verrät, suchte er lange. Er hatte von verschiedenen Kindern Probeaufnahmen machen lassen, doch schließlich mußte er auf seinen Sohn Michael zurückgreifen. Michael war natürlich glücklich, mit und unter seinem Vater spielen zu dürfen. Sein Vater jedoch war nicht restlos zufrieden mit dem, was er aus dem Sohn herausholen konnte.

Der Film wurde weidlich kritisiert. Unter anderem äußerten viele Kritiker, daß ein so fürchterlicher Mann wie dieser Senator McCarthy nicht dadurch bekämpft werden konnte, daß man ihn sozusagen mittels eines Feuerwehrschlauches unter Wasser setzte. Ein Kritiker schrieb wörtlich: „Damit, daß man den Senator lächerlich macht, vernichtet man ihn nicht!" Übrigens: Das berüchtigte Komitee war bereits aufgelöst, der Senator starb bald darauf.

Chaplin war grundsätzlich anderer Ansicht als seine Kritiker: Er glaubte an die vernichtende Wirkung des Lachens. Für ihn war das Lächerlichmachen eine dramaturgisch sehr wichtige Waffe.

Jedenfalls lachten die Leute über die „Ertränkung" des fürchterlichen Komitees. Sie lachten überhaupt viel bei dem Film, doch nur wenige begriffen, daß es sich im Grunde um einen sehr bitteren Film handelte. Der englische Dramatiker John Osborne schrieb: „In gewisser Beziehung ist *Ein König in New York* Chaplins bitterster Film. Es ist ohne Zweifel – von ihm offen eingestanden – sein persönlichster Film."

Niemand außer Chaplin – er war inzwischen 68 Jahre alt – hatte den Mut, gegen die Woge des McCarthyismus in Amerika so offen anzukämpfen. Und schon gar niemand in der amerikanischen Filmbranche. Wie bei *Der Große Diktator* stand Chaplin auch diesmal allein.

In diese Zeit fallen drei für ihn nicht unwichtige Ereignisse. Das erste Ereignis war eher amüsant: In einem Pariser Restaurant, in dem er mit Oona zu Abend aß, trafen sie Paulette Goddard und den Mann, den sie kurz zuvor geheiratet hatte: Erich Maria Remarque, den bekannten deutschen Schriftsteller, den Chaplin bisher nur dem Namen nach gekannt hatte und durch sein Buch „Im Westen nichts Neues" – ein Werk, das Remarque in den Augen der Nationalsozialisten zum Landesverräter gemacht hatte, weil es das Werk eines Pazifisten war. Nun, der Pazifist Chaplin freute sich, Remarque kennenzulernen, und der freute sich, Chaplin kennenzulernen. Die Remarques kamen an den Tisch Chaplins, und sie sprachen eine Stunde lang miteinander. Zu weiteren Gesprächen kam es allerdings nicht. Auf die Bemerkung Oonas, sie alle lebten ja in der Schweiz, meinte Paulette lächelnd: „Aber wir leben auf verschiedenen Bergen." Damit war alles gesagt.

Lange nach Chaplins Tod sprach ich nochmals mit Paulette Goddard über ihre Beziehung zu Chaplin. Sie sagte: „Es war wundervoll. Er war wundervoll! Aber irgendwie konnte man nur mit ihm leben, wenn man sich ihm unterwarf. Und ich bin nun einmal nicht die Frau, die sich unterwirft. Es war alles herrlich mit ihm, aber ich wußte von Beginn an, daß es einmal zu Ende gehen würde."

Chaplin wurde einmal von Reportern über seine Beziehung zu Paulette befragt. Er antwortete nicht gern, wenn man in seine Privatsphäre eindringen wollte. Damals machte er eine Ausnahme, „Sie war eine herrliche Frau und eine herrliche Schauspielerin!" Ich bin überzeugt, daß er das ehrlich meinte.

Um diese Zeit traf auch – Ereignis Nummer zwei – eine Forderung der kalifornischen Steuerbehörde ein: Man verlangte von Chaplin noch nicht bezahlte Steuern in Höhe von 1,4 Millionen Dollar. Diese Forderung bezog sich auch auf die Einkünfte, die Chaplin nach seiner Abreise aus Amerika gehabt hatte. Er focht den Bescheid durch einen Anwalt an, und man einigte sich schließlich auf 330 000 Dollar plus Zinsen.

Chaplin war erbost, daß ihn die amerikanische Regierung zwar vielleicht nicht in das Land zurücklassen würde, aber doch von ihm Steuern wollte. Von ihm, dem Engländer, der jetzt in der Schweiz seßhaft geworden war. Er fand dies für die Amerikaner höchst blamabel und sorgte dafür, daß die Öffentlichkeit davon erfuhr.

Und dann das dritte Ereignis: Sie erinnern sich an Edna Purviance? Den Kontakt zu der Partnerin und Freundin seiner frühen Filmzeit wollte er nie verlieren. Sie war all die Jahre, in denen sie nicht mehr für ihn oder überhaupt nicht arbeitete, weil niemand sie wollte, Angestellte seiner Gesellschaft geblieben – jahraus, jahrein.

Es war auch kurz vor der Abreise Chaplins nach Europa noch zu einem Treffen gekommen, bei dem übrigens auch Oona zugegen war. Er hatte Edna damals versichert, sie werde bestimmt ein Comeback haben, aber nach allem, was man später erfahren hat, ist nicht anzunehmen, daß er tatsächlich daran glaubte.

Er war sicher, daß sie recht gut von dem leben konnte, was sie wöchentlich von seiner Gesellschaft erhielt. Er bedachte freilich nicht, daß das Leben überall auf der Welt, ganz besonders aber in Kalifornien, sehr viel teurer geworden war. Doch sie war nicht die Frau, ihn um Geld zu bitten.

Aber dann wurde sie krank. Sie mußte viel, sehr viel Geld für Ärzte ausgeben, und so schrieb sie ihm einen Brief. Er hat nie verraten, was sie ihm damals mitteilte – jedenfalls bat sie um finanzielle Hilfe. Und erhielt postwendend etwa die dreifache Summe dessen, was sie zu benötigen glaubte.

Und dann, am 13. November 1956, schrieb sie ihm einen weiteren Brief – aus dem Krankenhaus „Cedars of Lebanon". „Ich werde mit Kobaltbestrahlungen am Hals behandelt. Danach kann es keine Hölle mehr geben." Also Krebs. Trotzdem war sie optimistisch. Sie hoffte, „Ende der Woche nach Hause entlassen und dann ambulant behandelt zu werden. Wie wunderbar!" Sie schrieb, alles in allem, recht optimistisch. Aber wenige Tage nachdem Chaplin den Brief erhalten hatte – und noch bevor er ihn beantwortet hatte (wenn er ihn überhaupt beantworten wollte) –, telegraphierte ihm eine ehemalige Angestellte, Edna Purviance sei gestorben.

Oona erzählte später, er sei sehr traurig gewesen. Das war er eigentlich jetzt nur selten. Er war, wie er immer wieder versicherte, recht glücklich. Er liebte sein Leben, so wie es war, er liebte die Natur, die ihn umgab. Diejenigen, die ihn in jenen Tagen häufiger sahen, hatten das Gefühl, als erwarte er nichts mehr vom Leben als ein geruhsames Ende.

1959. Im April wurde er siebzig Jahre. Die Zeitungen waren voll von Artikeln über ihn. Die Radiosender, die Fernsehanstalten brachten alles nur Denkbare über ihn. Er ließ sich feiern von allen seinen Kindern, die er zu einer Reise nach London einlud. Nur einer fehlte: Michael.

Und dann, wieder in der Schweiz, begann er seine Memoiren zu schreiben. Dies erstaunte alle, die ihn kannten. Er hatte nie von einem solchen Plan gesprochen. Einer seiner Bekannten sagte: „Es ist doch alles über Sie geschrieben worden, Charlie!" „Eben", soll er geantwortet haben. Und: „Als ich einiges von dem las, was zu meinem Geburtstag erschien, mußte ich lachen. Es ist so viel Falsches über mich geschrieben worden. Und manches ärgerte mich auch. Das hat mich auf die Idee gebracht, daß ich vielleicht selbst festhalten sollte, wie alles wirklich war."

Es ist anzunehmen, daß er sich das einfacher vorstellte, als es nachher war. Aber er hätte wissen müssen, daß für ihn keine Arbeit einfach war, eben weil er es sich nicht einfach machen wollte. Er hatte an seinen letzten Filmen, abgesehen von *Ein König in New York*, Jahre gearbeitet. Er sollte auch an diesen Memoiren Jahre arbeiten – natürlich mit Unterbrechungen.

Er las Oona aus den Memoiren vor. Sie erfuhr jetzt vieles aus seinem Leben zum ersten Mal – sie kannte ihn schließlich noch nicht so lange, und als sie sich kennenlernten, hatte er, mit Ausnahme von Monsieur Verdoux und Limelight, seine großen Filme bereits hinter sich. Auch andere bekamen Stellen aus der Autobiographie zu hören. Chaplin las gern vor.

Immer wieder hörte man, Chaplin schreibe seine Autobiographie gar nicht selbst, er bediene sich eines Ghostwriters. Ein lächerlicher Gedanke, wenn man bedenkt, daß Chaplin schließlich fast alle seine Filme, zumindest die mit Drehbuch, selbst geschrieben hatte! Wie konnte man annehmen, daß er des Schreibens unfähig sei? Aber negative Gerüchte halten sich ja immer, und solche über Chaplin hielten sich besonders lange.

Immer wieder erhielt er, obwohl das Werk noch nicht annähernd fertig war, Angebote von großen Verlagen aus vielen Ländern und von bedeutenden Zeitungen, die sich um einen Vorabdruck bemühten. Er winkte stets ab: Es sei noch nicht soweit.

Ende 1960 starb die große Klavierspielerin Clara Haskil in Brüssel – vielleicht die beste, sicher die zarteste Mozart-Interpretin unserer Zeit, eine rumänische Jüdin, die sich vor Hitler in die Schweiz gerettet hatte. Sie lebte in Vevey, und Chaplin sah sie oft, fuhr auch zu vielen ihrer Konzerte. Chaplin hielt die Rede bei der Trauerfeier in Vevey und sagte, er habe nur zwei geniale Persönlichkeiten persönlich gekannt: Albert Einstein und eben Clara Haskil.

Es sollte Chaplins letzter öffentlicher Auftritt sein. Im Juni 1962 ernannte ihn die Oxford-Universität zum Ehrendoktor. Er war inzwischen 73. Und trotzdem kam noch ein letztes Kind zur Welt, sein zehntes: Christopher. Acht Kinder hatte ihm Oona geschenkt, und alle, die sie hin und wieder sahen, mußten wie ihre Nachbarin, die Witwe Wilhelm Furtwänglers, feststellen: „Sie wurde nach jedem Kind schöner!"

Zwei Jahre später, 1964, war Chaplin mit seinen Memoiren fertig. Als wir das Buch in der Hand hielten, stellten wir fest, daß es mit dem Tod von Edna Purviance endet. Es war doch inzwischen noch einiges geschehen, was in den Memoiren hätte erwähnt werden können oder sollen. Warum endeten die Memoiren mit der Nachricht vom Tod Ednas und einigen wenigen versöhnlichen Schlußworten? Hatte sie ihm doch mehr bedeutet, als wir alle angenommen hatten?

Später einmal darauf angesprochen, welch großartiges Gedächtnis er in seinen Memoiren bewiesen habe, gab er lächelnd zu, in dieser Beziehung Hilfe gehabt zu haben. Nach dem Tod von Edna Purviance hatte er eine letzte Sendung von ihr erhalten – sie hatte das wohl schon einige Tage zuvor angeordnet. Es handelte sich um ihr bereits erwähntes Archiv. Natürlich wußte Chaplin von diesem Archiv. Sie hatte ja nie ein Geheimnis daraus gemacht, auch mir gegenüber nicht. Aber Chaplin dürfte doch erstaunt gewesen sein, als er das Archiv durchsah. Denn es handelte sich dabei kaum um Dokumente über das Leben der Edna Purviance oder irgendeiner anderen Person. Es ging in diesem Archiv nur um Charlie Chaplin. Edna Purviance hatte jede Zeitungsnotiz über ihn, jeden Aufsatz, jede Filmkritik, alles, was ihn und sein Leben betraf, ausgeschnitten, gesammelt, geordnet.

Vielleicht ist die Tatsache, daß seine Autobiographie mit ihrem Tod endet, auch damit zu erklären, daß ihr Archiv logischerweise nichts mehr enthalten konnte, was späterhin geschah. Möglich. Möglich auch, daß ihn der Inhalt dieses Archivs zutiefst rührte. Es war eine Liebeserklärung über den Tod hinaus. Er hat übrigens nie darüber gesprochen.

1964. Chaplins Bruder Sydney lag im Sterben. Dessen erste Frau, die Charlie sehr nahegestanden hatte, war viele Jahre zuvor gestorben. Sydney hatte im Alter noch eine reizende, weit jüngere Französin geheiratet, die sich rührend um ihn kümmerte.

Für Chaplin war Sydney ja nie ein Stiefbruder oder Halbbruder. Er war ein Bruder in jedem Sinne des Wortes und sein bester Freund. Als Chaplin hörte, daß es ihm schlecht ging, fuhr er sofort nach Nizza und besuchte ihn dort im Krankenhaus. Die beiden unterhielten sich lange. Die französische Schwägerin vertraute Charlie an, Sydney wisse nicht, wie krank er sei. Charlie erfuhr durch sie auch, daß Sydney nie wieder gesund werden würde. Ob er selbst es wußte? Er schien gutgelaunt. Er war zufrieden mit dem Leben, das er geführt hatte, zufrieden darüber, daß er sich ein Vermögen erarbeitet hatte, das ihm ruhige Jahre sicherte.

Da es Wochen, ja sogar Monate dauern konnte, fuhr Chaplin wieder in die Schweiz zurück. Und dort erfuhr er durch ein Telegramm der Schwägerin vom Tod Sydneys. Das Todesdatum: 16. April 1964. Sydney Chaplin war achtzig Jahre alt geworden. Chaplin kam natürlich zum Begräbnis. Wie in den Zeitungen zu lesen stand – wenige Zeilen nur, Charlies Bruder war ja nie prominent gewesen –, folgten nur wenige seinem Sarg. Sydney, ein Leben lang bescheiden, hätte es wohl auch nicht anders gewollt.

Dann kamen wieder – unerwartet – Turbulenzen in Charlies Leben. Dafür sorgte vor allem Sohn Michael. Er war in England zurückgeblieben und sollte, auf eigenen Wunsch und mit Billigung des Vaters, dort die Schule beenden und eventuell eine Universität besuchen, wenn er sich für ein Berufsziel entschlossen

Charlie und Oona Chaplin

habe. Chaplin hatte ja immer dafür plädiert, daß die Kinder selbst über ihre Zukunft entscheiden sollten.

Aber Michael konnte sich nicht entscheiden. Und er hatte auch keine große Lust zu lernen. Er dachte, es sei genug, der Sohn des großen Chaplin zu sein. Er hielt es für selbstverständlich, von seinem Vater ernährt zu werden, und zwar in einem Stil, der dem Einkommen des Vaters entsprach. Aber der Vater solle nicht in seine Privatangelegenheiten hineinreden.

Seine Privatangelegenheiten? Da war zum Beispiel sein Wunsch zu heiraten: Er war gerade achtzehn, die betreffende Dame, eine – nicht einmal besonders attraktive – Schauspielerin, gab 25 Jahre zu, vielleicht war sie älter. Ihr Name: Patrizia Jons. Sie war damals weder berühmt, noch sollte sie es je werden. Sie konnte Michael jedenfalls nie ernähren.

Mit achtzehn Jahren war er noch nicht volljährig, und nach englischem Gesetz, dem er als in England lebender Engländer unterstand, konnte er nur mit Einwilligung seiner Eltern heiraten. Doch Charlie Chaplin versagte diese Einwilligung.

Michael versuchte, die Dame in Spanien zu heiraten, was mißlang. Es gelang etwas später in Schottland. Charlie Chaplin erfuhr es aus den Zeitungen und war empört.

Dann kam Michael ziemlich herunter. Er verkaufte vorübergehend auf einem Markt Gemüse, aber meist hatte er gar nichts zu tun und fiel der öffentlichen Fürsorge zur Last. Man bedenke: Chaplins Sohn! Selbst im Unterhaus empörte man sich darüber. War der doch wohl finanziell gutgestellte Chaplin nicht willens, seinen Sohn zu ernähren? Oona antwortete für den erzürnten Charlie, natürlich würden sie ihren Sohn finanziell absichern; einzige Bedingung: Er müsse irgendeinen Beruf ergreifen – oder wenigstens die Vorbereitungen dazu treffen, etwa seine Schulzeit beenden und eine Universität besuchen.

Michael lehnte das ab. In Interviews – o ja, man interviewte ihn dauernd, es war ja interessant, was aus dem Sohn des großen Chaplin wurde – betonte er immer wieder, er wolle sich nicht in seine Privatangelegenheiten hineinreden lassen. Übrigens: Die bewußte Schauspielerin verschwand bald darauf aus seinem Leben. Andere Frauen tauchten auf, auch sie meist wesentlich älter als er. Später schrieb dann Michael seine Memoiren. Immerhin war er „schon" 25! Natürlich dachte er gar nicht daran, die Memoiren selbst zu schreiben. Ein etwas obskurer Verlag zahlte ihm Geld, nicht übermäßig viel, und ein Ghostwriter wurde beauftragt, das in Form zu bringen, was Michael so zu erzählen wußte. Das Buch hieß dann: „I couldn't smoke the grass on my father's lawn" – „Ich konnte das Gras von meines Vaters Rasen nicht rauchen".

Als das Manuskript fertig war, zeigte der Verlag es dem „Verfasser". Der fand es in Ordnung. Aber kurz bevor es erschien, bemühte er sich, es durch eine einstweilige Verfügung verbieten zu lassen. Als die Verfügung vor Gericht kam, behauptete er, das Buch enthalte viel Falsches. Er habe keine Gelegenheit gehabt, es zu lesen und die falschen Behauptungen richtigzustellen. Der Verlag konnte das Gegenteil beweisen. Michael blitzte mit seiner Klage ab, das Buch erschien. Es enthielt, wie alle Welt erwartet hatte, Beschuldigungen gegen den „autoritären" Vater.

Nun, es kommt ja häufiger vor, daß ein Sohn sich gegen seinen Vater stellt, auch wenn es ein großer Vater ist – manchmal gerade dann. Das störte niemanden. Aber es handelte sich um ein außerordentlich schlechtes, schlecht geschriebenes Machwerk. Man konnte kaum zwanzig Seiten lesen, ohne das Buch entweder aus Ekel oder aus Langeweile aus der Hand zu legen. Entweder hatte Michael in all diesen Jahren, in denen er neben seinem Vater gelebt hatte, nichts begriffen, oder er hatte nichts begreifen wollen. Oona bat ihren Mann, das Buch nicht zu lesen. Er las dann doch, so hörte ich, einige Seiten.

Michael war inzwischen nicht mehr arbeitslos, irgendein kleines Cabaret hatte ihn vorübergehend als Schlagersänger engagiert. Dabei konnte er gar nicht singen. Das Publikum merkte es fünf Minuten nach Beginn seines ersten Auftritts und begann ihn auszupfeifen. Seine Karriere als Schlagersänger war daher nur kurz.

Wann immer die Familie Chaplin aus der Schweiz nach London kam, und das geschah doch häufiger – Chaplin liebte seine Geburtsstadt –, freute er sich über seine unverminderte Popularität und die Möglichkeit, sich mit bedeutenden Persönlichkeiten zu unterhalten. Oona nutzte die Zeit, in der Chaplin sie nicht brauchte, um sich heimlich mit Michael zu treffen. Sie hatte sich bei dem Streit zwischen Michael und seinem Vater wegen des Heiratsverbots von ihrem Sohn distanziert. Sie hatte eine öffentliche Erklärung abgegeben, in der sie bedauerte, daß der Staat ihm Arbeitslosenunterstützung zahlte. Sie hatte ihn einen Beatnik genannt. Aber sie versuchte trotzdem immer wieder, eine Versöhnung zwischen ihm und dem Vater herbeizuführen. Deswegen nutzte sie ihre angeblichen Einkaufsstunden in London, um Michael für diese Versöhnung zu gewinnen.

Mit der ältesten Tochter, dem ersten Kind, das Oona ihm geschenkt hatte, hatte Chaplin viel mehr Glück. Geraldine war sehr schön, sah geradezu frappant der Mutter ähnlich, obwohl sie selbst immer glaubte, sie ähnele dem Vater.

Geraldine war früh entschlossen, das Ballett zu ihrem Beruf zu machen, und Charlie erklärte sich damit einverstanden – mit den für ihn typischen Worten: „Werde, was du werden willst, aber was immer dein Beruf sein wird, fülle ihn aus!" Worte eines Profis – auch als Vater.

Geraldine studierte eine Weile an der Royal Ballet School in London, später in Paris, begriff aber schließlich, daß sie es auf diesem Gebiet doch wohl nicht zu einer großen Karriere bringen würde, und begann dann zu filmen. Sie brachte ja einiges mit: ihre Schönheit, ein gewisses Talent, das vielleicht nicht unbedingt einmalig war, und – den Namen. Es ist ihr hoch anzurechnen,

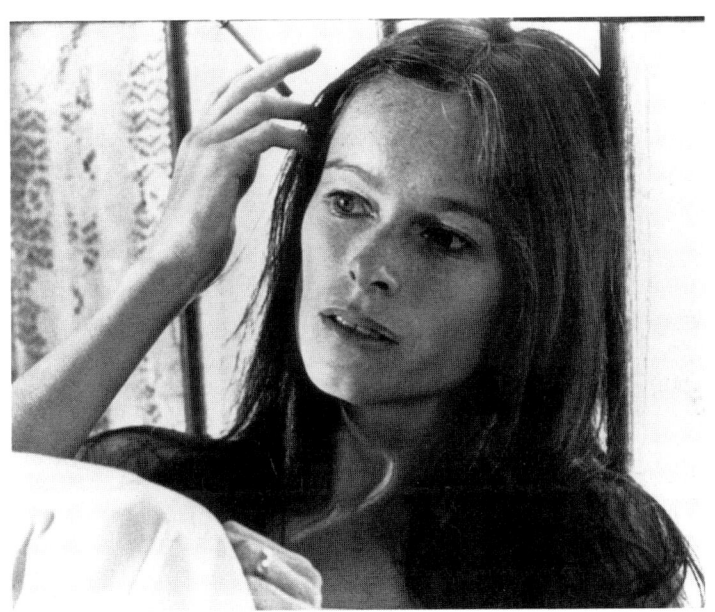

Geraldine Chaplin

daß sie sich niemals die Illusion machte, aus eigenem Verdienst oder wegen ihres Könnens sofort von Filmfirmen und Filmregisseuren angefordert zu werden. Sie wurde nie müde zu sagen: „Wenn ich nicht Chaplin hieße, wäre nichts aus mir geworden!"

Ihren ersten Erfolg hatte sie 1965, im Jahr des Bruchs von Chaplin mit Sohn Michael, als sie in dem Film *Dr. Schiwago* eine große Rolle bekam. Ihr schauspielerisches Können entsprach nicht unbedingt dem der Filmelite, die in diesem Werk mitwirkte, aber immerhin fiel sie angenehm auf. In der Folge machte sie dann eine ganze Reihe von weiteren Filmen, und zwar in den verschiedensten Ländern: in Frankreich, in England, in Italien, in Spanien. Sie tat sich dann mit dem bedeutenden spanischen Filmregisseur Carlos Saura zusammen, privat wie künstlerisch, und bekam einen Sohn von ihm. Madrid wurde schließlich ihre Heimat, aber sie nutzte jede Gelegenheit, um den Vater in der

Schweiz zu besuchen. Und er war glücklich, wenn sie kam. Sie war ja immer seine Lieblingstochter gewesen.

Sie sollte sogar noch einmal mit ihm filmen, allerdings in einer winzigen Rolle. Mit ihm, jawohl. 1965, in ebendem Jahr, von dem jetzt die Rede war, faßte Chaplin einen Entschluß, der seine Umgebung erstaunte: Er wollte doch noch einen Film machen, freilich nicht mehr spielen, sondern nur das Buch schreiben und Regie führen. Der endgültige Titel nach vielen anderen, die er wieder verwarf: A COUNTESS FROM HONGKONG – *Die Gräfin von Hongkong.*

Es handelt sich um eine etwas alberne Abenteurergeschichte – die Geschichte einer angeblichen Gräfin, die keine ist, sondern eine, na sagen wir Abenteurerin, die sich auf der Flucht auf einen Luxusdampfer rettet, als blinder Passagier. Aber dann verliebt sich ein gutaussehender, steinreicher amerikanischer Diplomat in sie, der sie aber zu billig einschätzt. Und sie glaubt, ihn – eben deswegen – zu hassen. Aber schließlich, nach vielen Verzögerungen, finden sich die beiden – in einem Tanz. In diesem Tanz, der letzten Szene, geht die Wandlung der beiden vor. Als der Tanz beginnt, sind sie noch Meilen voneinander entfernt; in wenigen Sekunden, einer halben Minute, vielleicht auch einer ganzen, finden sie sich. Das ist echter, großer Chaplin.

Aber in diesem Film ist dies auch die einzige echte Chaplin-Szene. Das meiste ist ziemlich mißglückt. Auch Chaplin selbst, der die Statistenrolle eines Stewards spielt, der immer seekrank wird, läßt kaum ahnen, was er einmal war. Den jungen Mann spielte eher schlecht als recht der damals Hollywood beherrschende Marlon Brando. Er mochte Chaplin nicht. Er kam aus der New Yorker Theaterschule von Lee Strassberg, der ganz besondere Methoden hatte, um jungen Leuten die Schauspielerei beizubringen. Chaplin hielt diese Strassberg-Methode, oder was immer er dafür hielt, für

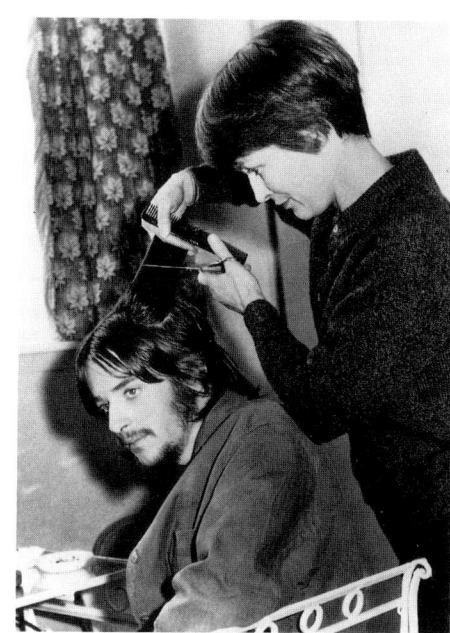

Michael Chaplin vor Beginn der Dreharbeiten zu „A Countess from Hongkong"

unsinnig. Brando hingegen glaubte an Strassberg und hielt gar nichts von Chaplin.

Seine Partnerin war Sophia Loren, die Chaplin allerdings vergötterte. Ihre wichtigste Leistung bei diesem Film: Sie brachte es fertig, Chaplin und Michael zu versöhnen. Ja, Michael durfte sogar eine kleine Rolle in dem Film spielen, allerdings mußte er sich vorher die Haare schneiden und den Bart stutzen lassen. Die produzierende Firma Universal, die den Film in London drehte – nach Hollywood wäre Chaplin nicht gegangen –, machte zur Auflage, daß niemand erfahren durfte, daß sich hinter Mr. James in Wahrheit Michael Chaplin verbarg.

Dann verschwand Michael. Das letzte, was man von ihm hörte, war, daß er mit einer Farbigen in Trinidad lebte.

Natürlich mußte der Film viel schneller gedreht werden, als Chaplin es gewohnt war. Die Dreharbeiten begannen am 25. Januar 1966 und endeten am 11. Mai 1966.

Natürlich war alle Welt neugierig auf diesen neuen Chaplin-Film – *zu* neugierig. Der Film mußte eine Enttäuschung werden. Man hatte bei der Vorfreude auf einen neuen Film von ihm ganz vergessen, daß Chaplin 78 Jahre alt geworden war. In den Jahren vorher war er noch stark genug gewesen, alles durchzusetzen, was er für richtig hielt. Jetzt war er es nicht mehr. Wußte er überhaupt noch genau, was er wollte?

Ich erinnere mich noch: Es mag etwa drei Wochen nach der Uraufführung gewesen sein, als ich mir den Film in Paris ansah – in der englischen Fassung mit Untertiteln. Das Kino war halbleer. Als es schließlich wieder hell wurde, mußte ich feststellen, daß ein großer Teil der Besucher während des Films gegangen war.

Seltsam genug, aber Chaplin selbst war nicht entmutigt. Er hatte schon wieder einen neuen Film-Plan. Seine dritte Tochter, Victoria, sollte die Hauptrolle spielen. Er hielt sie für sehr begabt, für eine Komödiantin

Mit Sophia Loren („A Countess from Hongkong")

Dreharbeiten zu
„A Countess from Hongkong"

ersten Ranges, ja *seines* Ranges. Erstaunlich, denn sie hatte noch nichts davon gezeigt, hatte wohl auch keine Gelegenheit dazu gehabt. Sie war nur ein schönes junges Mädchen mit den melancholischen Augen ihres Vaters – oder des Tramps. Doch Victoria wollte unbedingt einen jungen Schauspieler heiraten, der zwar durchaus das Zeug hatte, eine große Bühnenkarriere zu machen, jedoch unbedingt Clown werden und seinen eigenen Zirkus gründen wollte. So ging Victoria aus dem Elternhaus – zum Zirkus. Chaplin war traurig.

Ein anderer schwerer Verlust für Chaplin: Sein ältester Sohn Charles, den ihm Lita Grey geschenkt hatte, starb im Haus seiner Mutter am 20. März 1968. Mit 34 Jahren. Er hatte etwa zehn Jahre zuvor das bezaubernde Buch „My father, Charlie Chaplin" geschrieben. Er war ein liebenswürdiger junger Mann, aber er hatte es eigentlich zu nichts gebracht. Schuld daran war die Trunksucht. In den offiziellen Mitteilungen hieß es, er habe sich das Trinken angewöhnt, als er bei der Armee war. Chaplin, der Vater, hatte indessen gehört, sein Sohn habe sich das Trinken angewöhnt, nachdem er zweimal unglücklich verheiratet gewesen war. Er starb nicht direkt am Alkohol, sondern an einer Thrombose, der Folge eines Sturzes – der natürlich in betrunkenem Zustand erfolgt war.

Es wurde ruhig um Chaplin. Die älteren Kinder zogen aus. Er selbst arbeitete an alten Filmen. Sie waren ja alle sein Eigentum geworden, und eine Zeitlang hatte er sich geweigert, den einen oder anderen Film spielen zu lassen, obwohl bedeutende Persönlichkeiten oder Organisationen, wie etwa die „Societé des écrivains de cinéma et de télévision" in Paris, ihn darum baten.

Bei dem Filmfestival in Cannes erhielt er eine besondere Auszeichnung für sein „Total œuvre" verliehen. Und 1971 wurde er auch Ritter der Ehrenlegion. Eine hohe Ehre, die er zu schätzen wußte.

Selbst in Hollywood horchte man auf. Hatte man einen Fehler begangen? Nun, Hollywood konnte sich

sagen, die Filmindustrie habe Chaplin nicht verstoßen – Washington war es gewesen. Und die Schuldigen waren teils tot, teils in Vergessenheit geraten. Die ersten Stimmen wurden laut, die verlangten, man müsse Chaplin „zurückholen". Aber wie? Diskrete Nachfragen in der Schweiz ergaben: keine Zeit! Chaplin sei beschäftigt, alte Filme zu überarbeiten, insbesondere Stummfilme mit Musik zu versehen. Im Augenblick den CIRCUS.

Als ihn Ende Oktober 1971 die Stadt Paris mit der „Grande Medaille de Vermeil" auszeichnete, gab es in den Vereinigten Staaten einen Sturm der Entrüstung. Man wollte Chaplin zurück. Man wußte natürlich, daß er keine Filme mehr machen würde. Aber man wollte doch nicht die Blamage auf sich sitzen lassen, ihn vertrieben zu haben, zumal gerade in jenen Tagen Akten des FBI veröffentlicht wurden, aus denen hervorging, daß gegen Chaplin nie etwas Ernsthaftes vorgelegen hatte. In den Akten des FBI wurde auch darauf hingewiesen, daß die „New York Times" schon 1962, als die Oxford-Universität Chaplin das Ehrendoktorat zusprach, einen Artikel veröffentlicht hatte, in dem für seine Rückkehr plädiert wurde: „Wir glauben nicht, daß die Republik in Gefahr wäre…"

Der alte McGranery, längst in Pension und vergessen, erinnerte sich damals noch, daß es die „New York Times" gewesen war, die gleich nachdem er als Justizminister dem abgereisten Chaplin Schwierigkeiten bereitet hatte, gegen ihn polemisierte. Er behauptete jetzt, das alles sei gar nicht wahr gewesen, er habe es nur für richtig gehalten, den rückkehrenden Chaplin nicht anders zu behandeln als andere auch.

Das war natürlich eine Lüge. Denn sonst hätte man ja sein „Reenter-Permit" akzeptieren müssen. Das war, wie gesagt, 1962. Neun Jahre später, 1971, kabelte der amerikanische Botschafter Davies aus Bern dem amtierenden Justizminister, er wisse, daß die amerikanische Brandeis-Universität Chaplin ebenfalls ein Ehrendoktorat verleihen wolle, und Washington solle sich doch um

Gottes willen nicht auf den Standpunkt stellen, das käme Chaplin nicht zu. Das würde unangenehme Publicity für die Vereinigten Staaten zur Folge haben.

Unangenehme Publicity. Die wollte man jetzt, was Chaplin anging, ein für allemal ausräumen. Aber wie? Man mußte ihn einladen! Man mußte ihm zeigen, daß er nie unwillkommen gewesen war!

Aber würde er kommen? Zehn Jahre zuvor hätte er das nicht nur abgelehnt, sondern in einer Weise abgelehnt, die recht peinlich für die amerikanischen Behörden gewesen wäre. Auch wenn die mit einem gewissen Recht für sich in Anspruch nehmen durften, daß sie nicht mit jenen Behörden identisch waren, die seinerzeit gegen Chaplin angegangen waren. Für die diversen Kriegsveteranen und Frauenvereine galt dasselbe. Ja, es stimmte schon, was sie jetzt kollektiv ausriefen: „Ich bin's nicht gewesen!" Es stimmte schon, sie konnten sich mit Recht auf die Gnade der späten Geburt berufen. Aber hätten sie nicht in der Zwischenzeit etwas unternehmen können? 1952, also zwanzig Jahre zuvor, war Chaplin ins Exil gegangen. Warum hatte man ihn nicht längst rehabilitiert?

Jetzt wurde mit Hochdruck gearbeitet. Die New Yorker Behörden, aber auch die von Washington und Los Angeles kabelten Tag und Nacht an die amerikanischen Vertretungen in Bern. Der Genfer Konsul, in gewissem Sinne mit den Chaplins befreundet, wurde vorgeschickt. Würde der große alte Mann…?

Oona hätte es gern gesehen. Aber sie hatte sich stets geweigert, Entscheidungen zu treffen, die Charlie zukamen. Eine war entschieden dagegen: Geraldine. Sie meinte, in Hollywood könne man allenfalls Filme machen, aber nicht leben. Sie hielt Hollywood für „grausam". Sie hatte Angst, man würde ihrem Vater weh tun.

Aber Charlie Chaplin den Kämpfer – den gab es nicht mehr. So machte er keine Schwierigkeiten. Ja, er würde kommen.

Sie trafen am 2. April 1972 am New Yorker Kennedy-Flughafen ein. Hunderte von Journalisten waren da, um sie zu begrüßen. Tausende, Zehntausende von New Yorkern jubelten ihm zu. Die nächsten Tage und Abende vergingen mit Parties, an denen viele große Schauspieler oder ehemals große Schauspieler teilnahmen. In der Philharmonic Hall gab es eine Gala-Vorstellung zu seinen Ehren. 1500 Gäste zahlten zwischen zehn und 25 Dollar, weitere 1200 zahlten zwischen hundert und 250 Dollar, um nachher auch noch einer Champagner-Party beiwohnen zu dürfen. Bei dieser Gelegenheit wurden auch noch einmal THE KID und IDLE CLASS vorgeführt. Die Gäste waren begeistert.

Es war ein bißchen zuviel für Chaplin. Aber er schien sehr zufrieden. Und er war glücklich, Partnerinnen von früher zu sehen, vor allen Dingen Claire Bloom, Paulette Goddard und Lillian Gish. Chaplin spürte: New York, das ihn immer geliebt hatte, liebte ihn noch immer und freute sich, daß er da war. Und er freute sich, in New York sein zu können.

In Hollywood, wohin die Chaplins dann flogen, war es anders: Bereits auf dem Flug wurde er nervöser und nervöser. Seine Begleiter hatten das Gefühl, er bedaure es schon, den Flug unternommen zu haben.

Stolz auf den „Oscar": Chaplin und Frau Oona

Am Flughafen waren wieder unzählige Journalisten – aber kaum Publikum wie in New York. Und auch die Fahrt durch die Straßen der Monsterstadt war eine Enttäuschung für Chaplin: Alles hatte sich so verändert!

Bei jeder Festrede für Chaplin spürte man: Hollywood feierte nicht ihn, Hollywood feierte sich selbst. Das war bei der großen Festlichkeit, die die Motion Picture Academy für ihn gab, nicht anders als bei der Verleihung des „Oscar", den er für sein Lebenswerk erhielt.

Bei dieser Gelegenheit dürfte er sich daran erinnert haben, daß er nie auch nur in die engere Auswahl für einen „Oscar" gekommen war. Filmschauspieler, deren Namen längst vergessen sind, bekamen ihn, manche zwei- oder dreimal. Er nie.

Chaplin hatte immer gewußt, woran das lag: Keine der großen Filmgesellschaften konnte aus einer Auszeichnung für ihn Kapital schlagen. Warum sollte ihm die Filmindustrie einen „Oscar" verleihen, wenn die Paramount oder die Metro oder die Fox oder die Universal mit der Ehrung eines anderen Schauspielers bessere Geschäfte machen würden?

Jackie Coogan und seine Frau waren auch bei dem Fest anwesend, kamen aber nur mit Mühe an Chaplins Tisch: Wer wußte denn noch, wer Jackie Coogan war, und wer sollte auf die Idee kommen, daß dieser dickliche Glatzkopf einmal das reizende Kid gewesen war? Aber Chaplin freute sich vielleicht am meisten über das ehemalige Kid. Und dann flüsterte Chaplin Mrs. Coogan zu, als die anderen nicht hinhörten: „Vergessen Sie nie: Ihr Mann ist ein Genie!"

Trotzdem blieb Chaplin recht reserviert an diesem Hollywood-Abend. Und plötzlich stand er auf, nahm Oonas Arm, während er seinen eigenen Song „Smile" vor sich hinsummte, und verschwand, um nie wieder irgend jemanden aus der Filmindustrie zu sehen oder zu sprechen. Hollywood hatte sich selbst gefeiert. Was ging das alles Chaplin noch an?

Es interessierte ihn mehr, daß man ihn in London zwei Jahre später, am 4. März 1975, adelte. Er war nun Sir Charles Chaplin. Sir Charles. Das hätte schon 1931 geschehen sollen, aber damals hatte es die Königin Mary verhindert.

Dann näherte sich der Tod. Chaplin lebte noch einige Zeit, fast drei Jahre. Er arbeitete auch noch ein bißchen an seinen alten Filmen, er las Bücher, zum Teil sehr anspruchsvolle Bücher, Schopenhauer etwa, er empfing Freunde, aber nur noch selten. Er liebte es, sich von seiner Frau im Auto spazierenfahren zu lassen. Und zuletzt wurde eine Art elektrisch betriebener Rollstuhl gekauft, in dem er allein durch seinen weitläufigen Park fahren konnte.

Man sah ihn zuletzt in einer Vorstellung des schweizerischen Zirkus Knie in Vevey. Vielen, die in derselben Vorstellung waren, fiel auf, daß er geistesabwesend wirkte. So erschien er auch, wenn Oona ihn durch die Straßen von Vevey fuhr. Die Leute machten ihr Vorwürfe: Sie sollte einen Mann, der so deutlich abgebaut hatte, nicht den Blicken anderer preisgeben. Ich fand das und finde das noch heute ungerecht. Oona wollte ihrem Mann ein paar schöne Stunden bereiten. Daher die Spazierfahrten in Vevey, daher die zwei Besuche im Zirkus. Was kümmerte ihn, was andere über ihn dachten? Das hatte ihn ja nie gekümmert. Und wenn es *ihn* nicht kümmerte – warum sollte es *sie* kümmern?

Er wurde dann noch bei der Biennale in Venedig mit dem „Goldenen Löwen" geehrt.

Der Tod war gnädig. Chaplin schlief ein. In der Nacht vom 24. zum 25. Dezember 1977.

Und dann kamen die Nachrufe. Alle, wirklich alle wußten über ihn zu reden und zu schreiben und ihn zu ehren und von ihm zu sagen, daß er der größte Schauspieler seiner Zeit oder gar – wie Lawrence Olivier meinte – der größte Schauspieler aller Zeiten gewesen sei. Er hätte die Lektüre dieser vielen Nachrufe sicher nicht ohne ironisches Lächeln genossen.

Er wurde im engsten Familien- und Freundeskreis begraben – auf dem Friedhof des Dorfes Corsier-sur-Vevey, wo er zuletzt gelebt hatte. Hätte er eine „große" Beerdigung gewünscht, wären Millionen von Menschen, die ihn liebten, weil er sie glücklich gemacht hatte, herbeigeströmt. Doch er hatte Oona gesagt, daß er ein ganz stilles Begräbnis wünsche.

Und doch gab es ein Ende, wie es Chaplin kaum besser hätte erfinden können: Einige Zeit nach der Beerdigung fand der Wächter des kleinen Dorffriedhofs das Grab Chaplins aufgebrochen.

Der Sarg war gestohlen. Die Täter meldeten sich. Sie wollten Geld. Die Polizei von Vevey stellte ihnen eine Falle und schnappte sie. Es handelte sich um Jugoslawen, die wohl keine Arbeit hatten. Vielleicht hätte man sie freisprechen sollen. Denn in einem höheren Sinne, von dem sie nichts wissen konnten, hatten sie wohl Chaplins nie geäußerten Wunsch auf ein außergewöhnliches tragikomisches Ende erfüllt.

Und hier endet auch meine Geschichte. Von allen ehrenden Worten hat mir immer das des amerikanischen Komikers Bob Hope am besten gefallen: Wir dürfen uns glücklich schätzen, in der Zeit Chaplins gelebt zu haben. Genau das war mein Gefühl damals, und dieses Gefühl ist mir bis heute geblieben. Und daher bin ich ein wenig froh, von seinem Leben noch einmal erzählen zu dürfen, zu der Zeit, da er hundert Jahre alt geworden wäre. Er wurde nie hundert Jahre alt. Aber es wird viel länger als hundert Jahre dauern, bevor man ihn vergessen wird.

Charlie Chaplins Filme

MAKING A LIVING (1914)
Man schlägt sich durch
P: Keystone, **R:** Henry Lehrman, **B:** Reed Heustis, **D:** Virginia Kirtley (Mädchen), Charlie Chaplin (Dandy) u. a.

KID AUTO RACES AT VENICE (1914)
Kinderseifenkistenrennen in Venice
P: Keystone, **R und B:** Henry Lehrman, **D:** Henry Lehrman (Regisseur), Charlie Chaplin (Tramp) u. a.

MABEL'S STRANGE PREDICAMENT (1914)
Mabels peinliche Lage
P: Keystone, **R:** Henry Lehrman/Mack Sennett, **B:** Reed Heustis, **D:** Mabel Normand (Hotelgast), Charlie Chaplin (Betrunkener) u. a.

BETWEEN SHOWERS (1914)
Vom Regen in die Traufe
P: Keystone, **R und B:** Henry Lehrman, **D:** Ford Sterling (Schirmdieb), Charlie Chaplin (Tramp) u. a.

A FILM JOHNNIE (1914)
Der Film-Fan
P: Keystone, **R:** Mack Sennett, **B:** Craig Hutchinson, **D:** Ford Sterling (Schauspieler), Henry Lehrman (Regisseur), Charlie Chaplin (Fan) u. a.

TANGO TANGLES (1914)
Tango-Verwicklungen
P: Keystone, **R und B:** Mack Sennett, **D:** Ford Sterling (Bandleader), Roscoe „Fatty" Arbuckle (Klarinettist), Charlie Chaplin (Ballgast) u. a.

HIS FAVORITE PASTIME (1914)
Sein liebster Zeitvertreib
P: Keystone, **R:** George Nicholls, **B:** Craig Hutchinson, **D:** Roscoe „Fatty" Arbuckle (Thekennachbar), Charlie Chaplin (Betrunkener) u. a.

Cruel Cruel Love (1914)
O grausame Liebe
P: Keystone, **R:** George Nicholls, **B:** Craig Hutchinson, **D:** Minta Durfee (Angebetete), Charlie Chaplin (Lord Helpus) u. a.

THE STAR BOARDER (1914)
Der Lieblingsgast
P: Keystone, **R:** George Nicholls, **B:** Craig Hutchinson, **D:** Minta Durfee (Wirtin), Gordon Griffith (Sohn), Charlie Chaplin (Lieblingsgast) u. a.

MABEL AT THE WHEEL (1914)
Mabel am Steuer
P: Keystone, **R:** Mack Sennett/Mabel Normand, **B:** Mack Sennett/Mabel Normand/Charlie Chaplin, **D:** Mabel Normand (Sportfreundin), Mack Sennett (Zuschauer beim Rennen), Charlie Chaplin (Schurke) u. a.

TWENTY MINUTES OF LOVE (1914)
Zwanzig Minuten Liebe
P: Keystone, **R:** Joseph Maddern, **B:** Charlie Chaplin, **D:** Minta Durfee, Edgar Kennedy (Liebende), Charlie Chaplin (Tramp) u. a.

CAUGHT IN A CABARET (1914)
In einem Kabarett ertappt
P: Keystone, **R:** Mabel Normand/Charlie Chaplin, **B:** Charlie Chaplin, **D:** Mabel Normand (Mädchen), Alice Davenport (Mabels Mutter), Minta Durfee (Bardame), Charlie Chaplin (Kellner) u. a.

CAUGHT IN THE RAIN (1914)
Charlie im Regen
P: Keystone, **R und B:** Charlie Chaplin, **D:** Alice Davenport (Dame), Charlie Chaplin (Betrunkener) u. a.

A BUSY DAY (1914)
Ein toller Tag
P: Keystone, **R und B:** Charlie Chaplin, **D:** Mack Swain (Gatte), Alice Howell (Geliebte), und Charlie Chaplin

Abkürzungen: P (Produktion); **B** (Buch); **R** (Regie); **D** (Darsteller)

THE FATAL MALLET (1914)
Der verhängnisvolle Holzhammer
P: Keystone, **R:** Charlie Chaplin/Mabel Normand/Mack Sennett, **B:** Mack Sennett, **D:** Mabel Normand, Mack Sennett, Charlie Chaplin u. a.

HER FRIEND THE BANDIT (1914)
Ihr Freund, der Bandit
P: Keystone, **R und B:** Charlie Chaplin/Mabel Normand, **D:** Mabel Normand, Charles Murray und Charlie Chaplin

THE KNOCKOUT (1914)
Der Knockout
P: Keystone, **R und B:** Mack Sennett/Charlie Chaplin, **D:** Roscoe „Fatty" Arbuckle (Herausforderer), Minta Durfee (Freundin), Charlie Chaplin (Ringrichter) u. a.

MABEL'S BUSY DAY (1914)
Mabels toller Tag
P: Keystone, **R und B:** Charlie Chaplin/Mabel Normand, **D:** Mabel Normand (Würstchenverkäuferin), Edgar Kennedy (Polizist) u. a.

MABEL'S MARRIED LIFE (1914)
Mabels Eheleben
P: Keystone, **R und B:** Charlie Chaplin/Mabel Normand, **D:** Mabel Normand (Ehefrau), Charlie Chaplin (ihr Gatte) u. a.

LAUGHING GAS (1914)
Lachgas
P: Keystone, **R und B:** Charlie Chaplin, **D:** Minta Durfee (Patientin), Charlie Chaplin (Arztgehilfe) u. a.

THE PROPERTY MAN (1914)
Der Requisiteur
P: Keystone, **B und R:** Charlie Chaplin, **D:** Fritz Schade (starker Mann), Mack Sennett (Showbesucher), Charlie Chaplin (Requisiteur) u. a.

THE FACE ON THE BAR ROOM FLOOR (1914)
Alkohol und Liebe
P: Keystone, **R und B:** Charlie Chaplin, **D:** Fritz Schade (Kunde), Cecile Arnold (Madeleine), Charlie Chaplin (Maler) u. a.

RECREATION (1914)
Erholung
P: Keystone, **R und B:** Charlie Chaplin, **D:** Norma Nichols (Mädchen), Charles Murray (Seemann) und Charlie Chaplin (Tramp)

THE MASQUERADER (1914)
Die Maskerade
P: Keystone, **R und B:** Charlie Chaplin, **D:** Roscoe „Fatty" Arbuckle (Schauspieler), Minta Durfee (Schauspielerin), Charlie Chaplin (Schauspieler) u. a.

HIS NEW PROFESSION (1914)
Sein neuer Beruf
P: Keystone, **R und B:** Charlie Chaplin, **D:** Fritz Schade (Onkel), Charlie Chaplin (Krankenpfleger) u. a.

THE ROUNDERS (1914)
Die Schluckspechte
P: Keystone, **R und B:** Charlie Chaplin, **D:** Roscoe „Fatty" Arbuckle (Mr. Fuller), Minta Durfee (dessen Frau), Charlie Chaplin (Mr. Full) u. a.

THOSE LOVE PANGS (1914)
Die Liebesqualen
P: Keystone, **R und B:** Charlie Chaplin, **D:** Vivian Edwards (Angebetete), Edgar Kennedy (ihr Freund), Charlie Chaplin (Liebeskranker) u. a.

THE NEW JANITOR (1914)
Der neue Hausmeister
P: Keystone, **R und B:** Charlie Chaplin, **D:** Minta Durfee (Sekretärin), Jack Dillon (diebischer Angestellter), Charlie Chaplin (Hausmeister) u. a.

DOUGH AND DYNAMITE (1914)
Mehl und Dynamit
P: Keystone, **R und B:** Charlie Chaplin, **D:** Chester Conklin (Kellner), Fritz Schade (Kellner), Charlie Chaplin u. a.

GENTLEMEN OF NERVE (1914)
Männer ohne Nerven
P: Keystone, **R und B:** Charlie Chaplin, **D:** Chester Conklin (Rennbesucher), Mabel Normand (seine Begleiterin), Charlie Chaplin (Rennbesucher) u.a.

HIS MUSICAL CAREER (1914)
Seine musikalische Karriere
P: Keystone, **R und B:** Charlie Chaplin, **D:** Mack Swain (Transporteur), Fritz Schade (Mr. Rich), Charlie Chaplin (Transporteur) u.a.

HIS TRYSING PLACE (1914)
Der Treffpunkt
P: Keystone, **R und B:** Charlie Chaplin, **D:** Mabel Normand (Gattin), Minta Durfee (Mädchen), Charlie Chaplin (Familienvater) u.a.

TILLIES'S PUNCTURES ROMANCE (1914)
Tillies gestörte Romanze
P: Keystone, **R:** Mack Sennett, **B:** Hampton Del Ruth, **D:** Marie Dressler (Tillie), Mabel Normand (Gaunerliebchen), Charlie Chaplin (Gauner) u.a.

GETTING ACQUAINTED (1914)
Man lernt sich kennen
P: Keystone, **R und B:** Charlie Chaplin, **D:** Mack Swain, Mabel Normand (Ehepaar), Phyllis Allen (Mrs. Sniffles), Charlie Chaplin (Mr. Sniffles) u.a.

HIS PREHISTORIC PAST (1914)
Seine prähistorische Vergangenheit
P: Keystone, **R und B:** Charlie Chaplin, **D:** Mack Swain (König Lowbrow), Fritz Schade (Hofnarr), Charlie Chaplin (Weakchin) u.a.

HIS NEW JOB (1914)
Sein neuer Job
P: Essanay, **R und B:** Charlie Chaplin, **D:** Ben Turpin (Rivale), Gloria Swanson (Sekretärin), Charlie Chaplin (Arbeitsloser) u.a.

A NIGHT OUT (1915)
Eine durchzechte Nacht
P: Essanay, **R und B:** Charlie Chaplin, **D:** Ben Turpin (Saufkumpan), Edna Purviance (Dame), Leo White (Herr), Charlie Chaplin u.a.

THE CHAMPION (1915)
Der Champion
P: Essanay, **R und B:** Charlie Chaplin, **D:** Edna Purviance (Tochter), Ben Turpin (Verkäufer), Charlie Chaplin u.a.

IN THE PARK (1915)
Im Park
P: Essanay, **R und B:** Charlie Chaplin, **D:** Edna Purviance (Kindermädchen), Charlie Chaplin (Tramp) u.a.

THE JITNEY ELOPEMENT (1915)
Entführung
P: Essanay, **R und B:** Charlie Chaplin, **D:** Edna Purviance (Edna), Fred Goodwins (Vater), Charlie Chaplin (Tramp) u.a.

THE TRAMP (1915)
Der Tramp
P: Essanay, **R und B:** Charlie Chaplin, **D:** Edna Purviance (Mädchen), Fred Goodwins (Vater), Charlie Chaplin (Tramp) u.a.

BY THE SEA (1915)
Am Meer
P: Essanay, **R und B:** Charlie Chaplin, **D:** Edna Purviance (Dame am Strand), Ben Turpin, Charlie Chaplin (Tramp) u.a.

HIS REGENERATION (1915)
Seine Bekehrung
P: Essanay, **R:** Gilbert Max Anderson, **B:** N. N., **D:** Gilbert M. Anderson, Charlie Chaplin (Tramp) u.a.

WORK (1915)
Arbeit
P: Essanay, **R und B:** Charlie Chaplin, **D:** Edna Purviance (Zofe), Charles Insley (Meister), Charlie Chaplin (Malergehilfe) u.a.

SHANGHAIED (1915)
Schanghait
P: Essanay, **R und B:** Charlie Chaplin, **D:** Wesley Ruggles (Reeder), Edna Purviance (Tochter), Charlie Chaplin (Tramp) u.a.

A NIGHT IN THE SHOW (1915)
Ein Abend im Varieté
P: Essanay, **R und B:** Charlie Chaplin, **D:** Wesley Ruggles (Zuschauer), Edna Purviance (Zuschauerin), Charlie Chaplin (Mr. Pest/Mr. Rowdy) u.a.

A WOMAN (1915)
Eine Frau
P: Essanay, **R und B:** Charlie Chaplin, **D:** Charles Insley (Ehemann), Marta Golden (Ehefrau), Edna Purviance (Tochter), Charlie Chaplin (Tramp/Frau) u.a.

THE BANK (1915)
Die Bank
P: Essanay, **R und B:** Charlie Chaplin, **D:** Billy Armstrong (2. Hausmeister), Edna Purviance (Sekretärin), Charlie Chaplin (Hausmeister) u.a.

CARMEN (1916)
Carmen
P: Essanay, **R und B:** Charlie Chaplin, **D:** Ben Turpin (Schmuggler), Edna Purviance (Carmen), Charlie Chaplin (Darn Hosiery) u.a.

THE FLOORWALKER (1916)
Der Hausdetektiv
P: Mutual, **R und B:** Charlie Chaplin, **D:** Edna Purviance (Sekretärin), Lloyd Bacon (Ladenaufseher), Charlie Chaplin (Charlie) u.a.

POLICE (1916)
Polizei
P: Essanay, **R und B:** Charlie Chaplin, **D:** Edna Purviance (Hausbewohnerin), Wesley Ruggles (Einbrecher), Charlie Chaplin (Ex-Sträfling) u.a.

THE FIREMAN (1916)
Der Feuerwehrmann
P: Mutual, **R und B:** Charlie Chaplin, **D:** Eric Campbell (Feuerwehrhauptmann), Edna Purviance (dessen Freundin), Charlie Chaplin u.a.

THE VAGABOND (1916)
Der Vagabund
P: Mutual, **R und B:** Charlie Chaplin, **D:** Lloyd Bacon (Maler), Edna Purviance (Verschleppte), Charlie Chaplin (Vagabund) u.a.

ONE A.M. (1916)
Ein Uhr nachts
P: Mutual, **R und B:** Charlie Chaplin, **D:** Albert Austin (Taxifahrer), Charlie Chaplin (Betrunkener)

THE COUNT (1916)
Der Graf
P: Mutual, **R und B:** Charlie Chaplin, **D:** Eric Campbell (Schneidermeister), Edna Purviance (Erbin), Charlie Chaplin (Schneidergeselle) u.a.

THE PAWNSHOP (1916)
Das Pfandhaus
P: Mutual, **R und B:** Charlie Chaplin, **D:** Henry Bergman (Pfandleiher), Edna Purviance (Tochter), Charlie Chaplin (Pfandleihgehilfe) u.a.

BEHIND THE SCREEN (1916)
Hinter den Kulissen
P: Mutual, **R und B:** Charlie Chaplin, **D:** Eric Campbell (Meister), Edna Purviance (Bewerberin), Charlie Chaplin (Bühnenarbeiter) u.a.

THE RINK (1916)
Die Rollschuhbahn
P: Mutual, **R und B:** Charlie Chaplin, **D:** John Rand (Kellner/Polizist), Eric Campbell (Mr. Stout/Gast), Charlie Chaplin (Kellner) u.a.

EASY STREET (1917)
Easy Street
P: Mutual, **R und B:** Charlie Chaplin, **D:** Albert Austin (Pfarrer/Polizist), Edna Purviance (Missionshelferin), Charlie Chaplin (Tramp) u.a.

THE CURE (1917)
Die Kur
P: Mutual, **R und B:** Charlie Chaplin, **D:** Charlie Chaplin (Kurgast), Edna Purviance (seine große Liebe), Eric Campbell (Mann mit Gipsbein) u.a.

THE IMMIGRANT (1917)
Der Einwanderer
P: Mutual, **R und B:** Charlie Chaplin, **D:** Edna Purviance (Einwanderin), Kitty Bradbury (Mutter), Albert Austin (Seekranker), Charlie Chaplin (Einwanderer) u.a.

THE ADVENTURER (1917)
Der Abenteurer
P: Mutual, **R und B:** Charlie Chaplin, **D:** Frank J. Coleman (Wärter), Edna Purviance (Edna), Toraichi Kono (Chauffeur), Charlie Chaplin (entsprungener Häftling) u.a.

A DOG'S LIFE (1918)
Ein Hundeleben
P: First National, **R und B:** Charlie Chaplin, **D:** Sydney Chaplin (Imbißbudenbesitzer), Edna Purviance (Sängerin), Charlie Chaplin (Tramp) u.a.

TRIPLE TROUBLE (1918)
Dreifaches Malheur
P: Essanay, **R und B:** Charlie Chaplin, **D:** Edna Purviance (Magd), Billy Armstrong (Koch/Dieb), Charlie Chaplin (Küchenjunge) u.a.

THE BOND (1918)
Die Kriegsanleihe
P, R und B: Charlie Chaplin, **D:** Edna Purviance (Freundin/Frau), Sydney Chaplin (Kaiser), Charlie Chaplin (Charlie) u.a.

SHOULDER ARMS! (1918)
Gewehr über!
P: First National: **R und B:** Charlie Chaplin, **D:** Sydney Chaplin (Sergeant/Kaiser), Edna Purviance (Französin), Charlie Chaplin (Soldat) u.a.

SUNNY SIDE (1919)
Auf der Sonnenseite
P: First National, **R und B:** Charlie Chaplin, **D:** Edna Purviance (Dorfschönheit), Tom Wilson (Chef), Charlie Chaplin (Landarbeiter) u.a.

A DAY'S PLEASURE (1919)
Vergnügte Stunden
P: First National, **R und B:** Charlie Chaplin, **D:** Charlie Chaplin (Vater), Edna Purviance (Gattin), Jackie Coogan (Sohn) u.a.

THE KID (1919/1920)
Der Vagabund und das Kind
P: First National, **R und B:** Charlie Chaplin, **D:** Jackie Coogan (The Kid), Edna Purviance (Kids Mutter), Charlie Chaplin (Glaser) u.a.

THE NUT (1921)
Der Spinner
P: United Artists, **R:** Theodore Reed, **B:** William Parker/Lotta Woods, Kenneth Davenport/Douglas Fairbanks, **D:** Douglas Fairbanks (Charlie Jackson), Marguerite de la Motte (Estrell Wynn), Charlie Chaplin u.a.

THE IDLE CLASS (1921)
Die feinen Leute
P: First National, **R und B:** Charlie Chaplin, **D:** Edna Purviance (Ehefrau), Lillian McMurray, Lita Grey (Zofe), Charlie Chaplin (Tramp/Ehemann) u.a.

PAY DAY (1922)
Zahltag
P: First National, **R und B:** Charlie Chaplin, **D:** Sidney Chaplin (Bauarbeiter/Imbißbudenbesitzer), Mack Swain (Polier), Edna Purviance (Tochter), Charlie Chaplin (Bauarbeiter) u.a.

THE PILGRIM (1922/1923)
Der Pilger
P: First National, **R und B:** Charlie Chaplin, **D:** Kitty Bradbury (Mutter), Edna Purviance (Mädchen), Charlie Chaplin („Priester") u.a.

SOULS FOR SALE (1923)
Seelen zu verkaufen
P: Goldwyn, **R und B:** Rupert Hughes, **D:** Eleanore Boardman (Remember Steddon), Barbara La Marr (Leva Lemaire), Charlie Chaplin u.a.

A WOMAN OF PARIS (1923)
Eine Frau aus Paris
P: United Artists, **R und B:** Charlie Chaplin, **D:** Edna Purviance (Marie St. Clair), Adolphe Menjou (Pierre Revel), Charlie Chaplin (Gepäckträger) u.a.

THE GOLD RUSH (1924/1925)
Goldrausch
P: United Artists, **R und B:** Charlie Chaplin, **D:** Mack Swain (Big Jim), Georgia Hale (Tänzerin), Charlie Chaplin (Goldgräber) u.a.

THE CIRCUS (1925/1927)
Zirkus
P: United Artists, **R und B:** Charlie Chaplin, **D:** Merna Kennedy (Kunstreiterin), Allen Garcia (Zirkusdirektor), Charlie Chaplin (Tramp) u.a.

SHOW PEOPLE (1928)
Leute vom Film
P: M. G. M., **R:** King Vidor, **B:** Wand Tuchok/Agnes C. Johnson/Lawrence Stallings, **D:** Marion Davies (Peggy Pepper), Douglas Fairbanks, Mary Pickford, Charlie Chaplin (Fan) u.a.

CITY LIGHTS (1930)
Lichter der Großstadt
P: United Artists, **R und B:** Charlie Chaplin, **D:** Virginia Cherrill (Blumenmädchen), Jean Harlow (Partygast), Charlie Chaplin (Tramp) u.a.

MODERN TIMES (1932/1935)
Moderne Zeiten
P: United Artists, **R und B:** Charlie Chaplin, **D:** Paulette Goddard (Mädchen), Stanley Sandford (Big Bill), Charlie Chaplin (Arbeiter) u.a.

THE GREAT DICTATOR (1938/1940)
Der Große Diktator
P: United Artists, **R und B:** Charlie Chaplin, **D:** Paulette Goddard (Hannah), Jack Oakie (Napolini), Charlie Chaplin (Friseur/Hynkel) u.a.

MONSIEUR VERDOUX (1944/1945)
Monsieur Verdoux – Der Frauenmörder von Paris
P: United Artists, **R und B:** Charlie Chaplin, **D:** Mady Correll (Mme. Verdoux), Charlie Chaplin (Verdoux), Allison Roddan (Verdoux jun.) u.a.

LIMELIGHT (1952)
Rampenlicht
P: United Artists, **R und B:** Charlie Chaplin, **D:** Charlie Chaplin (Calvero), Claire Bloom (Terry), Sydney Chaplin jun. (Neville), Buster Keaton (Komiker), Geraldine, Michael, Josephine Chaplin (Kinder), Charles Chaplin jun., Sydney Chaplin, Oona Chaplin, Edna Purviance u.a.

A KING IN NEW YORK (1957)
Ein König in New York
P: Archway, **R und B:** Charlie Chaplin, **D:** Michael Chaplin (Premierminister), Charlie Chaplin (König Shahdov), Maxine Ausley (Gattin) u.a.

A COUNTESS FROM HONG KONG (1965)
Die Gräfin von Hongkong
P: Universal, **R und B:** Charlie Chaplin, **D:** Marlon Brando (Ogden Mears), Sophia Loren (Natascha), Margaret Rutherford (Miß Gaulswallow), Charlie Chaplin (Steward) u.a.

THE GENTLEMAN TRAMP (1976)
Die Geschichte meines Lebens
B und R: Richard Patterson, mit Charles und Oona Chaplin, Walther Matthau

Register